REISEN

365 FRAGEN & ANTWORTEN RUND UM DEN GLOBUS

P.M. Schneller schlau

REISEN

365 FRAGEN & ANTWORTEN RUND UM DEN GLOBUS

Bereit für 365 **Abenteuer** und **spannende Fakten** rund ums **REISEN**?

Warum ist **JETLAG** schlimmer, wenn man ostwärts fliegt?

S. 9

Besitzt Deutschland eine **KARIBIKINSEL**?

S. 37

Wo gibt es einen **TRESOR** für **LIEBESBEWEISE**?

S. 85

Welche Insel wechselt **ALLE SECHS MONATE** ihr Land? S. 217

WO steigt das größte **LITERATURFESTIVAL** Asiens?

S. 151

Warum **SCHRUMPFT** der **EIFFELTURM** im Winter?

S. 145

Wie hat James Bond den mexikanischen **DÍA DE LOS MUERTOS** verändert?

S. 135

Wurden in Südamerika **GRENZEN** mit **KUNSTWERKEN** markiert?

S. 244

1 | Wo gibt es LÄNDERÜBERGREIFENDE SKIGEBIETE?

Skigebiete in den Alpen setzen verstärkt auf grenzenlose Zusammenschlüsse. Zum Beispiel das Gebiet Fellhorn/Kanzelwand: Hier können Wintersportler zwischen Deutschland und Österreich hin- und herpendeln. Eine vergleichbare Allianz ist das Gebiet Winklmoosalm/Steinplatte eingegangen, das Einstiege von beiden Ländern aus ermöglicht. Auch die Silvretta Arena rund um Ischgl ist so ein Fall, mit 239 Pistenkilometern. Der Grenzübergang zur Schweiz am 2800 Meter hohen Tiroler Viderjoch ermöglicht den kurzfristigen EU-Austritt. Passkontrolle? Fehlanzeige! Im Großareal um Zermatt, Breuil-Cervinia und Valtournenche fährt man von der Schweiz nach Italien und zurück. Bovec-Kanin wiederum ist Sloweniens höchstgelegenes Skigebiet und schafft seit 2009 die Verbindung nach Italien, ins Sella Nevea. Bereits 1986 haben sich das französische La Rosière und das italienische La Thuile zusammengetan. Kilometermäßig unerreicht ist das französisch-schweizerische Portes du Soleil: 650 Pistenkilometer.

2 | Welcher Fluss ist eine JURISTISCHE PERSON?

Der Fluss Whanganui auf der Nordinsel Neuseelands ist der drittlängste Wasserlauf des Pazifikstaates. Und seit 2017 ist er der erste Fluss weltweit, der die Rechte einer juristischen Person besitzt, Rechtsbeistand inklusive. Die Ureinwohner des Landes hatten das bereits vor 140 Jahren beantragt. Sie wollen den »Te Awa Tupua«, wie sie ihn nennen, besser vor Verschmutzung und anderen Schikanen der Menschen schützen. Denn er gilt als mythischer Vorfahre, als Lebewesen. »Es mag einem merkwürdig vorkommen«, wird der Verhandlungsführer der Regierung zitiert, »aber es ist wie bei Stiftungen, Unternehmen oder Aktiengesellschaften. Auch diese sind vor dem Gesetz juristische Personen, deren Interessen vor Gericht vertreten werden.« Für den Fluss übernehmen dies seither ein Regierungsvertreter und einer der Maori. Das Urteil markiert den Endpunkt des langen Rechtsstreits. Naturschützer weltweit hoffen, dass der Fall Schule macht. Einige kämpfen zum Beispiel auch für die Rechte von Tieren.

3 | Kann man **GRÖNLAND** einfach kaufen?

Viele haben 2019 den Kopf geschüttelt, als Donald Trump darüber fabulierte, Grönland von Dänemark zu kaufen. Geostrategisch ist Grönland für die USA sehr interessant: Schon seit den 1950er-Jahren befindet sich in Thule ein US-Militärbasis, weil der Ort quasi auf halbem Weg nach Russland liegt – dem Erzrivalen. Zudem bietet Grönland Eisenerze – also jene Rohstoffe, die man, wenn das Eis weiter schmilzt, womöglich fördern könnte. Insbesondere geht es um Seltene Erden, die für viele Hightechgeräte gebraucht werden. Denn für ihren Bezug ist man bisher ausgerechnet auf China angewiesen – den anderen ideologischen Feind und weltweit einzigen Exporteur dieser Metalle.

Landkäufe gab es in der US-Historie häufig. 1803 erwarben die Amerikaner Louisiana und das gesamte Einzugsgebiet des Mississippi für nur 15 Millionen Dollar von Frankreich. Den Russen kauften sie Alaska ab, den Mexikanern Texas, Kalifornien und weitere Gebiete im Westen. Von den Dänen erwarben sie 1917 gleich 50 Inseln in der Karibik, die heutigen Amerikanischen Jungferninseln. Und wegen Grönland hatte Harry Truman schon 1946 angefragt.

Aber die kolonialistische Ära der Landkäufe ist vorbei. Man verfügt heutzutage nicht mehr einfach über die Köpfe der Einwohner hinweg, zu welchem Land sie gehören – und seien es auch vergleichsweise wenige: Das riesige Grönland hat nur knapp über 56 000 Einwohner. Dennoch handelt es politisch weitgehend autonom und ist 1985 per Volksentscheid sogar aus der EU ausgetreten, obwohl das Mutterland Dänemark blieb. Die einstige grönländische Außenministerin Ane Lone Bagger hatte dies so formuliert: »Wir sind offen für Geschäfte, aber wir stehen nicht zum Verkauf.«

4 | Warum liegen in den KATAKOMBEN VON PARIS rund sechs Millionen TOTENSCHÄDEL?

Die Zustände auf den Friedhöfen von Paris wurden Ende des 18. Jahrhunderts unerträglich. Immer mehr Menschen zogen in die französische Hauptstadt, immer mehr starben dort. So waren die Friedhöfe überfüllt, in ihrer Nähe stank es bestialisch. Schließlich zog die Stadtverwaltung Konsequenzen, und die Gebeine wurden an einen anderen Ort gebracht. Der lag jedoch nicht etwa außerhalb der Stadt, sondern unterhalb: In den vergangenen Jahrhunderten hatte man im Untergrund von Paris Stein, Gips und Ton abgebaut, um die vielen Gebäude der Stadt zu errichten. Das inzwischen weitgehend stillgelegte Stollennetzwerk lag 5 bis 35 Meter unter dem Boden und erstreckte sich über insgesamt rund 300 Kilometer Länge. Der ideale Ort, um die Toten zu bestatten. Zwischen 1787 und 1814 wurden die Skelette von sechs Millionen Parisern dorthin umgebettet. Anfangs geschah das noch recht ungeordnet, später jedoch wurden sie sorgfältig aufgeschichtet, sodass Knochen und Schädel die alten Stollen geradezu schmücken. Darunter fanden sich auch berühmte Köpfe der Französischen Revolution wie jene von Maximilien de Robespierre und Georges Danton.

So bieten »die Katakomben« heute auf etwa zwei Kilometer Stollenlänge eine schaurige Touristenattraktion. Den Zugang bildet die Barrière d'enfer, »die Schranke der Hölle«, am Place Denfert-Rochereau im Süden der Innenstadt. Sogar ein Horrorfilm wurde dort bereits gedreht, »Katakomben« aus dem Jahr 2014 spielt, wie der Name schon sagt, direkt vor Ort.

5 | Warum ist JETLAG schlimmer, wenn man ostwärts fliegt

Wer mit dem Flugzeug mehrere Zeitzonen durchquert, bringt seine innere Uhr aus dem Takt. Die Folge ist ein Jetlag. Wie schnell sich die innere Uhr anpasst, hängt auch davon ab, in welche Richtung man fliegt. Von Europa nach Amerika ist der Jetlag nach der Rückreise schlimmer als nach dem Hinflug, ostwärts ist also schwieriger als westwärts. Forscher haben herausgefunden: Unser Taktgeber für den Tag-und-Nacht-Rhythmus besteht aus 20 000 speziellen Zellen im Gehirn, die sich am Tageslicht orientieren. Ist es nicht zu den gewohnten Zeiten hell, gelingt es den Zellen nicht, den Rhythmus von genau einem Tag Länge zu halten. Nach kurzer Zeit pendeln wir uns auf einen 25-Stunden-Rhythmus ein, dehnen den Tag also aus. Darum kann sich der Körper schneller anpassen, wenn ein Tag durch einen Westflug länger wird, als wenn er durch einen Ostflug verkürzt wird. Es gilt die Faustregel: Richtung Westen braucht die innere Uhr pro Stunde Zeitverschiebung einen Tag, bis sie sich neu eingestellt hat, nach Osten sind es 1,5 Tage. (jd/red)

6 | Warum besuchen so viele Chinesen HALLSTATT im Salzkammergut?

Das wunderschöne Örtchen am Hallstätter See ist seit 1997 Weltkulturerbe der UNESCO. Die Hallstätter sind also Reisegruppen schon lange gewohnt. Doch vor einigen Jahren fielen ganz besondere chinesische Reisende auf. Sie hatten jede Menge elektronische Gerätschaften im Gepäck, darunter Lasermessgeräte. Es stellte sich heraus, dass die chinesischen Ingenieure und Baumeister, als Touristen getarnt, im Begriff waren, den kompletten Ort zu vermessen. Ihr Auftraggeber: ein staatliches Bauunternehmen. Ihr Plan: Hallstatt Nummer zwei in China. Seit 2012 ist das neue Hallstatt in der Provinz Guangdong fertig – mit ein paar Abweichungen. Der Nachbau hat sich als wirkungsvolle Werbung für das Original erwiesen. Es kommen jetzt so viele Touristen, dass der Ort künftig die Zahl der Besucherbusse pro Tag reduziert.

7 | Warum hat das **US-VERTEIDIGUNGS-MINISTERIUM** die Form eines Fünfecks?

Hinter dem Pentagon steckt keinerlei Symbolik – der Architekt musste im Jahr 1941 schlicht ein Platzproblem lösen. Denn ursprünglich sollte es auf einem Grundstück entstehen, das von fünf Straßen begrenzt war. Also entwarf der Architekt ein zweckmäßiges Fünfeck. Präsident Roosevelt ließ aber einen anderen Baugrund suchen, und so zog man an den Potomac River, behielt aber die Form bei. Rund 14 000 Arbeiter und 1000 Ingenieure und Architekten stellten das Gebäude nach nur 16 Monaten im Januar 1943 fertig. Die Baukosten damals entsprechen heutigen 1,1 Milliarden Dollar. Mit 600 000 Quadratmetern ist dies immer noch eines der größten Gebäude der Welt. Die Gänge sind 28,2 Kilometer lang, und auf den 340 000 Quadratmetern Bürofläche arbeiten rund 26 000 Menschen. Die Form des Fünfecks erwies sich als praktisch: Jeder Punkt des Gebäudes ist von jedem anderen Punkt in sieben Minuten erreichbar – ein großer Vorteil in den Arbeitsabläufen.

8 | Woher hat die **NEW YORKER WALL STREET** ihren Namen?

Die Insel Manhattan gehört zu den am frühesten von Europäern kolonisierten Gegenden Nordamerikas. Bereits 1624 siedelten die Niederlande erste Kolonisten an der Südspitze Manhattans an und nannten die Region Neu-Amsterdam. Die Siedlung wurde schnell zu einem florierenden Umschlagplatz für Felle, Tabak, Holz und Sklaven. Um sich gegen Überfälle der Kolonialmacht England und indigener Völker besser verteidigen zu können, wurde 1653 ein Schutzwall errichtet, quer über die schmale Landzunge. Die Straße südlich des Walls wurde »Waal Straat« genannt – ob sich das auf den Schutzwall oder auf an der Straße siedelnde Wallonen bezog, ist nicht geklärt. 1664 ergab sich Nieuw Amsterdam einer kleinen Flotte angreifender Engländer. Die neuen Herren benannten die Kolonie zu Ehren des Herzogs von York in »New York« um. 1699 bauten die Engländer den Schutzwall wieder ab, die nun »Wall Street« genannte Straße aber blieb. Mit Gründung der Börse im Jahr 1792 wurde die Gegend zum Finanzzentrum der Stadt.

9 | Wo kann man **MIT DEM FAHRRAD** durch eine **SALZPFANNE** fahren?

Diese Tour geht richtig in die Waden: Wer den Salar de Uyuni in Bolivien mit dem Fahrrad durchqueren will, muss kräftig in die Pedale treten. Denn der Untergrund ist steinhart und uneben zugleich. In prähistorischen Zeiten war hier ein riesiger See, der später austrocknete. Die dabei entstandene Salzpfanne liegt auf rund 3700 Meter Höhe und ist mit rund 10 500 Quadratkilometer Fläche die größte der Welt und eine der spektakulärsten Landschaften Südamerikas.

Ihre bis zu 30 Meter dicke Salzkruste wirft sich an der Oberfläche auf, manchmal blubbern Soleblasen heraus. In der Regenzeit von Dezember bis April ist sie überzogen von einer dünnen Wasserschicht und spiegelt in berauschenden Farben den Himmel wider. Mit dem Fahrrad kommt man allerdings besser in der Trockenzeit voran, wenn auch wegen der krustigen Oberfläche kaum schneller als in Schrittgeschwindigkeit.

Mittendrin erheben sich mehrere Inseln. Eine davon, die Isla Incahuasi, ist von hohen und uralten Säulenkakteen bewachsen und Ziel zahlreicher Jeeps mit Touristen. Wer im Salar de Uyuni übernachten will, kann dies in einem Salzhotel tun. Selbst die Betten sind dort aus dem Mineral. Die Salzmenge in der Pfanne wird auf zehn Milliarden Tonnen geschätzt. Für Bolivien, eines der ärmsten Länder der Welt, ist es das weiße Gold, denn es enthält Lithium, das zum Betrieb von Handys und Solarzellen wichtig ist. Das Vorkommen gilt mit geschätzten neun Millionen Tonnen als größtes der Welt und sollte nach dem Willen der Regierung industriell ausgebeutet werden. Das Projekt wurde jedoch nach Protesten der Bevölkerung gestoppt, die Garantien für die Region und den Umweltschutz einforderte.

10 | Wo kann man **WALDMÖPSE** sehen?

Ein Leben ohne Mops ist möglich, aber sinnlos. Davon war der große Humorist und Mopsfan Vicco von Bülow (1923–2011) alias Loriot überzeugt. Er fabulierte die Zuchtgeschichte des Mopses zusammen – von einem großen, elchartigen Tier zum Schoßhund. »Durch billigen Züchterehrgeiz« habe der Mops »seine Nase völlig eingebüßt«, in Deutschland bewahre nur noch der scheue Waldmops die freilaufende Würde seiner Vorfahren. Loriot zu Ehren stellte seine Geburtsstadt Brandenburg an der Havel 23 Waldmopsskulpturen auf:

ringelschwänzige, nur noch mit kleinen Elchschaufeln ausgestattete Tiere in unterschiedlichsten Positionen. O-Ton Loriot: »Vierzehnender hatten sich im Schoß älterer Damen als hinderlich erwiesen.«

11 | Wo wird der **KÜRZESTE LINIENFLUG** der Welt angeboten?

Während das achtsitzige Flugzeug von der Startbahn auf Westray abhebt, können die Passagiere schon die Landebahn auf Papa Westray sehen. Die Distanz beträgt nur 2,7 Kilometer. Offizielle Flugzeit: zwei Minuten inklusive Rollzeiten. Hin- und Rückflug: zweimal täglich. Die Eilande gehören zu den schottischen Orkney-Inseln. Zu den heimischen Passagieren gesellen sich gern ausländische – wegen der Urkunde, die eine Teilnahme am kürzesten Linienflug der Welt attestiert.

12 | Kann ein **PASSAGIER** ein **FLUGZEUG** landen?

Kapitän und Co-Pilot eines Verkehrsflugzeugs werden bewusstlos, und einem Passagier gelingt es unter dramatischen Umständen, die Maschine sicher zu landen. So die Fiktion von diversen Katastrophenfilmen. Aber auch im echten Leben kann so ein Notfall vorkommen. Und theoretisch könnten viele moderne Verkehrsflugzeuge automatisch landen, wenn nur ein Laie im Cockpit sitzt und unter Anleitung aus dem Tower ein paar Einstellungen vornimmt. Voraussetzung dafür ist das Instrumentenlandesystem (ILS), ein komplexes System aus mehreren Sendern am Boden, die Leitstrahlen für die Landung aussenden. Die Strahlen geben die Flughöhe und den Kurs vor und werden von Empfängern an Bord verarbeitet und auf die Steuerelemente übertragen. Doch längst nicht alle Flugzeuge besitzen das System. Und generell müssen die Voraussetzungen stimmen: keine Berge in der Nähe, wenig Wind, eine lange, breite Landebahn. Die Anfälligkeit für Fehler ist groß. Ein tragisches Beispiel: 2005 versuchte ein Steward eine Boeing 737 notzulanden, weil beide Piloten ohnmächtig waren. Doch das Flugzeug mit 121 Menschen zerschellte an einem Berg.

13 | Warum hat sich häufig **CELSIUS** gegen **FAHRENHEIT** durchgesetzt?

Der in Danzig geborene Physiker Daniel Gabriel Fahrenheit stellte 1714 seine Skala zur Temperaturmessung vor – und das erste Quecksilberthermometer. Der Schwede Anders Celsius präsentierte seine Skala im Jahr 1742. Während sich in den meisten Ländern die Methode nach Celsius durchgesetzt hat, halten vor allem die USA an Fahrenheit fest. Fahrenheit wollte negative Temperaturangaben vermeiden, darum setzte er den Nullpunkt seiner Skala bei der tiefsten Temperatur an, die er erzeugen konnte – er rührte dazu eine Kältemischung aus Eis, Wasser und Salmiak oder Seesalz an. Umgerechnet waren das knapp minus 18 Grad Celsius. Den Gefrierpunkt reinen Wassers (bei Celsius der Nullpunkt) legte Fahrenheit bei 32 Grad fest. Als dritter Fixpunkt folgte die »Körpertemperatur eines gesunden Menschen« bei 96 Grad Fahrenheit. Wasser wiederum siedet bei 212 Grad Fahrenheit und bei 100 Grad Celsius.

Auf Fahrenheits Skala liegen also 180 Grad zwischen Gefrier- und Siedepunkt, während es bei Celsius übersichtliche 100 Teile sind. Die Maßeinheit Celsius setzte sich folgerichtig überall dort durch, wo auch das metrische System Standard ist. Fahrenheit war zwar Deutscher, zugleich aber Mitglied der Royal Society in London. Seine Temperaturskala wurde daher vor allem von den englischsprachigen Ländern übernommen. In Großbritannien wurde Fahrenheit Ende des vergangenen Jahrhunderts von Celsius abgelöst, aufgrund der einstigen Einbindung in die EU.

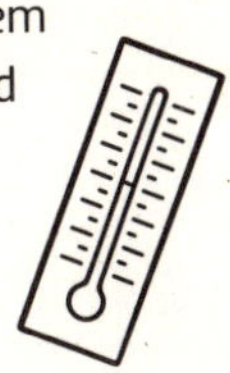

14 | Wo gibt es einen **WEISSEN BACH**?

Im Schweizer Engadin fließt auf etwa 2500 Meter Höhe ein Bergbach, dessen Bett einen Kilometer lang schneeweiß gefärbt ist. Das Geheimnis: Aluminiumflocken verleihen dem kleinen Ova Lavirun seine Farbe. Nahe seiner Quelle ist er von Schiefergestein umgeben, das das Mineral Pyrit enthält. Verwittert die Eisen-Schwefel-Verbindung und gelangt in den Fluss, wird Schwefelsäure freigesetzt. Die ist so aggressiv, dass sie das Wasser in den sauren pH-Bereich bringt. Die Folge: Aluminium löst sich aus dem Gestein des Flussbetts. Einige hundert Meter weiter vermischt sich das Wasser dann mit anderen Zuläufen und wird wieder neutral. Dadurch flockt das Aluminium aus und lagert sich in weißen Teilchen ab.

15 | Warum gibt es KALTE und WARME STRÖMUNGEN im Meer?

Die Meere sind stets in Bewegung. An ihrer Oberfläche treiben Winde das Wasser an, in tieferen Schichten lösen Unterschiede in Druck, Temperatur und Salzgehalt die Bewegungen aus. Wenn sich diese Bewegungen über große Flächen und Tiefen erstrecken, nennt man sie Meeresströmungen. In welche Richtung sie verlaufen, wird vom Wind und von der Erdrotation (Corioliskraft) beeinflusst. Die ganzjährig starke Sonneneinstrahlung am Äquator heizt das Wasser in diesen Breiten am stärksten auf. Es entstehen warme Strömungen, die bis in die Polargebiete fließen. Auf dem Weg dorthin verdunstet viel Oberflächenwasser und gibt seine Wärme an die Luft ab. Das verbliebene Wasser wird immer kühler, salzhaltiger und schwerer. An den Polen sinkt es zum Meeresboden hinab und strömt in Tausenden Metern Tiefe zurück in Richtung Äquator, wo es schließlich wieder aufsteigt. Dieser Kreislauf sorgt für einen globalen Ausgleich der Wassertemperaturen und für einen stetigen Austausch von Sauerstoff und Nährstoffen. Wenn eine Meeresströmung auf eine Landmasse trifft, muss sie ihre Richtung ändern. Dabei entstehen häufig Wirbel, und die verschiedenen Wasserschichten werden durchmischt. Gelegentlich kann man beim Schwimmen im Meer spüren, dass es kältere und wärmere Bereiche gibt – unabhängig von der Tiefe. Ausschlaggebend dafür ist neben den Strömungen auch, wie viel Wärme das Wasser aufnimmt (Sonneneinstrahlung) und wie viel es abgibt (Verdunstung, Wärmestrahlung). Und weil sich das kontinuierlich ändert, schwanken auch die Temperaturen im Wasser ständig.

16 | Wo findet man den FRIENDSHIP HIGHWAY?

Wer sich von Lhasa Richtung Himalaja auf den Weg macht, gerät auf eine der eindrucksvollsten Straßen der Welt. Der über 800 Kilometer lange China-Nepal-Highway ist besser als »Friendship Highway« bekannt. Er endet an der Brücke der sino-nepalesischen Freundschaft, dem einzigen Übergang zwischen China und Nepal. Von dort führt er als »Araniko Highway« weiter nach Kathmandu. Der Bau der Straße dauerte sieben Jahre. Als sie 1967 freigegeben wurde, bestand sie nur aus Schotterpisten. Heute ist sie gut ausgebaut, dennoch muss man wegen der vielen Kurven, die auf mehr als 5000 Höhenmeter führen, mit einer Fahrzeit von rund 14 Stunden rechnen. Immer wieder trifft man auf langsame Fuhrwerke, die von Yaks, Eseln oder auch Treckern gezogen werden. Aber auch wegen ihrer Schönheit und zahlreichen Sehenswürdigkeiten lädt die Strecke nicht zum Schnelldurchlauf ein, darunter atemberaubende Blicke auf den Mount Everest.

17 | Können INSTAGRAM-POSTS die Landschaft zerstören?

Wildromantische Orte einsam im Nirgendwo – das gehört heute oft zum Reiseprogramm. Schließlich gibt es Geotagging: Bilder auf Facebook und Instagram werden mit geografischen Koordinaten versehen. Damit lässt sich jeder verwunschene Wasserfall präzise aufspüren. Die Folge: Einmal gepostet, ist es schnell vorbei mit Ruhe und Abgeschiedenheit. Drastisches Beispiel: der Horseshoe Bend in Arizona, USA. Den Weg zu der faszinierend schönen Flussbiegung des Colorado River kannten einst nur Insider. Mittlerweile kommen jedes Jahr Millionen Besucher aus aller Welt, es hat bereits tödliche Selfie-Unfälle gegeben. Das Interesse gilt dabei oft genug den Fotos und nicht der Natur. Inzwischen haben viele Orte ihre Lektion gelernt und bereiten sich besser auf den Ansturm vor, dafür lässt der »Insta-Effekt« die Kassen klingeln. Das Natur-Idyll, für das ursprünglich alle gekommen sind, ist allerdings unwiederbringlich verloren.

18 | Wo kann man MITTEN IN DER STADT surfen?

In München gibt es ein Paradies für Surfer, mitten in der Stadt. Seit den 1970ern steigen die Sportler am Eisbach aufs Brett – einer künstlichen Flusswelle, die weltweites Vorbild ist. Die stehende Welle ist etwa einen Meter hoch und besonders konstant. Sie ist das Werk eines Amateurs, der sie heimlich gebaut hat, ihre Perfektion ist aber eher ein Zufallsprodukt. Die perfekte Welle ist ein Zusammenspiel verschiedener Faktoren. Über eine Rampe muss das Wasser zügig hinabströmen. Am unteren Ende der Rampe wird es abgebremst und strömt dann gleichmäßig mit glatter Oberfläche nach oben. Die perfekte Welle ist zwischen 50 und 160 Zentimeter hoch – und eignet sich damit für Einsteiger und Profis. Riversurfen nennt man diesen Trend.

19 | Wo liegen Deutschlands TEUERSTE STRASSEN?

Etwa 500 Einwohner haben in Kampen auf Sylt ihr Zuhause, rund doppelt so viele Menschen ihren Zweitwohnsitz. Deutschlands »Schlossallee«, so heißt die teuerste Straße im Monopoly-Spiel, liegt in Kampen. Nach einem Marktbericht von 2021 handelt es sich um den Hobokenweg. Im Segment der Ein- und Zweifamilienhäuser mit den höchsten Quadratmeterpreisen rangiert er auf Platz eins. Weitere teure Pflaster hier sind das Norderende und der Osterheideweg mit mehr als 35 000 Euro pro Quadratmeter. Diese Lagen bieten direkten Blick auf die Nordsee mit dem Wattenmeer.

20 | Was macht der KLIMAWANDEL mit den Alpen?

Die Zugspitze ist mit 2962 Metern Deutschlands höchster Berg. Einst war sie noch höher: Vor 3700 Jahren stürzten rund 300 Millionen Kubikmeter Gestein vom Gipfel in die Tiefe. In jener Zeit war es ähnlich warm wie heute. Wissenschaftler vermuten daher: Der Klimawandel macht das Hochgebirge instabil. Denn nicht nur die Gletscher schmelzen, sondern auch der Permafrost im Inneren der Berge ist betroffen. Er ist so etwas wie der Zement, der die Felsmassen zusammenhält. Taut er auf, könnte der Halt verloren gehen. Durch geophysikalische Messungen erkennen Wissenschaftler, wo noch Permafrost im Fels vorhanden ist. Tauen beispielsweise die Felsspalten auf, dann kann Schmelzwasser in eisfreie Klüfte eindringen und ganze Bergflanken einfach absprengen. Wie 2017 am Piz Cengalo im schweizerischen Graubünden, als acht Bergsteiger von den Felsmassen verschüttet wurden. Im gesamten Alpenraum weicht der Klimawandel die Verbindungen zwischen Fels und Eis auf. Manche Rechenmodelle gehen davon aus, dass in 100 Jahren der Permafrost deutlich reduziert sein könnte.

21 | Wo steht der erste NATIONALERBE-BAUM Deutschlands?

Das Wahrzeichen von Heede im Emsland ist eine Sommerlinde, die »Dicke Linde«. Sie ist beliebter Dorfmittelpunkt und ziert das Gemeindewappen. Mit ihren 17 Metern Stammumfang gilt sie als der dickste vollstämmige Baum Deutschlands und als dickste Linde Europas. Dendrologen, die sich mit der Lehre von Bäumen und Gehölzen beschäftigen, schätzen ihr Alter auf 600 bis 800 Jahre. 2019 erhielt sie ein neues Attribut: Deutschlands erster »Nationalerbe-Baum«. Die Deutsche Dendrologische Gesellschaft will insgesamt 100 Bäume mit einem Stammumfang von über vier Metern und einem Alter von über 400 Jahren mit diesem Siegel versehen, um ihren Erhalt zu fördern. Inzwischen befindet sich in jedem Bundesland mindestens ein ausgezeichneter Baum.

22 | Wo liegt das FÜRSTENTUM SEBORGA?

Seborga thront auf einem Hügel im Hinterland der Blumenriviera – ein Bergdorf von gerade mal 300 Einwohnern am Rand von Italien. Die Seborghini sehen ihre Heimat als 14 Quadratkilometer großes eigenständiges Fürstentum. Weder beim Wiener Kongress 1815 noch bei der Gründung der Italienischen Republik sei es einer Staatsmacht unterstellt worden. Herausgefunden hat das in den 1960er-Jahren der Blumenhändler und Hobbyforscher Giorgio Carbone. Er nahm das zum Anlass, sich in Giorgio I., Fürst von Seborga umzubenennen und 1993 die Unabhängigkeit »seines« Fürstentums auszurufen. Seine Nachfolgerin ist seit 2019 eine gebürtige Allgäuerin. An der Hauptstraße des Dorfes markiert ein weiß-blaues Wachhäuschen den Grenzverlauf, es gibt auch eigene Nummernschilder, die neben den italienischen an den meisten Fahrzeugen prangen. Die Seborghini sind mit ihrer Situation zufrieden, denn sie brachte den Ort in die Schlagzeilen und kurbelte den Tourismus an. In Rom sieht man dieser Entwicklung bis heute lächelnd zu.

23 | Warum ist **TAIWAN** ein **SONDERFALL** der Vereinten Nationen?

Taiwan, auch Republik China genannt, ist ökonomisch äußerst erfolgreich. Es ist ein demokratischer Staat, gehört offiziell nicht zur Volksrepublik China – und ist heute nicht Teil der UN. Das hängt mit der jüngsten Geschichte zusammen. Nach dem Sieg der Kommunistischen Partei über die Eliten in China zogen sich die Verlierer 1949 auf die gut 35 000 Quadratmeter große Insel zurück. Dort entwickelte sich eine Demokratie, die weltweit anerkannt wurde. Das Land trat den UN bei. Die kommunistische Festlandsregierung aber reagierte mit der »Ein-China-Politik«. Danach können Staaten diplomatische Beziehungen zur Volksrepublik nur führen, wenn sie die Anerkennung des Inselstaats zurücknehmen. In der Folge verlor Taiwan 1971 die UN-Mitgliedschaft und immer mehr diplomatische Vertretungen. Derzeit sind es gerade einmal 15 von rund 200 Staaten. In Europa wird Taiwan nur vom Vatikan anerkannt, der keine diplomatischen Beziehungen zur Volksrepublik China pflegt. Allerdings unterhalten viele Staaten Büros in Taiwans Hauptstadt Taipeh.

24 | Welches ist die **STEILSTE STRASSE** der Welt?

Anfahren am Berg: In einer Straße namens Ffordd Pen Llech in der walisischen Kleinstadt Harlech ist das auch mit der besten Handbremse ein Wagnis. So mancher Wagen ist hier schon unkontrollierbar rückwärts gerollt. Mit einer Steigung von 37,45 Prozent im steilsten Abschnitt knackte die Straße im vergangenen Jahr den Weltrekord und verdrängt damit die Baldwin Street in Dunedin auf der Südinsel Neuseelands. 35 Prozent Gefälle oder Steigung sind es, je nach Perspektive. Um die Auszeichnung zu erhalten, musste der Ort eine Reihe von Anforderungen erfüllen und Informationen vorlegen: Die Straße muss öffentlich zugänglich sein und regelmäßig befahren werden. Schwieriger

wurde es mit einer Planungsskizze als Beweis. Denn weil die Ffordd Pen Llech schon mindestens 1000 Jahre besteht, lag kein Plan vor. Dank Vermessungstechnik sicherte sich die Straße, an der uralte Häuser stehen, dennoch den Titel. Die Einwohner von Harlech hoffen nun auf mehr Touristen.

25 | Wo ist der **KÄLTESTE FEUERBERG** der Erde?

Der knapp 3000 Meter hohe Ol Doinyo Lengai in Tansania ist der einzige, der äußerst kurzlebige Kalk-Lava speit. Mit Temperaturen zwischen 500 und 600 Grad Celsius ist sie nur halb so heiß wie herkömmliche Lava, aber flüssiger. Die graubraune Brühe enthält außergewöhnlich wenig Silizium, dafür jedoch große Mengen an Natriumoxid und Kohlendioxid, die zu Natriumcarbonat reagieren. Wie Wasser rinnt und blubbert die Lava aus Spalten und kleinen Kegeln im Krater. Sobald sie erkaltet ist, nimmt sie Feuchtigkeit auf und verfärbt sich beige. Nach einigen Monaten zerfällt sie zu Pulver. Wie diese sonderbare Lava entsteht, ist bis heute ein Rätsel. Der Vulkan ist noch aktiv: Von 2007 bis 2008 spuckte er immer wieder eine Mischung aus Carbonatit und Nephelinit in den Himmel, und ehemals grüne Hänge verschwanden unter einer Ascheschicht.

26 | Warum gibt es in **IRLAND** keine **SCHLANGEN**?

Irland gehört zu den wenigen Orten der Welt, an denen keine Schlangen leben. Der Legende nach scheuchte der heilige Patrick im 5. Jahrhundert sie alle ins Meer. In Wahrheit gab es sie aber schon damals nicht. Während der letzten Eiszeit war die heute so grüne Insel von einem dicken Eispanzer überzogen. Nachdem die Gletscher vor etwa 10 000 Jahren abgeschmolzen waren, bot die Insel wieder Lebensraum für Menschen, Tiere und Pflanzen. Viele kamen per Schiff zusammen mit den Menschen, viele aber auch aus dem Wasser und der Luft. Schlangen waren nicht dabei, weil keine Landbrücken

zwischen Irland und dem Rest der Britischen Inseln oder dem Festland bestanden. Das einzige heute in Irland anzutreffende Reptil ist, abgesehen von ein paar Schildkrötenarten, die Waldeidechse. Wie sie es geschafft hat, auf der Insel heimisch zu werden, ist Forschern bis heute ein Rätsel. Vereinzelt werden auch Blindschleichen gesichtet, die aber zu den Echsen gezählt werden. Sie wurden vermutlich von Menschen ausgesetzt.

27 | Welcher **SEE** hat das **KLARSTE WASSER?**

Mit tiefgrünen Buchenwäldern, rauen Berggipfeln und reißenden Flüssen ist der Nelson-Lakes-Nationalpark auf der Südinsel Neuseelands von spektakulärer Schönheit. Und den mit Abstand beeindruckendsten Anblick hier bietet der Blue Lake. Sein Wasser schimmert in Blauviolett und ist fast so durchsichtig wie destilliertes Wasser. Dürfte man hier tauchen, hätte man bis zu 80 Meter Sichtweite. Damit gilt er als klarster Süßwassersee der Welt. Er wird unterirdisch aus dem Lake Constance gespeist wird, der weit über der Baumgrenze liegt und nicht durch herabfallendes Laub getrübt wird. Und das Wasser passiert auf dem Weg zum Blue Lake unzählige Gesteinsschichten, wodurch nahezu alle verbleibenden Sedimentpartikel herausgefiltert werden. Baden ist in dem See strengstens verboten, aus Respekt vor den Maori. Sie nennen ihn »See der friedvollen Lande« und nutzen ihn seit Jahrhunderten für Zeremonien.

28 | Warum gibt es in VENEDIG die Schmerzensinseln?

Auf den ersten Blick haben sie nicht viel gemeinsam außer dem Namen: die Isole del Dolore, die malerisch verstreut in der südlichen Lagune von Venedig liegen. Auf einigen stehen exklusive Immobilien, auf anderen wuchert Grün über letzte Mauerreste. Historisch gesehen dienten die meisten dieser Eilande aber jahrhundertelang dem gleichen Zweck: als »Entsorgungsplatz« für ausgestoßene Menschen. Auf Lazzaretto Vecchio beispielsweise, namensgebend für das Wort Lazarett, wurden ab 1423 Pestkranke untergebracht: Ein Archäologenteam entdeckte dort mehr als 1500 Skelette von Menschen, die der Schwarze Tod hingerafft hatte.

Auf dem benachbarten San Servolo wiederum nutzte man das Benediktinerkloster ab 1725 für »Geisteskranke«. Dazu zählte man damals auch Homosexuelle, körperlich Behinderte und Suchtkranke. Heute steht hier die exklusive Venice International University. Nur noch im Klostermuseum finden sich Spuren der düsteren Vergangenheit: Instrumente der brachialen Psychiatrie-Methoden. Isola di San Clemente machte eine ähnliche Wandlung von der Kloster- zur Schmerzensinsel durch: Während dort im Mittelalter Augustinermönche Pilger und Kreuzritter beherbergten, wurde die Mönchsbehausung Mitte des 19. Jahrhunderts zur Nervenheilanstalt für Frauen. Inzwischen hat eine Hotelkette die ehemalige Psychiatrie zu einem Fünfsternehotel umgebaut. Poveglia, die südlichste der Schmerzensinseln, ist unbewohnt und wird die Geisterinsel von Venedig genannt. Lange diente sie als Quarantänestation, noch heute findet man einen Stein mit der Warnschrift: »Nicht graben, hier ruhen die, die an der Ansteckung starben.«

29 | Warum steht im New Yorker CENTRAL PARK ein HUNDEDENKMAL?

Die Bronzeskulptur wurde im Dezember 1925 enthüllt. Geehrt wird mit ihr Schlittenhund Balto, einer der ersten vierbeinigen Medienstars. In ganz Nordamerika hatte man den dramatischen »Serum Run to Nome« verfolgt – ein Schlittenhunderennen, bei dem es um Leben und Tod ging. Im Januar 1925 war rund um Nome im Nordwesten von Alaska die Diphtherie ausgebrochen, innerhalb weniger Tage waren sechs Kinder gestorben. Am 22. Januar alarmierte der Arzt Curtis Welch die Gesundheitsbehörden in Washington: Er brauche dringend große Mengen von Antitoxin-Serum, ein Einzugsgebiet von rund 10 000 Menschen sei gefährdet. Doch es war tiefster Winter in Alaska und die Verbindung von Nome zur Außenwelt durch Schnee und Eis unterbrochen. Nur eine Möglichkeit blieb: ein Staffelrennen mit Hundeschlitten von der per Zug erreichbaren Stadt Nenana nach Nome. 20 Hundeführer lösten sich auf 1085 Kilometern ab, bewältigten sie in 127 Stunden und rund 30 Minuten. Am 2. Februar erreichte Gunnar Kaasen mit seinem Gespann unter Leithund Balto die Front Street von Nome. Keine einzige Ampulle war zerbrochen, kein Tropfen des Serums vereist. Innerhalb weniger Tage sank die Zahl der Neuinfektionen. Gunnar Kaasen und Balto wurden zu landesweit gefeierten Helden.

30 | Warum ist WASHINGTON, D.C., kein Bundesstaat der USA?

Als George Washington 1789 zum ersten Präsidenten der USA wurde, war sein Amtssitz noch New York City. Ein Jahr später beschloss der Kongress die Schaffung eines Regierungsdistrikts, der künftig als Hauptstadt dienen und vom Kongress selbst verwaltet werden sollte. Während der zehnjährigen Bauphase war Philadelphia Regierungssitz. Im November 1800 nahm der aus Senat und Repräsentantenhaus bestehende Kongress seine Arbeit im »District of Columbia« auf, heute bekannt als »Washington, D.C.«, abgeleitet vom Namen Christoph Kolumbus. Für den Entschluss, die Hauptstadt zu einer juristischen Sonderzone zu machen, die keinem der US-Bundestaaten angehört, gab es einen guten Grund: Man befürchtete, der die Hauptstadt beheimatende Bundesstaat könnte zu viel Einfluss auf die Politik nehmen. Für die rund 700 000 Einwohner von Washington, D. C., hat das bis heute Nebenwirkungen. Da das Wahlrecht den Bürgern von US-Bundesstaaten vorbehalten ist, dürfen sie nicht an den Wahlen zum Senat und zum Repräsentantenhaus teilnehmen.

31 | Wo liegt der größte AUTOFRIEDHOF der Welt?

Vor Jahrzehnten erbte der heute über 80-jährige Dean Lewis im US-Bundesstaat Georgia von seinen Eltern einen Schrottplatz. Die Autowracks gefielen ihm so gut, dass er sie zum Ausschlachten zu schade fand. So mauserte sich die »Old Car City« als größter Autofriedhof der Welt zu einer Touristenattraktion. Rund 4000 Modelle gibt es mittlerweile zu entdecken, darunter auch Elvis' letzten »Lincoln Continental«. Alle wurden vor 1972 gebaut und sind Zeitzeugen der optimistischen Technikwelt. Der Autofriedhof ist ein Paradies für Fotografen, denn hier konnten sich Natur und Technik miteinander aussöhnen: Bäume und Büsche legen sich um Chrom und Stahl, Baumstämme wachsen durch Scheiben. Das sanfte Waldlicht tut ein Übriges, um die friedvolle Atmosphäre zu unterstreichen.

32 | Wie entstehen die RIESENWELLEN VON NAZARÉ?

Die kleine Stadt nördlich von Lissabon ist Treffpunkt der Surferszene. Im Herbst und Winter rollen dort riesige Wellen an, nicht selten mehr als 20 Meter hoch. Das spektakuläre Naturschauspiel ist möglich, weil mehrere Faktoren zusammentreffen: Wind erzeugt Wellen, die auf die Küste zulaufen. Der vordere Teil der Welle ist näher an der Küste, befindet sich also in flacherem Wasser und wird dadurch abgebremst. Somit ist der hintere Teil der Welle schneller, sie stellt sich auf. Das Phänomen trifft nun vor Nazaré auf einen etwa 230 Kilometer langen und bis zu fünf Kilometer tiefen Unterwassercanyon, der nahezu rechtwinklig zur Küste verläuft. Dort werden die Wellen weniger stark abgebremst und drehen deshalb in Richtung flaches Wasser. Sie überlagern sich mit den langsamen Wellen und Strömungen und können dafür sorgen, dass die Wogen noch steiler werden.

33 | Warum gilt in ITALIEN die 17 als UNGLÜCKSZAHL?

Viele italienische Hotels haben keine Zimmernummer 17, in Hochhäusern gibt es keine 17. Etage, Flugzeuge keine 17. Sitzreihe. Unsere »Unglückszahl« 13 ist in Italien die 17. Schon die alten Römer fürchteten sie, das hatte mit ihrer Schreibweise – XVII – zu tun. Bei einer Umstellung der Buchstaben ergibt sich »VIXI« und das bedeutete »Ich habe gelebt« (also: »Ich bin tot«). Doch nicht nur dieses Anagramm ist für den schlechten Ruf der 17 verantwortlich: Eine der drei Legionen, die im Teutoburger Wald von Arminius vernichtend geschlagen wurden, war die 17. Legion. Statt Freitag, dem 13. ist in Italien Freitag, der 17. der Unglückstag, aber auch Dienstag, der 17. Der Freitag bringt generell Unglück, weil Jesus an einem Freitag gekreuzigt wurde. Und Dienstag heißt »martedì« und ist im Italienischen nach dem Kriegsgott Mars benannt – das gilt als schlechtes Omen.

34 | Was ist los an der HUNDE-SELBSTMORD-BRÜCKE in Schottland?

Nahe dem Städtchen Dumbarton nordwestlich von Glasgow spannt sich die Overtoun-Brücke über ein tiefes Flusstal. Es ist ein romantisches Fleckchen – gäbe es nicht dieses merkwürdige Phänomen, dass sich hier immer wieder Hunde zu Tode stürzen, was dem Bauwerk den Namen »Dog Suicide Bridge« (Hunde-Selbstmordbrücke) eingetragen hat. Offenbar rennen die Tiere unvermittelt los, springen dann über die Brüstung und stürzen in die Tiefe. Mal ist von 600 Hunden die Rede, mal von 100 oder 50. Was ist da los? Ein

Hundeverhaltensforscher kam zu dem Schluss, dass unterhalb der Brücke Nerze wohnen. Ihr starker Geruch ziehe die Hunde magisch an. Ihm pflichtete ein Anwohner bei: Er habe schon mehrfach Hunde dabei beobachtet, wie sie auf der Brücke Witterung von Nerzen oder von Baummardern aufnahmen. Dann setzten die Hunde zum Sprung an und verlören auf der Brüstung den Halt. Nun warnt ein Schild: »Gefährliche Brücke. Hunde bitte anleinen.«

35 | Warum entstand die MAFIA ausgerechnet auf SIZILIEN?

Das System Mafia etablierte sich etwa um 1870 auf Sizilien. Mysteriös blieb bisher, warum es sich dort entwickeln konnte. Historiker und Ökonomen analysierten Verbrechen aus den Jahren 1881 bis 1886. Das Ergebnis: Wo viele Zitrusfrüchte angebaut wurden, waren häufig mafiöse Aktivitäten zu verzeichnen. Nach der Entdeckung, dass Zitrusfrüchte gegen die von Vitamin-C-Mangel verursachte Erkrankung Skorbut helfen, waren die Früchte mit Beginn des 19. Jahrhunderts weltweit sehr gefragt. Im warmen Klima Siziliens gedeihen sie bis heute besonders gut. Weil Sizllen damals von unklaren Landeigentumsrechten und Arbeiter-Rebellionen geprägt war, flohen viele Feudalherren und setzten Plantagenaufseher mit schlagkräftigen Wachen ein. Landbesitzer, die sich keine Wachen leisten konnten, wurden vielfach ausgeraubt und mussten anschließend zahlen, um ihre Ernte wiederzubekommen. So entwickelte sich ein Beziehungsgeflecht, das bis heute die Strukturen der Mafia ausmacht.

36 | Seit wann gibt es REISEPÄSSE?

Wer hat eigentlich den Reisepass erfunden? Name, Personenbeschreibung, Stempel, Unterschrift – und fertig ist er. Zumindest war das im ausgehenden Mittelalter so. Die ersten Pässe tauchten im 15. Jahrhundert in Frankreich, Oberitalien und der Schweiz auf, genau wie das französische Wort »passeport« (»Geh durch das Tor«). Sie wurden anfangs für aus dem Krieg

heimkehrende Soldaten ausgestellt – um regulär beurlaubte Kämpfer von Deserteuren unterscheiden zu können. Wenig später waren persönliche Ausweise oft obligatorisch: etwa für Pilger, Kaufleute und zu Pestzeiten gar für alle Reisenden. Lokale Behörden bestätigten die Identität einer Person, die damit Kontrollen passieren konnte. Mit der Staatsangehörigkeit haben Reisepässe erst ab dem Ersten Weltkrieg etwas zu tun. Bis dahin waren viele Reisende mit Ausweisen unterwegs, die vom Ziel- und nicht etwa dem Herkunftsland ausgestellt wurden. Doch die Nationalstaaten verknüpften 1914 die Identifikations- mit einer Zugehörigkeitsbescheinigung.

37 | Welches Land hat NOCH NIE KRIEG erlebt?

Kein Land ist in seiner Geschichte von Kriegen verschont geblieben. Oder doch? Historiker führen Island an: Hier hat es nie größere Konflikte gegeben, selbst das Christentum wurde im 11. Jahrhundert ohne Auseinandersetzungen angenommen. Im 12. und 13. Jahrhundert flammten lediglich Scharmützel zwischen Clans auf. Und 1627 verschleppten Piraten 300 Frauen und Kinder. Seit jener Zeit herrscht Frieden. Die wirklich friedlichste Region der Welt scheint jedoch Grönland zu sein, denn von hier sind überhaupt keine größeren bewaffneten Konflikte bekannt. Seit Anfang des 20. Jahrhunderts gehört es politisch zu Dänemark, seit 1979 genießen die rund 56 000 Grönländer weitgehende Autonomie.

38 | WER hat den MARREE MAN gemacht?

Am 26. Juni 1998 wird er bei einem Kontrollflug entdeckt: Auf einem Erdplateau prangt urplötzlich ein riesiger Geoglyph – so nennt man in den Erdboden eingravierte Zeichnungen. Dargestellt ist ein majestätischer Aboriginal-Krieger, der gerade einen Stock wirft. Rund 4,2 Kilometer misst die Figur in Südaustralien, etwa 700 Kilometer nördlich von Adelaide. Nach dem nächstgelegenen Ort heißt sie Marree Man. Nach seiner Entdeckung avancierte er rasch zur international beliebten Sehenswürdigkeit. Auch die US-Raumfahrtorganisation NASA veröffentlichte mehrfach Satellitenfotos des Kriegerbildnisses: Aus mehr als 700 Kilometer Höhe ist es perfekt zu erkennen. Mithilfe der Satellitenaufnahmen lässt sich die Entstehungszeit eingrenzen: Auf einer Aufnahme vom 27. Mai 1998 war noch nichts zu sehen. Am 12. Juni dagegen erscheint der Mann in voller Pracht. Ein Faszinosum bleibt die mysteriöse Urheberschaft. Weil die Umrisse der imposanten Figur aus einem 35 Meter breiten und 30 Zentimeter tiefen Streifen bestehen, muss schweres Gerät im Einsatz gewesen sein. Trotzdem hat niemand die Arbeiten bemerkt. Zunächst keimte die Hypothese auf, der stattliche Krieger könnte ein Abschiedsgeschenk der US-Militäreinheit sein, die Anfang der 1990er-Jahre die Gegend verließ. Plausibler klingt Erklärung Nummer zwei: In Alice Springs lebte der verschrobene Künstler Bardius Goldberg. Dieser soll im Freundeskreis Pläne für ein überdimensioniertes Kunstwerk vorgezeigt und einen großzügigen Sponsor erwähnt haben. Doch Goldberg ist 2002 verstorben. Gut möglich, dass das Geheimnis nie gelüftet wird.

39 | Wie TRANSPORTIERE ich Fahrräder auf dem Auto SPRITSPAREND?

Beim Urlaub in Holland, Dänemark oder Deutschland dürfen sie eigentlich nicht fehlen: Fahrräder für alle. Wer die eigenen Räder mitnehmen will, braucht fürs Auto einen speziellen Anhänger oder ein Trägersystem. Bei Letzterem gibt es im Wesentlichen zwei Varianten: auf dem Dach oder auf der Anhängerkupplung. Wer Sprit sparen will, sollte die zweite Variante wählen, wie der ADAC herausgefunden hat. Doch bei zwei Fahrrädern und normalem Fahrtempo verbraucht das Auto mit Dachträger satte 41 Prozent mehr Benzin, mit Träger auf der Anhängerkupplung nur 18 Prozent mehr. Das liegt im Wesentlichen daran, dass Letzterer zumindest teilweise im Windschatten der Karosserie liegt, Räder auf dem Dach dagegen stehen voll im Wind. Fährt man schneller als 130 Kilometer pro Stunde, steigert sich der Mehrverbrauch sogar auf gut 50 Prozent. Der Test wurde mit einem Diesel durchgeführt. Bei einem Benziner fällt der Mehrverbrauch noch höher aus.

40 | Wo steht das MUSEUM für ZERBROCHENE BEZIEHUNGEN?

Einen »Ort für die schmerzhaften Erinnerungsstachel verflossener Lieben« wollten die Künstler Olinka Vištica und Dražen Grubišic erschaffen. So entstand ihr Museum in Zagreb. Auch online stellen die beiden Künstler Dinge aus, die eine Geschichte haben und für eine stehen – samt Begleittexten der Entliebten. Da wäre ein Handy mit den Worten: »Er gab es mir, damit ich ihn nicht mehr anrufen konnte.« Oder ein zerstörtes VHS-Video: »Ich habe es mit meinem Wagen überfahren, mit einem Schraubenzieher durchlöchert, mehrfach mit einem Gewehr darauf geschossen... Es war die einzig mögliche Therapie.« Im Buch zur Ausstellung schreibt Olinka Vištica: »Unsere Gesellschaft kennt Hochzeiten, Beerdigungen, Abschlussfeiern, aber einen formalen Rahmen für das Ende einer Beziehung kennt sie nicht.« Seinem sprechenden Namen zum Trotz sei das Museum ein Ort des Lebens, der Hoffnung und der Liebe. Seit 2024 gibt es eine Zweigstelle in Chiang Mai, Thailand.

41 | Warum erkranken SHERPAS nicht an der HÖHENKRANKHEIT?

Weil ihr Blut von Natur aus stark verdünnt ist. Das unterscheidet sie nicht nur von Menschen im Flachland, sondern auch von anderen Bergbewohnern: In den Anden zum Beispiel leiden viele Menschen an chronischer Höhenkrankheit. Sie geht einher mit der exzessiven Produktion roter Blutkörperchen, auch Erythrozyten genannt. In der dünnen Höhenluft bildet der Körper diese lebenswichtigen Transportzellen vermehrt, um Muskeln und Organe mit genügend Sauerstoff zu versorgen. Ein unerwünschter Nebeneffekt durch ein Mehr an roten Blutkörperchen: Das Blut wird dicker. Damit steigt das Risiko für einen Herzinfarkt oder Schlaganfall. Dieses Problem haben die Sherpas im Himalaya nicht. Einer Studie zufolge weist ihr Erbgut sehr wohl erhöhte Erythrozytwerte auf. Zugleich aber fließt durch ihre Adern besonders viel Plasma, also zellfreie Blutflüssigkeit. Derart stark verdünnt werden die roten Blutkörperchen wohl seltener zur Gefahr.

42 | WELCHE STADT war Afrikas erste KULTURHAUPTSTADT?

Die Auszeichnung »Kulturhauptstadt Europas« geht mit hohem Imagegewinn für die jeweilige Stadt einher. Kein Wunder, dass das Beispiel Nachahmer gefunden hat. So wird seit 2000 jährlich eine Kulturhauptstadt Amerikas gewählt, und auch die Hauptstadt der Islamischen Kultur wird seit 2005 gekürt, infrage kommen Städte in Arabien, Afrika und Asien. Diese Ehre wurde 2024 Marrakesch zuteil. Die bei Touristen beliebte marokkanische Metropole konnte da bereits von gesammelten Erfahrungen profitieren, denn sie wurde schon 2020 als erste Kulturhauptstadt Afrikas ausgewählt, »wegen der Architektur, der Kunst und des kulturellen Erbes«. Diese Aspekte wurden im Laufe des Jahres noch weiter gefördert, auf der Agenda standen unter anderem die Verschönerung der Altstadt, insbesondere unter nachhaltigen und sozialen Gesichtspunkten. 2023 wurde die Stadt jedoch von einem starken Erdbeben getroffen, dessen Folgen noch nicht vollständig beseitigt sind.

43 | Kann man am GARDASEE bald nicht mehr surfen?

Aus Surferkreisen ist zu hören: Die Winde am Gardasee wehen nicht mehr verlässlich, der Klimawandel ist schuld, bald wird man nicht mehr surfen können. Was ist da dran? Der Gardasee ist berühmt für seine regelmäßigen Winde, er liegt zwischen den Alpen im Norden und der Po-Ebene im Süden. Ab dem frühen Morgen bläst der Pelèr, ein Schönwetter-Nordwind, durch ein Flusstal auf den See. Ab mittags dreht sich die Lage, dann bläst die Ora, ein Südwind, bergaufwärts. Warum das so ist, kann man sich so erklären: Man stelle sich zwei gleich große Würfel vor. Der eine ist über Berge gestülpt, der andere steht in der Ebene. Der Berg-Würfel beinhaltet weit weniger Luft als der in der Ebene, weil eben die Berge Platz wegnehmen. Somit ist im Gebirge weniger Luftmasse zu erwärmen, diese heizt sich tagsüber rascher auf und steigt nach oben. Dadurch entsteht ein Druckunterschied, die Luft aus der Ebene – in diesem Fall über dem flachen Gardasee – wird angezogen und strömt in das entstehende Vakuum nach oben. Das ist der Moment gegen Mittag, wenn der Wind aus südlicher Richtung einsetzt und den Nordwind ablöst. Das Phänomen wird »alpines Pumpen« genannt.

Surfer wollen nun beobachtet haben, dass es weniger windet am Gardasee. Die Begründung: Mit dem Klimawandel wird es in den Bergen oben generell wärmer, der Temperaturunterschied zu der von der Sonne aufgeheizten Luft ist nicht mehr so groß. Sie steigt daher langsamer auf, und deshalb werden die thermischen Winde schwächer. Allerdings gibt es dazu bislang noch keine seriösen wissenschaftlichen Belege. Weniger stabile Winde könnten auch einfach an einer Phase mit stärkerer Bewölkung liegen, da sich dann die Luft über den Bergen weniger aufheizt.

44 | WO BEFINDET SICH das einzige DUFTARCHIV der Welt?

Napoleon verwendete im Exil auf St. Helena ein herbes Eau de Cologne. Es wird heute erneut hergestellt – im Duftarchiv von Versailles, der Osmothek. Rund 4000 unterschiedliche Parfüms aus aller Welt werden hier im Dunkeln bei zwölf Grad Celsius aufbewahrt, in mit Argon luftdicht verschlossenen Flacons aus Spezialglas. Mehr als 800 dieser Düfte werden längst nicht mehr produziert. Aber das Institut kennt die Rezepte und treibt auch noch Restbestände exotischer Originalzutaten auf. Die Geruchs-Zeitreise führt weit zurück: etwa zum Duftwasser der Königin von Ungarn aus dem 14. Jahrhundert, mit Blumen und Rosmarin unter Verwendung destillierten Alkohols hergestellt – damals eine Innovation. Der älteste Duft des Archivs stammt aus dem ersten Jahrhundert nach Christus: Das »Parfum Royal« trugen sich die alten Römer einst als Salbe auf. Die Osmothek wird laufend neu bestückt, von Parfümherstellern aus aller Welt. Sie wissen ihre ausgemusterten Formeln dort in guten Händen.

45 | Wo liegt der EU-MITTELPUNKT?

Am 31. Januar 2020 war es mit der Besonderheit der Gemeinde Westerngrund im Landkreis Aschaffenburg vorbei: Sie war nicht mehr der geografische Mittelpunkt der Europäischen Union – ein inoffizieller Titel, den sie seit 1. Juli 2013 getragen hatte. Die EU-Mitte lag zunächst im Ortsteil Oberwestern, ab Anfang 2014 etwa 500 Meter weiter südlich, nachdem das französische Übersee-Departement Mayotte, eine Inselgruppe bei Madagaskar, Teil der EU wurde. Seit das Vereinigte Königreich am 1. Februar 2020 aus der EU ausgetreten ist, liegt das geografische Zentrum der Staatengemeinschaft nun bei den Koordinaten 9 Grad, 54 Minuten und 7 Sekunden östlicher Länge und 49 Grad, 50 Minuten und 35 Sekunden nördlicher Breite: in Gadheim, einem Ortsteil von Veitshöchheim, mit etwa 80 Einwohnern. Da die unentschlossenen Briten den Brexit immer wieder vertagt hatten, mussten die Gadheimer Festlichkeiten fünfmal verschoben werden. In der Nacht zum 1. Februar 2020 war es endlich so weit. Selbst das japanische Fernsehen berichtete.

46 | Anhand WELCHER DATEN wurde Notre-Dame REKONSTRUIERT?

Die ganze Welt war geschockt, als am Abend des 14. April 2019 Bilder von der lichterloh brennenden Notre-Dame zu sehen waren. Die Kathedrale ist eines der Wahrzeichen von Paris. Sofort überlegten die Verantwortlichen, wie sie das historische Gemäuer originalgetreu wieder aufbauen könnten. Das Problem: Es gibt keine genauen Bauzeichnungen von der Kirche, die zwischen 1163 und 1345 errichtet worden war. Nun wurden weltweit Daten gesammelt. So hatten Experten der Universität Bamberg erst kurz vor dem Brand Farbanalysen des Nord- und Südportals und 3-D-Scans des vom Feuer besonders betroffenen Querhauses erstellt. Zudem konnten Computerspieldaten verwendet werden: Das Action-Spiel »Assassin's Creed« spielt zum Teil in der Kirche, und die Programmierer rekonstruierten diese mit viel Liebe zum Detail in 3-D. Dafür hatte eine Mitarbeiterin zwei Jahre lang die Kathedrale genauestens studiert. Die Firma bot sofort an, die Daten zur Verfügung zu stellen. Anfang Dezember 2024 konnte Notre-Dame daher in neuer alter Pracht feierlich wiedereröffnet werden.

47 | Wie funktioniert der UV-FILTER in Sonnencreme?

Das Bundesamt für Strahlenschutz warnt vor den Folgen übermäßiger Sonnenbäder. Nicht nur Hautrötungen durch Sonnenbrand sind möglich, auch an den Augen, an der Bindehaut, können akute Entzündungen entstehen. Noch drastischer sind die langfristigen Folgen wie die Linsentrübung Grauer Star oder Hautkrebs. Ursache all dessen ist die UV-Strahlung, vor der Sonnencremes schützen können. Sie setzen auf chemische oder physikalische UV-Filter. Die chemischen Filter müssen vor dem Sonnenbad etwa 30 Minuten in die Haut einziehen. Die synthetischen Stoffe der Creme absorbieren dann die UV-Strahlung und wandeln sie in energieärmere und ungefährlichere Wärmestrahlung um. Physikalische Filter wirken hingegen bereits, wenn sie sich als frische Schicht auf der Haut befinden. Kleinste weiße Partikel in der Creme, beispielsweise Titan- oder Zinkoxid, reflektieren und streuen das Sonnenlicht, sodass die UV-Strahlung gar nicht zur Haut gelangt.

48 | Was bedeutet der KLIMAWANDEL für die TIERE DER ALPEN?

Rund 30 000 Tierarten beherbergt die Gebirgs-WG, darunter wahre Überlebenskünstler. Murmeltiere etwa, die im Energiesparmodus überwintern. Oder Alpensalamander, die lebend gebären und daher kein Gewässer für die Fortpflanzung benötigen. Doch die Erderwärmung hat massive Folgen für den Alpenraum: Wetterextreme, Muren, Gletscherschmelze verändern die Landschaft, gestiegene Temperaturen verursachen Klimastress für ihre Bewohner. Der Temperaturunterschied von einem halben Grad Celsius im Jahresmittel entspricht in den Bergen etwa 100 Meter Höhenunterschied. Für viele Tier- und Pflanzenarten bedeutet das: Sie müssen umziehen – hoch hinaus.

Doch die Flucht nach oben ist nur begrenzt möglich. Murmeltiere etwa könnten in Wohnungsnot geraten: Die Humusschicht ist weiter oben nicht dick genug zum Untertunneln. Auch der Lebensraum der Schneehasen wird wohl schrumpfen. Dann wären die Hasen schlechter vernetzt und würden sich nur innerhalb ihrer kleineren Gruppe paaren, was die genetische Vielfalt reduziert. Die frühere Schneeschmelze macht sie außerdem zu leichter Beute, da sie mit ihrer weißen Winter-Tarnfarbe Fressfeinden gleich ins Auge fallen. Ebenso die weißen Alpen-Schneehühner. Für sie haben höhere Temperaturen viele Folgen: Die Küken jagen als Nestflüchter sofort Insekten, doch diese schlüpfen immer früher und nicht unbedingt dann, wenn die Küken auf die Welt kommen.

Eine gute Nachricht: Tiere wie Steinböcke, Bartgeier und Steinadler waren fast ausgestorben. Durch Aussiedlungs- und Schutzprogramme ist es gelungen, sie im gesamten Alpenraum wieder anzusiedeln, mit weitgehend konstanten Populationen. Doch auch hier kommt der Mensch ins Spiel: Je kürzer die Winter, desto früher ziehen Wanderer, Kletterer, Gleitschirmflieger oder Biker los, bis hinauf zu entlegenen Orten, und setzen damit Wildtiere unter großen Stress.

49 | Darf man ein **WOHNMOBIL** parken wie ein **NORMALES AUTO**?

Wohnmobile sind ziemlich groß. In Großstädten sind ganze Straßenzüge voll mit Caravans – und Parkraum ist umkämpft. Rechtlich dürfen Wohnmobile überall parken, wo man eben parken darf. Das besagt Paragraf 12 der Straßenverkehrsordnung (StVO). Einzige Bedingung: Das Gesamtgewicht des Wohnmobils muss unter 7,5 Tonnen liegen. Für größere »Super-Wohnmobile« gelten beim Parken Einschränkungen wie für Lkw, sie dürfen beispielsweise nachts oder am Wochenende nicht in Wohngebieten stehen. Für normale Wohnmobile gilt lediglich der vorgeschriebene Mindestabstand von drei Metern zur gegenüberliegenden Straßenseite. Es gibt jedoch auch Parkflächen, die verboten sind: Stehen am Parkplatzrand ein blaues Parkplatzschild und dazu ein kleineres, schwarz-weißes Schild mit Pkw-Symbol, ist der Parkplatz für Wohnmobile tabu. Analog dazu dürfen Pkw nicht auf Parkplätzen mit schwarz-weißem Wohnmobil-Zusatzschild abgestellt werden.

50 | Liegt der **MEERESSPIEGEL** überall auf der Welt **GLEICH HOCH**?

Lässt man Wasser in eine Badewanne laufen, verteilt es sich umgehend und steht in allen Ecken der Wanne gleich hoch. Auf die Ozeane trifft das nicht zu. Dort unterscheiden sich die Meeresspiegel von Region zu Region. Ein Grund dafür sind Himmelskörper, die an den Wassermassen unseres Planeten zerren. Je nachdem wie Mond und Sonne zur Erde stehen, ändert sich der Wasserstand nahe der Küste – bei Ebbe zieht sich das Meer zurück, bei Flut kehrt es wieder. Ebbe und Flut sind aber nicht überall gleich stark ausgeprägt und hängen auch vom Gefälle des Meeresbodens, vom Küstenverlauf und von der Verteilung der Landmassen ab. Während die Gezeiten an vielen Mittelmeerstränden kaum zu spüren sind, beträgt der Unterschied zwischen Hoch- und Niedrigwasser in der Bay of Fundy, einer schmalen Bucht im Osten Kanadas, ganze 16 Meter – Weltrekord! Und noch weitere Faktoren beeinflussen das Meeresniveau: Winde und Strömungen drücken das Wasser in verschiedene Richtungen. Das Meer dehnt sich aus, wenn es sich erwärmt. Die Erde ist am Äquator besonders bauchig, an den Polen hingegen leicht abgeflacht. Außerdem ist die Materie im Erdmantel und in der äußeren Kruste ungleich verteilt, sodass die Erdanziehungskraft von Ort zu Ort variiert. Die Meeresoberfläche hat daher einige Dellen und Beulen. Vor Sri Lanka etwa gibt es eine mehr als 100 Meter tiefe Senke, während sich das Wasser vor Papua-Neuguinea 80 Meter hoch auftürmt.

51 | Wie wird man **LÄSTIGE MÖWEN** los?

Sie fliegen haarscharf über unsere Köpfe, klauen Kindern die Eiswaffeln und reißen uns das Fischbrötchen aus der Hand. Gegen die Dreistigkeit von Möwen scheint kein Kraut gewachsen. Doch das stimmt nicht, wie ein Forscherteam der Universität Exeter herausgefunden hat: Man muss sie nur anstarren. Den direkten Blickkontakt mit Menschen finden die Vögel offenbar so unheimlich, dass sie ihre Beutezüge abbrechen. Der Versuchsaufbau war simpel: Die Forscher legten Chipstüten auf Strandpromenaden aus, hockten sich wenig entfernt daneben und warteten. Dabei richteten sie ihre Augen auf die Tüten. Näherten sich Heringsmöwen, blickten sie die Tiere direkt an – oder schauten demonstrativ zur Seite. Beim frontalen Blickkontakt brauchten die Tiere deutlich länger, um sich dem Köder zu nähern – wenn sie es überhaupt taten. Eigentlich wollten die Forscher 74 Vögel testen, doch der Großteil wagte sich erst gar nicht heran. Es zeigte sich, dass direkter Augenkontakt stets einschüchternd wirkte.

52 | Warum sind **FALKEN** in arabischen Ländern **SO BELIEBT**?

Viele Bewohner der Arabischen Halbinsel sind glühende Falkenfans, lassen ihre Greifvögel im Flugzeug auf dem Nebenplatz sitzen und nicht selten in ihrem Schlafzimmer übernachten. Die mit umgerechnet bis zu 30 000 Euro gehandelten Tiere werden oft wie Familienmitglieder gehegt und gepflegt, tägliches Flugtraining eingeschlossen. Im reichen Abu Dhabi gibt es mit dem »Falcon Hospital« sogar eine spezialisierte medizinische Einrichtung, die jährlich mehr als 11 000 Patienten versorgt. Diese Tierliebe hat einen geschichtlichen Hintergrund: Bevor die enormen Ölvorkommen entdeckt wurden, waren die meisten Gebiete am Golf sehr arm und die im Sturzflug mehr als 300 Kilometer pro Stunde schnellen Greifvögel wurden abgerichtet, um ihre Besitzer mit Fleisch zu versorgen. Sie halfen ganzen Familien zu überleben. Dafür sind die Araber ihnen noch immer dankbar.

53 | Besitzt Deutschland eine **KARIBIKINSEL**?

Sie ist 15 Kilometer lang und 500 Meter breit, heißt Ernst-Thälmann-Insel und liegt vor Kuba. Fidel Castro schenkte sie 1972 bei einem Staatsbesuch der DDR. Benannt ist sie nach dem KPD-Vorsitzenden, der 1944 im KZ Buchenwald ermordet und in der DDR zu einer Art Nationalheiligem wurde. Ein Journalist des »Neuen Deutschland« besuchte die unbewohnte Insel und beschrieb ihren Bewuchs mit Palmen und Mangroven; bald wurde eine Thälmann-Büste auf der Insel enthüllt. 1980 schaute Erich Honecker bei einem Staatsbesuch vorbei, zuvor hatten die DDR-Schlagerstars Frank Schöbel und Aurora Lacasa dort ein Lied aufgenommen. Nach der »Wende« konnte sich Gesamtdeutschland über ein karibisches Besitztum freuen – oder etwa nicht? Die kubanische Botschaft und das Auswärtige Amt nahmen wie folgt Stellung: »Hier handelte es sich um einen symbolischen Akt, der nichts mit Besitzverhältnissen zu tun hat.«

54 | Was sind »MOST TRAVELED PEOPLE?«

Hunderte Teilnehmer aus aller Welt verzeichnet der 2005 ins digitale Leben gerufene Klub der »Most Traveled People« (MTP). Ihnen geht es vor allem darum, möglichst viele internationale Ziele aufzusuchen – was sie durch Beweisfotos, Passstempel oder Flugtickets belegen müssen. Dabei geht es weder um lange Aufenthalte noch um »Allerweltsdestinationen«, sondern um geografisch maximal weit verteilte und auch zuweilen schwer erreichbare Orte. Dazu zählen etwa das abgeschottete Land Bhutan im Himalaya, die russische Insel Malyj Vysotskij in der Ostsee oder die menschenleeren Chesterfield-Inseln zwischen Australien und Neukaledonien. Hierher haben es bislang erst wenige Mitglieder geschafft, darunter auch der MTP-Gründer und CEO der für jedermann zugänglichen Non-Profit-Vereinigung, Charles A. Veley. Das Ranking führt im Jahr 2024 der Grieche Harry Mitsidis an, mit 1377 Zielen, gefolgt von João Paulo Peixoto mit 1370 Zielen. Meistgereister Deutscher ist auf Platz drei Michael Runkel, der 1346 Ziele besucht hat.

55 | Warum erklingt in Hannover MUSIK aus einem GULLY?

Diese Musik ist unterirdisch – und das ist kein Qualitätsurteil, sondern eine Ortsangabe. Denn auf dem Ernst-August-Platz vor dem Bahnhof von Hannover erklingt Tag und Nacht Musik aus einem Gullydeckel. Darunter sind CD-Spieler und Verstärker installiert – eine Kunstaktion mit Geschichte: Zur Expo 2000 hatte der Architekt Timm Ohrt bei der Neugestaltung des Bahnhofsvorplatzes die Idee für die Freiluftdisco, der Hannoveraner Kulturmanager Uwe Kalwar betreut das Projekt »Musikschacht« seitdem als selbst ernannter »DJ Gullyman«. Jahreszeitlich wechselt das Programm, es gibt eine Playlist für den Tag und eine für die Nacht. Das Spektrum reicht von Clara Schumann bis Mick Jagger.

56 | Worin liegt der Ursprung der amerikanischen KONFETTIPARADEN?

Sie sind ein Sinnbild moderner Heldenverehrung: die festlichen Umzüge zu Ehren verdienter Frauen und Männer, bei denen Konfetti und Papierstreifen in die Häuserschluchten amerikanischer Großstädte hinabsegeln. Die erste dieser Paraden gab es anlässlich der Einweihung der Freiheitsstatue am 28. Oktober 1886 in New York: Die Broker an der Wall Street machten ihrer Begeisterung Luft, indem sie Berge von Papierstreifen ihrer Börsenticker aus den Fenstern warfen – bis heute lautet der englische Begriff »ticker tape parade«. Ihrer wird am Welt-Konfettitag gedacht, dem 28. Oktober. Inzwischen wurden die Tickerstreifen längst durch Altpapier und »richtiges« Konfetti ersetzt. Zu den mit Konfetti geehrten Menschen gehören Theodore Roosevelt, und Gertrude Ederle, die erste Frau, die den Ärmelkanal durchschwamm. Die größte Konfettiparade gab es im August 1945 nach dem Sieg der Alliierten über Japan, es flogen 5438 Tonnen Papier auf die Straßen New Yorks.

57 | Wie kann man *Venedig* vor dem Versinken BEWAHREN?

Venedig wurde einst auf mehr als 100 Inseln gebaut, in einer Lagune der Adria. Das Wasser sorgt für das romantische Flair und den Weltruhm, macht aber der Stadt auch immer mehr zu schaffen. Wenn im Winter der Wind das Wasser in die Stadt hineindrückt, gibt es regelmäßig Hochwasser. Auch die Gezeiten spielen eine Rolle. Zwar bleibt das Wasser meist nur kurz, doch es zersetzt durch den Salzgehalt stetig die Bausubstanz. Schon im 16. Jahrhundert baute man daher Wehre und Dämme auf den vorgelagerten Inseln. Drei Meerzugänge sind aber geblieben, weil nur so die Abwässer der Stadt ins Meer fließen können. Dort wurde vor einigen Jahren das gigantische Flutschutzsperrwerk »Mose« realisiert. Es schützt die Lagune ab einem Wasserstand von 1,10 Metern. Insgesamt 78 bewegliche, 18 Meter hohe Fluttore sind im Meeresboden verankert. Sie liegen in einer Tiefe von sechs Metern. Darunter befinden sich Tunnel, in denen die Technik verbaut ist, wie die drei Meter hohen Scharniere, an denen die Fluttore befestigt sind. Die Scharniere wiederum sind fest mit riesigen Betonkästen im Meeresgrund verbunden. Im Inneren der Tore befindet sich Meerwasser. Steigt nun der Meeresspiegel, wird computergesteuert Luft in die Tore gepresst und das Wasser so lange abgelassen, bis sich die Tore aufrichten. »Mose« war seit 2020 bereits mehrfach aktiv, inzwischen wurden erste Baumängel bekannt. Doch das Sperrwerk allein wird die Stadt nicht retten können, denn der sandige Meeresboden sinkt von Natur aus ab und gibt durch das Gewicht der Bauwerke noch mehr nach. Andere Maßnahmen müssen »Mose« ergänzen. Dazu gehört es, die Fußwege anzuheben und Plastikbarrieren einzubauen.

58 | WO KANN MAN zu Flugzeugen HINABTAUCHEN?

Versinkt ein Flugzeug im Meer, so ist das ein tragisches Unglück. Nicht so im Fall der Boeing 747, die 2019 in Bahrain vorsätzlich im Persischen Golf versenkt wurde. Der 70-Meter-Flieger stellt das Highlight im Unterwasserthemenpark »Dive Bahrain« dar, mit rund 100 000 Quadratmetern der größte seiner Art weltweit. Zu dem Areal in rund 20 Meter Tiefe zählen auch Skulpturen und andere Hingucker. Dabei beteuern die Organisatoren, großen Wert auf Umweltschutz zu legen. So ließen sie sämtliche Gegenstände unter Wasser zuvor reinigen und von schädlichen Stoffen befreien. Dass sie bereits kurz nach dem Versenken von Algen, Meerespflanzen und Fischen besiedelt werden, ist gewollt. Schließlich soll das künstliche Riff ein natürliches Korallenwachstum und einen Lebensraum für Meereslebewesen gewährleisten. Aber: Natürlich geht es vor allem um den Tauchtourismus. Auch in Bulgarien, der Türkei oder Florida sollen betauchbare Flugzeuge Urlauber anlocken – und sorgen bei Naturschützern für Kritik aufgrund möglicher Umweltschäden.

59 | Wo steht die GRÖSSTE ORGEL der Welt?

Orgeln findet man in Kirchen und Konzerthallen, die Musik erklingt für Gottesdienstbesucher und Konzertgänger. In Philadelphia aber lauschen Menschen beim Einkaufsbummel den Klängen: Dort steht ein solches Instrument im Kaufhaus Macy's. Es erstreckt sich über sieben Stockwerke, hat 28 750 Pfeifen und sechs Manuale. Damit gilt sie als die größte spielbare Orgel der Welt. Eine Orgel in Atlantic City hat zwar noch einmal rund 4000 Pfeifen mehr, ist aber aktuell nicht vollständig bespielbar. Die Orgel im Kaufhaus ist inzwischen mehr als 110 Jahre alt.

60 | Was versteht man unter SOBER TOURISM?

Cocktail am Pool, Aperitif im Sonnenuntergang, Beer-Pong im Hostel: So sehen Social-Media-Posts aus dem Urlaub oft aus. Alkohol spielt auf Reisen oft eine wichtige Rolle. Wer insbesondere bei Gruppenreisen nüchtern bleiben will, wird schnell aus sozialen Aktivitäten ausgeschlossen. Oder muss sich permanent erklären. Inzwischen haben sich aber Angebote, die sich an »nüchterne« (englisch *sober)* Reisende wenden, zu einem echten Trend entwickelt. Schließlich achten immer mehr Leute auf einen gesunden Lifestyle. Outdooraktivitäten treten hierbei ebenso in den Vordergrund wie kreative Gruppenprogramme. Als Getränke stehen Mocktails, also alkoholfreie Cocktails, hoch im Kurs. Die Kernzielgruppe sind nicht primär alkoholkranke Menschen, sondern vor allem junge Reisende.

61 | Wo leben in EUROPA noch MENSCHEN in HÖHLEN?

Wer im Harzer Dörfchen Langenstein in die Gasse Schäferberg einbiegt, der passiert einen ungewöhnlichen Felsen aus Sandstein: Er hat Türen und Fenster, in seinem Innern dehnen sich zehn Höhlenwohnungen aus. Jede mit Küche, Wohn- und Schlafraum, manche auch mit Kinderzimmern. Mitte des 19. Jahrhunderts verweigerte der zuständige Landrat das Geld zur Schaffung von Wohnraum für einige junge Familien im Ort. So wurde den Wohnungssuchenden für jeweils acht Groschen ein Stück Felswand verkauft und dazu Hammer, Spitzhacke und Meißel in die Hand gedrückt. Damit schufen sich die Familien hier ihr Domizil. Seit 1916 sind die Wohnungen verweist, heute hält ein Verein sie in Ordnung und veranstaltet Führungen.

Aber es gibt in Europa auch heute noch viele bewohnte Höhlen. Die größte Ansammlung findet man im andalusischen Städtchen Guadix, wo rund 4500 Menschen in mehr als 2000 Höhlen wohnen. Aus den Tuffhügeln ragen weiß gekalkte Schornsteine. Im Innern muss man heute auf keinen Komfort verzichten, einige Wohnungen werden sogar an Feriengäste vermietet. Das ist im italienischen Matera nicht anders. Die Kulturhauptstadt von 2019 hat mit Sassi einen eigenen Ortsteil, in dem einst bis zu 20 000 Einwohner in rund 3000 Höhlenwohnungen hausten. Früher war dies das Armenhaus von Matera. Inzwischen haben die Süditaliener den Charme der Höhlen für sich entdeckt und manche wieder bezogen. Sogar ein Fünfsternehotel ist in dem Berg entstanden. Als Feriendomizile werden Höhlenwohnungen auch andernorts in Europa angeboten: auf Gran Canaria und Teneriffa zum Beispiel, auf Santorin, Korsika und Sardinien oder an den Ufern der Loire.

62 | Wo kann man in einem GLETSCHERSEE SCHWIMMEN?

Einen Gletscher zu überqueren kann ganz schön aufregend sein. Noch viel aufregender aber ist es, so eine Eismasse innen zu durchwandern. Der auf 3250 Meter Höhe gelegene »Natur Eis Palast« am Hintertuxer Gletscher in Tirol macht diese Erfahrung möglich. Hier spazieren die Besucher rund 30 Meter unter der Oberfläche durch eine erst 2007 zufällig gefundene natürliche Gletscherspalte. Auf befestigten Wegen, über Leitern und Stege wandern sie durch eine Reihe von natürlichen Eishöhlen, vorbei an bis zu acht Meter langen Eiszapfen, gefrorenen Wasserfällen und lupenreinen Eiskristallen. Der Höhepunkt ist eine Schlauchbootüberquerung des Eissees 29 Meter unter der Gletscheroberfläche. Mutige können auch selbst aktiv werden, etwa beim Kajaken oder Stand-up-Paddeln. Die Temperatur von Wasser und Luft liegt konstant bei null Grad Celsius. Richtig Hartgesottene können im Eissee auch schwimmen.

63 | WIE SCHNELL wandern GLETSCHER?

Der Glacier d'Argentière im französischen Teil des Montblanc-Massivs gehört zu den großen Gletschern der Alpen. Immer wieder können Besucher spektakuläre Eisabbrüche beobachten. Das beweist, dass Gletscher sich hangabwärts bewegen. Doch wie schnell tun sie dies und warum? Um Antworten darauf zu finden, wird der Argentière-Gletscher auf den Zusammenhang zwischen dem Schmelzwasserabfluss an seiner Basis und der Gleitgeschwindigkeit hin untersucht. Mit einem Kavitometer, einer Art Rad, das die Forscher unter dem Gletscher befestigen konnten. Das Rad dreht sich entsprechend der Geschwindigkeit des Eises darüber. Die dazugehörige Apparatur befindet sich in einem Hohlraum unterhalb. Die Messungen zeigen, dass der rund neun Kilometer lange Gletscher im Durchschnitt 200 Meter pro Jahr talwärts fließt.

Noch viel schneller sind Grönlands Gletscher. Der Jakobshavn-Gletscher fließt mehrere Kilometer pro Jahr ins Meer, und er wurde im Lauf der Messungen immer schneller. 2012 beschleunigte er auf 17 Kilometer pro Jahr. Die Gründe für das unterschiedlich schnelle Gleiten sind vielfältig. Topografie, der Untergrund sowie dessen Verformung durch den Eisdruck und die geothermische Erwärmung von unten spielen ebenso eine Rolle wie Art und Menge der Niederschläge. Gletscher sind nicht gleich – auch nicht bezüglich ihres Verhaltens im Klimawandel. Der Jakobshavn-Gletscher begann nach jahrelangem Schrumpfen 2019 zu wachsen. Auch in großen Höhen gelegene Montblanc-Gletscher wachsen. Leider ist das keine allgemeine Trendwende. Tiefer gelegene Gletscher schmelzen weiterhin ab, der Argentière verliert rund einen Meter Eisdecke pro Jahr.

64 | Woher stammt das DOLLARZEICHEN?

Warum ein senkrecht durchgestrichenes S die Abkürzung für Dollar ist, erschließt sich nicht sofort. Nach einer These entwickelte sich das Zeichen aus der Abkürzung für mexikanische Pesos: Ein Kaufmann soll das P und das S miteinander verschlungen haben. Später nutzte man dieses Symbol auf dem US-Dollar. Nach einer anderen Theorie inspirierten spanische Real-Münzen die Gestaltung des Dollarzeichens, genauer: deren stilisierte Säulen des Herakles auf der Motivseite. Eine dritte Überlegung besagt, das Zeichen könnte beim Ineinanderschieben von U und S für »United States« entstanden sein.

65 | Wo liegt DIE KLEINSTE HAUPTSTADT der Welt?

Als sich die Regierung des pazifischen Inselstaats Palau entschloss, ihren Amtssitz zu verlegen, fiel die Wahl auf: Ngerulmud. Bis 2006 war diese Region auf der Insel Babeldaob nicht einmal als eigenständiger Ort bekannt. Seit dem Umzug der Politiker aber hält der neue Regierungssitz mit etwa 300 Einwohnern den Rekord als Hauptstadt mit den wenigsten Bürgern weltweit. Der Stolz der Inselpolitiker ist das Parlamentsgebäude, das mit seiner mächtigen Kuppel an das Kapitol in Washington erinnert. Sein Bau zog sich über zwei Jahrzehnte hin, auch, weil sämtliche Baumaterialien erst per Schiff transportiert werden mussten.

66 | Wieso gibt es so viele »SCHWEIZEN« auf der Welt?

Die spektakuläre Alpenlandschaft der Schweiz wird gern romantisch verklärt. Ob in North Carolina (USA) oder der Mongolei, in Neuseeland oder Namibia, sogar auf der Karibikinsel Martinique gibt es eine »Schweiz«. Nicht ohne Stolz zählt der Tourismusverband des Originals in den Alpen weltweit rund 200 Regionen, die sich mit dem Namen schmücken. Die meisten davon, knapp 100, liegen in Deutschland, unter anderem die Fränkische, Sächsische oder Holsteinische Schweiz. Selbst im flachen Münsterland wurde eine Schweiz »installiert«: im 19. Jahrhundert als Landschaftspark mit zwei Hügeln in Form der »echten« Schweizer Bergstöcke Rigi und Pilatus. Errichten ließen ihn damals Fürst Leopold zu Salm-Salm und seine Frau Eleonore in romantischer Erinnerung an ihre Hochzeitsreise.

67 | Wieso ist es unter der STADT ESSEN teils MINUS 200 GRAD kalt?

Unterhalb der Essener City verläuft ein besonderes Kühlsystem, das mit flüssigem Stickstoff bei einer Temperatur von etwa minus 200 Grad Celsius arbeitet. Es schafft die Bedingungen für den Betrieb eines Supraleiters als Hochspannungsleitung. Supraleiter aus keramischen Materialien wie Bismut-Strontium-Calcium-Kupferoxid (BSCCO) oder Yttrium-Barium-Kupferoxid (YBCO) leiten bei diesen tiefen Temperaturen den Strom fast ohne elektrischen Widerstand. Dadurch bleiben die Energieverluste sehr klein. Das 1000 Meter lange Kabel wird ständig mit flüssigem Stickstoff als Kühlmittel umspült und versorgt Kaufhäuser und Büros mit Strom. Pro Jahr benötigt die Kühlung der 10 000-Volt-Leitung 750 Tonnen Flüssigstickstoff. Die Technik bietet vor allem für eng bebaute Innenstädte Vorteile: Supraleitende Kabel benötigen trotz der Kühlung wesentlich weniger Platz als Kupferkabel.

68 | Wo ist **TRINKGELD** eine **BELEIDIGUNG**?

Wer hierzulande Taxi fährt oder Restaurants besucht, quittiert seine Zufriedenheit mit fünf bis zehn Prozent Trinkgeld – frei nach dem Motto »Man kann etwas geben, muss aber nicht«. In Kanada und den USA sind Angestellte sogar oft auf den »Tip« finanziell angewiesen. In Japan hingegen gilt es als Beleidigung, auch nur einen Cent extra zu geben. Dem Kunden einen einwandfreien Service zu bieten gilt hier als selbstverständlich, dieser würde ja schließlich schon mit dem Grundpreis abgegolten. Ähnlich in China oder Korea, aber hier vor allem in untouristischen Regionen. In Nordeuropa, insbesondere in Schweden, beleidigt man mit dem Tip zwar niemanden, aber es ist schlicht unüblich, weil es bereits im Rechnungsbetrag enthalten ist. Im britischen und irischen Pub wird an der Bar übrigens generell kein Trinkgeld gegeben, egal wie groß die Begeisterung über den Barkeeper ausfällt. Man spendiert ihm lieber ein Bier – mit entsprechendem Kleingeld und dem Hinweis: »One for yourself.«

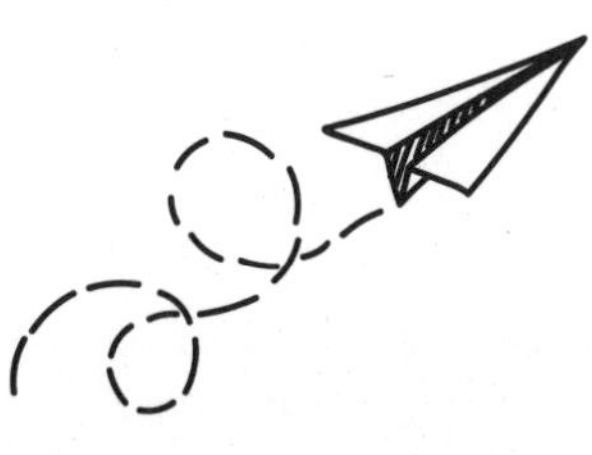

69 | Wer hat die BIELEFELD-VERSCHWÖRUNG erfunden?

Bielefelder sind Kummer gewohnt. Wann immer das Gespräch auf die Stadt kommt, sagt bestimmt jemand: »Ich dachte, Bielefeld existiert gar nicht!« Schuld daran ist Achim Held, Informatiker aus Kiel. Er erfand die »Bielefeld-Verschwörung« 1993 nach einer Party im Studentenwohnheim. Einige Zeit später kam er zufällig an einer Autobahnbaustelle vorbei, an der alle Ausfahrten Richtung Bielefeld durchgestrichen waren. Wieder hieß es: Bielefeld gibt es gar nicht! Held konstruierte seine Bielefeld-Verschwörung als Satire auf Verschwörungstheorien. Demnach soll durch die nur vermeintlich vorhandene Stadt von etwas ganz Großem und Geheimem abgelenkt werden. Die zusammengesponnene Geschichte stellte Held 1994 in den Internet-Vorläufer Usenet – und war erstaunt, wie häufig die Bielefeld-Verschwörung aufgegriffen und weitergedichtet wurde. Mal ist die Stadt der Zugang zu Atlantis, mal tarnen Außerirdische ihr Raumschiff als Universität Bielefeld. 2019 griff das Bielefelder Stadtmarketing die Story auf und lobte ein Preisgeld aus für denjenigen, der den hieb- und stichfesten Beweis erbringt, dass es Bielefeld nicht gibt. Fast 2000 Menschen machten mit. Das offizielle Ende der Bielefeld-Verschwörung markiert seither ein 600 Kilo schwerer Gedenkstein im zentral gelegenen Altstädter Kirchpark.

70 | Wie viele **HANSESTÄDTE** gibt es in Deutschland?

Die Antwort auf diese Frage hat sich häufig geändert. So gab es 1990 nur drei: Hamburg, Bremen und Lübeck. Seither aber haben sich weitere Städte ihrer Geschichte besonnen – und ihrem Namen den Begriff »Hansestadt « hinzugefügt. Allein in Mecklenburg-Vorpommern und Nordrhein-Westfalen findet man heute je sechs, Niedersachsen weist vier auf, Sachsen-Anhalt sieben, und auch in Hessen liegt mit Korbach eine Hansestadt. So wuchs die Zahl auf 27. Die jüngsten Neuzugänge sind Buxtehude und Uelzen. Sie alle berufen sich auf die hohe Zeit der Hanse, als europaweit rund 200 Städte dem mächtigen Handelsbündnis angehörten. Eine genaue Zahl lässt sich nicht festmachen, weil es in der Organisation seit ihrer Gründung Mitte des 12. Jahrhunderts immer wieder Ein- und Austritte gab. Als sich die alte Hanse 1669 in Lübeck zu ihrem vorerst letzten Hansetag traf, entsandten nur noch neun Städte ihre Vertreter dorthin. Im Jahr 1980 wurde die Idee des Verbunds mit dem ersten Hansetag der Neuzeit im niederländischen Zwolle wiederbelebt.

71 | Wer schläft in **BAITÉLS**?

Nach einer Bergtour gleich hoch oben zu nächtigen, ist der Traum vieler Wanderer. Im lombardischen Livigno gibt es dafür die zwölf einsam gelegenen Baitèls – ein alpenweit einmaliges Konzept. Die ehemaligen Schäferbehausungen, von ehrenamtlichen Vereinsmitgliedern instand gehalten, können von jeder und jedem benutzt werden. Ohne Voranmeldung und ohne Gebühr (Spenden sind erwünscht). Man taucht in den auf 2000 bis 3000 Meter Höhe verteilten Behausungen einfach auf und richtet sich, falls frei, häuslich ein. Dennoch lösen die Gratis-Schlafgelegenheiten keinen Massenansturm aus. Das verhindern die teils mühsame und nur fußläufig zu bewältigende Anreise – und der sehr überschaubare Komfort. Geheizt wird mit Holz. Strom, Dusche und WC gibt es nicht, genächtigt wird im Schlafsack in einfachen Betten oder auf der Isomatte. Diese müssen Gäste ebenso wie Lebensmittel mitbringen. Basiswerkzeug, Geschirr und Rotwein finden sich aber fast immer vor Ort. Und alle Baitèls bestechen durch ihre attraktive Lage, Panoramaaussicht und vornehme Einsamkeit inklusive.

72 | Wo liegt Deutschlands **EINZIGER FJORD**?

Touristiker nennen die Schlei einen Fjord, Geologen widersprechen ihnen – und beide haben recht. Die Schlei, die sich 42 Kilometer weit durch Schleswig-Holstein schlängelt, kennt breite und schmale Abschnitte, so wie die Fjorde des Nordens. Sie reicht von Schleimünde über Kappeln bis nach Schleswig. Im Stadtbereich erreicht der Meeresarm mit 4,2 Kilometern die größte Breite. Bei Missunde ist er nur gut 100 Meter breit. Fjorde bildeten sich einst, weil Gletscher in der Eiszeit eine Rinne vom Land in Richtung Meer hobelten. Die Schlei wiederum entstand, weil sie als Ablaufrinne für das Schmelzwasser der Weichseleiszeit diente, das nach und nach Boden vom Festland in die Ostsee transportierte.

73 | Wo übernachtet man in einem **HAFENKRAN**?

Zwei Gäste – und das Hotel ist voll belegt. Und die beiden werden sanft in den Schlaf geschaukelt. Denn der zum Minihotel umgebaute Schwimmkran »Greif« steht auf einem Boot am Sandtorkai im Hamburger Hafen. Es geht hier zwar nicht so hoch hinaus wie bei einem Baukran, sondern man schläft wenige Meter über dem Wasser. Aber vom Doppelbett aus fällt der Blick dafür durch eine Glasfront genau auf die architektonisch spannende Fassade der Elbphilharmonie.

74 | Was ist die »**WIPPE**« in Berlin?

Sie soll auf dem Schlossplatz stehen und an den Weg zur Wiedervereinigung 1989/1990 erinnern: die »Wippe«, das offizielle deutsche Freiheits- und Einheitsdenkmal. Bereits 2007 beschlossen und seit 2020 im Bau, sollte sie 2024 fertig sein, was sich weiter verzögerte. Geplant ist eine 50 Meter lange und 150 Tonnen schwere Stahlschale, die sich stets auf die Seite neigt, auf der mehr Besucher stehen. Rund 1400 Menschen sollen gleichzeitig darauf passen. Die Planer sprechen von einer »sozialen Plastik«, die durch die Menschen bewegt wird und die Menschen bewegen soll, als »ein Bild für gelebte Demokratie.«

75 | Wo ist eine STRASSE nach DARTH VADER benannt?

Darth-Vader-Straße, Rauchende Bucht, Eisland: Poetischer lässt sich kein Adressfeld betexten. Und diese Anschrift ist weder Science-Fiction noch Fantasy: In Reykjavík (= die rauchende Bucht) auf Island (= Eisland) schlängelt sich die Darth-Vader-Straße durch ein Gewerbegebiet. Vater derselben ist ein Kulturwissenschaftler, der den Namensvorschlag einst über das Onlineforum »Besseres Reykjavík« eingereicht hatte. Seit rund zehn Jahren können Bürger über diese Plattform Ideen in die Kommunalpolitik einbringen und die Vorschläge anderer bewerten. Über die beliebtesten berät der Stadtrat. Die »Star Wars«-Anregung traf ins Schwarze: Im Isländischen nämlich heißt Darth Vader nicht Darth Vader, sondern Svarthöfði, übersetzt etwa »Schwarzkopf«. Und weil sämtliche Straßennamen in dem ausgesuchten Gewerbegebiet zufällig auf -höfði enden, passt der Name so perfekt in das Viertel wie ein Lichtschwert in die Hand eines Jedi oder Sith.

76 | Warum wird WANDERN in den Alpen GEFÄHRLICHER?

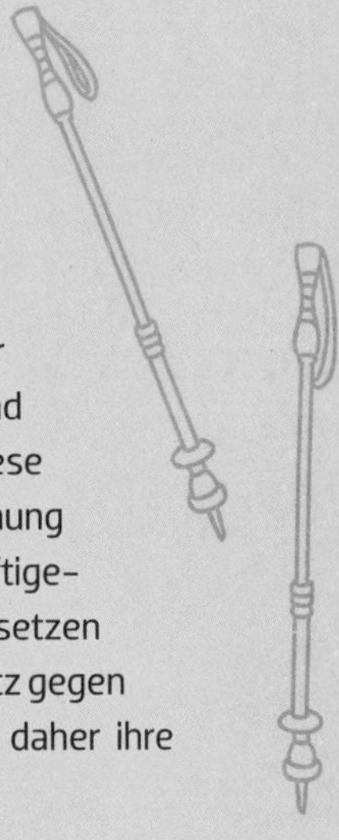

In den vergangenen Jahren wurden vermehrt Wanderer durch Steinschlag in den Alpen getötet oder verletzt. Forscher des Schweizer Instituts für Schnee- und Lawinenforschung warnen, dass immer mehr Felsstürze hochalpine Wege gefährden. Erdrutsche und Schlammlawinen betreffen die tieferen Regionen. Diese Naturgefahren werden durch die allgemeine Erwärmung begünstigt: mehr Hitzetage, schneeärmere Winter, heftigere Niederschläge und auftauender Permafrost. Zudem setzen Stürme oder Brände den Wäldern zu, was weniger Schutz gegen Lawinen und Steinschlag bedeutet. Wanderer sollten daher ihre Routen umsichtig planen.

77 | Warum steht ein **MITTELALTERLICHES KLOSTER** in Miami?

Das Zisterzienserkloster Sacramenia wurde Mitte des 12. Jahrhunderts nahe Segovia in Spanien gegründet. Die Kirche von damals steht noch heute dort. Aber der Großteil des ehemaligen Klosters ist inzwischen in Florida. Der Grund mutet verrückt an: Der US-amerikanische Medienmogul William Hearst kaufte 1925 die Anlage, ließ sie in Einzelteile zerlegen, nummerieren und in Kisten per Schiff nach New York transportieren. Von dort sollte alles nach Kalifornien reisen, wo Hearst das Kloster wieder aufbauen lassen wollte. Doch in New York gab es den ersten Rückschlag: Die Klostersteine waren zum Schutz in Heu verpackt. Das aber musste verbrannt werden, weil am Ursprungsort in Spanien die Maul- und Klauenseuche ausgebrochen war. Dabei geriet die Nummerierung durcheinander und die rund 11 000 Kisten blieben eingelagert. Außerdem brachte die Weltwirtschaftskrise Hearst in Finanznot. 1952 kauften schließlich Immobilienunternehmer das auseinandergenommene Kloster. Nun steht es als »Ancient Spanish Monastery« in North Miami Beach. Eine christliche Gemeinde feiert darin Gottesdienste, viele Paare heiraten dort. Und gleichzeitig sind die historischen Mauern eine Touristenattraktion: mittelalterliches Flair in Florida.

78 | Gibt es **NAVIS**, die den **SAUBERSTEN WEG** anzeigen?

Navigationsgeräte errechnen in der Regel den schnellsten Weg zum Ziel. Auf Wunsch zeigen die meisten auch die kürzeste Route an. Eine auf Kraftstoffverbrauch und CO_2-Ausstoß optimierte Route bieten inzwischen auch einige Apps und Navis an, oft als »Eco« gekennzeichnet. Dabei geht es um durchaus relevante Einsparpotenziale. Die Studie eines Mineralölunternehmens kam 2020 zu dem Ergebnis, dass der CO_2-Ausstoß bei der ökologisch sinnvollsten Routenwahl rund sieben Prozent niedriger liegt. Allein im Testgebiet Helsinki ließen sich durch entsprechende Routenwahl mehr als 80 000 Tonnen Kohlendioxid pro Jahr einsparen. Auf den Verkehr in Europa oder gar weltweit bezogen ergibt sich so ein bedeutender Beitrag zur Treibhausgasvermeidung. Wie sich die jeweils ökologischste Route ermitteln

lässt? Vereinfacht gesagt werden Strecken mit Ampeln und Kreuzungen sowie Straßen mit hohem Fahrtempo vermieden. Zwar kann dadurch die Route länger werden, dafür lässt sich durch eine konstante Fahrweise Sprit sparen – und damit eben auch CO_2.

79 | Wo hat Deutschland KEINE klare AUSSENGRENZE?

Zwischen Deutschland, Österreich und der Schweiz liegt der Bodensee. Wo die Grenzen zwischen den Ländern verlaufen, ist dort nur teilweise geklärt – im Untersee nämlich, dem südlichen Arm zwischen Deutschland und der Schweiz. Hier ist das Gewässer real geteilt, die Grenze liegt genau in seiner Mitte. Anders am Obersee, dem größeren Teil des Gewässers: Den Grenzverlauf haben die drei Länder hier nicht eindeutig festgelegt. Nur der flache Uferbereich bis zu einer Tiefe von 25 Metern gehört zum jeweiligen Anrainerstaat. Die übrige Seefläche gilt quasi als internationales Gewässer. Die drei Länder haben Vereinbarungen für verschiedene Bereiche getroffen, etwa darüber, wie viel Trinkwasser jedes Land entnehmen darf und wo welche Wasserschutzpolizei zuständig ist. Auch für die Fischerei haben sie sich auf Regeln geeinigt. Berufsfischer zum Beispiel, egal welcher Nationalität, müssen für den Bodensee ein Patent erwerben und sich damit an bestimmte Vorgaben halten, etwa eine Maschenbreite für die Netze.

80 | Welche SCHWIERIGKEITSGRADE gibt es beim Klettern?

Klettern ist ein echter Trendsport: in der Natur und in zahlreichen Hallen mit Wänden verschiedener Schwierigkeitsstufen, beispielsweise den Stufen 3 bis 10. Doch was sagen diese Zahlen aus? Weltweit existiert eine verwirrende Vielfalt an Bewertungsskalen für die Anforderungen an Kondition und Technik. Doch inzwischen gibt es Umrechnungstabellen, und es haben sich vor allem zwei Skalen durchgesetzt: die der internationalen Alpinistenvereinigung UIAA sowie die französische Skala. Während sich Kletterhallen meist an der UIAA-Skala orientieren, wird im Profibereich in der freien Natur vor allem die französische Bewertung genutzt. Aktuell liegt der höchste Schwierigkeitsgrad bei einer »französischen« 9c, was der 12 auf der UIAA-Skala entspricht. Nur zwei Routen wurden für derartig schwierig befunden: die »Silence« in einer Höhle im norwegischen Flatanger und die »Bibliographie« in Céüse in den französischen Alpen. Beide wurden bisher nur ein einziges Mal geklettert. Die Einstufung nimmt der Erstkletterer vor. Sie muss durch Nachfolger bestätigt werden.

81 | Wie sieht ein KATERFRÜHSTÜCK im Ausland aus?

Am Morgen nach einem feuchtfröhlichen Abend brummt der Schädel, der Magen dreht sich: Wer über einen Kater jammert, leidet eigentlich an einer Alkoholvergiftung. Was kann man tun, um wieder auf die Beine zu kommen? In fast jedem Land existieren traditionelle Anti-Kater-Rezepte, die mehr oder weniger eklig sind. Engländer gönnen sich ein Specksandwich als Waffe gegen den Brummschädel. In Russland rät man zum Wasser von eingelegten Gurken, in Österreich zum »Konterbier«. In der Türkei und in Rumänien gilt Kuttelsuppe mit Knoblauch, Zwiebeln und Sahne als hilfreich, in Schottland eine Art Buttermilch, verfeinert mit Maisstärke, Salz und Pfeffer. Und in den USA greifen Geplagte zur »Prärie-Auster « – einem rohen Ei, gewürzt mit Worcestersoße, Tomatensaft und schwarzem Pfeffer. Nicht jedes traditionelle Gegenmittel hat mit Essen zu tun: In Puerto Rico etwa schmieren sich Alkoholtrinker Zitronen- oder Limettensaft unter die Achseln, um der Dehydrierung vorzubeugen. Und amerikanische Ureinwohner bringen ihren Körper zum Schwitzen, um dann den Schweiß abzulecken und wieder auszuspucken. So sollen Gifte aus dem Körper verschwinden. Tatsächlich aber gibt es bislang nur ein zuverlässiges Mittel gegen das Leiden: kein Alkohol.

82 | Was feiern die IREN am St. Patrick's Day?

Riesige Paraden ziehen ausgelassen durch die Straßen, Menschen in traditioneller Kleidung schwenken irische Fahnen: Am 17. März feiern Millionen Iren auf der ganzen Welt ihren Nationalheiligen Patrick. Dessen Aufstieg begann wenig ruhmreich – mit einer Verschleppung. Als Sohn eines römischen Beamten wuchs er um 400 an der Südwestküste Britanniens auf. Er war 16, als Seeräuber das Land überfielen und ihn auf die irische Insel entführten. Fortan musste er Schafe hüten. Zu jener Zeit herrschten auf Irland keltische Könige, die meisten Einwohner waren Heiden, ihre Priester Druiden. Patricius – Patrick – dagegen war Christ. Nach sechs Jahren Knechtschaft, so schildert er es in seiner Schrift »Confessio«, gelang ihm nach einer Vision die Flucht von der Insel. Er kehrte zu seinen Eltern zurück, hörte alsbald aber wieder eine Stimme: Er solle erneut nach Irland gehen. Er wurde Bischof und ließ sich vermutlich 432 nach Irland versetzen, wo es ihm gelang, viele Menschen zu bekehren. Er legte den Grundstein für die weitere Ausbreitung des Christentums und beeinflusste die Geschichte Irlands damit maßgeblich. Die bis dahin eher als abgelegen betrachtete Insel wurde Teil der abendländischen Kultur. Patrick starb wohl am 17. März 461. Aus dem kirchlichen Gedenktag machten irische Emigranten in den USA in der Neuzeit eine weltliche Party: Ab 1737 fanden in Boston große St.-Patrick's-Day-Paraden statt. Auch das Kleeblatt, »Shamrock« genannt, das viele Iren an dem Tag an der Kleidung tragen, hat mit Patrick zu tun: Einer Legende nach erklärte er den Heiden auf Irland die christliche Dreifaltigkeit anhand eines dreiblättrigen Kleeblatts.

83 | Warum hat Südafrika DREI HAUPTSTÄDTE?

Viele würden bei der Frage nach der Hauptstadt von Südafrika wohl »Kapstadt« antworten. Falsch ist das nicht – aber eben auch nicht ganz richtig. Tatsächlich tagt dort das Parlament. Aber daneben gibt es noch zwei weitere Hauptstädte: In Pretoria sitzt die Regierung, und in Bloemfontein das Oberste Berufungsgericht. Der Grund dafür liegt in der Kolonialzeit. Die ersten europäischen Siedler kamen Mitte des 17. Jahrhunderts aus den Niederlanden. Nach und nach übernahmen dann im 19. Jahrhundert die Briten einen Großteil der Gebiete. Die Buren, die Nachkommen der niederländischen Siedler, zogen weiter ins Hinterland und gründeten dort eigene Republiken und Freistaaten, wurden aber letztlich als Kolonien ins britische Imperium eingegliedert. Als 1910 die Südafrikanische Union entstand, spielte das bei der Wahl der Hauptstadt eine Rolle. Von den vier britischen Kolonien gingen zwei auf Buren-Gebiete zurück. Die Rivalität war groß. So entstand die Idee mit den drei Hauptstädten. Für die Minister und Regierungsbeamten hat das bis heute weitreichende Folgen: Von Januar bis Juni, wenn das Parlament tagt, sind sie in Kapstadt, ansonsten im rund 1500 Kilometer entfernten Pretoria.

84 | Was sind POP-UP-CAMPINGPLÄTZE?

Urlaube mit Wohnmobil und Zelt liegen in Deutschland im Trend. Zahlreiche Plätze zwischen Ostsee und Bodensee sind oft über Wochen ausgebucht. Den Hamburger Jobst von Paepcke brachte das auf eine Idee: Warum nicht brach liegende Flächen wie weitläufige Grundstücke und Gärten oder ungenutzte Festivalgelände kurzfristig in Campingplätze umwandeln? Er setzte eine Online-Plattform auf, die Anbieter von solchen Freiflächen und suchende Camper zusammenbrachte. Die meisten dieser spontan eingerichteten Plätze verfügen weder über eine Rezeption noch über ein Restaurant oder Sanitäranlagen. Dafür liegen sie oft sehr charmant. Das Konzept ging auf. 2022 kam der Zusammenschluss mit dem Anbieter Campspace, inzwischen agiert man europaweit (www.campspace.de).

85 | Wo kann man **AUF DEN SPUREN** des **DRACHENTÖTERS** wandern?

Es ist lange her, dass Siegfried durch den Odenwald streifte. Und dass er, der unbezwingbare Drachentöter, durch die Lanzenspitze seines Widersachers starb – durch einen Stoß zwischen die Schulterblätter. So erzählt es das Nibelungenlied. Bei einem Besuch im Odenwald lässt es sich prächtig auf den Spuren dieser deutschen Sage wandeln, etwa auf dem Nibelungensteig. Über 130 Kilometer führt er vom hessischen Zwingenberg bis nach Freudenberg am Main in Baden-Württemberg. Passieren kann man dabei auch den ein oder anderen Siegfriedbrunnen. So wird eine ganze Reihe von Brunnen genannt, auf die Beschreibungen des Ortes passen könnten, an dem der Held sein tragisches Ende gefunden haben soll. Der Odenwald ist jedoch nicht nur als Kulisse germanischer Mythen eine Reise wert. Teile werden durch verwunschene Buchen- und Laubmischwälder geprägt, und auch seine Felsformationen sind spektakulär. Beim Klettern über die Brocken des sogenannten Felsenmeers bei Lautertal fühlt man sich selbst ein bisschen heldenhaft.

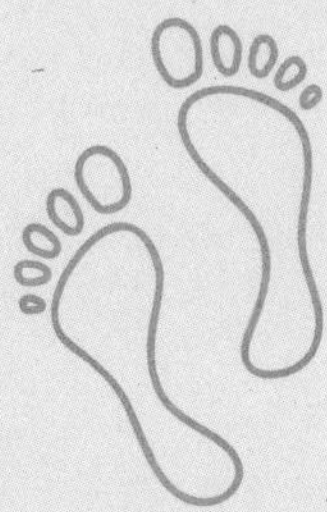

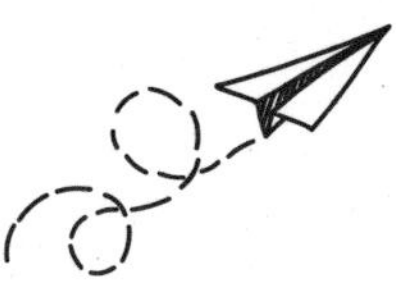

86 | Wo stehen die **BRÜCKEN** von den **EURO-SCHEINEN**?

Vor der Einführung des Euros entwarfen Designer sieben Brücken als Motive für die Geldscheine – vom 5- bis zum 500-Euro-Schein. Die fiktiven Bauwerke stehen symbolisch für die Verbindung von Völkern und Kulturen und repräsentieren unterschiedliche Baustile der europäischen Geschichte. Als die Geldscheine 2002 in Umlauf kamen, hatte keine dieser Brücken ein reales Gegenstück. Inzwischen aber existieren sie tatsächlich: In der niederländischen Stadt Spijkenisse wurden zwischen 2011 und 2013 mithilfe des Künstlers Robin Stam alle sieben Brücken über Wasserläufen gebaut – in den Farben der jeweiligen Scheine. Die Europäische Zentralbank hatte dem Projekt zugestimmt. Die Entwürfe auf dem 5- und dem 20-Euro-Schein wurden dabei auf zwei Seiten derselben Brücke verwirklicht: Es gibt also für die sieben Banknoten nur sechs Bauwerke. Die meisten sind nur für Fußgänger oder Fahrradfahrer bestimmt. Hinweisschilder geben den exakten Standort an, von dem aus man die Brücken wie auf den Geldscheinen sehen kann.

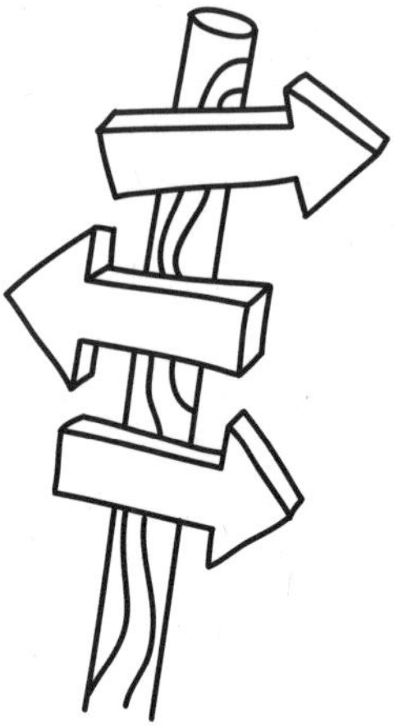

87 | Wo liegt das MANHATTAN der WÜSTE?

Es ist eine Skyline aus Lehm und Holz, mitten im Nirgendwo: Bis zu 30 Meter ragen die teils erdfarbenen, teils weißen Giganten im jemenitischen Schibam in die Höhe. Die orientalische Wolkenkratzersiedlung besteht aus fast 400 Türmen – daher auch der Spitzname »Manhattan der Wüste«. Die ältesten davon trotzen Wind, Regen und Kriegen schon seit dem 16. Jahrhundert, deshalb gelten sie mitunter sogar als erste Hochhäuser der Welt. Tatsächlich florierte in Schibam über Jahrhunderte der Handel: Strategisch günstig an der Weihrauchstraße gelegen, blühte die Stadt in der Spätantike auf. Schon in jener Zeit lebten viele Menschen in Arabien in – deutlich kleineren – Wohntürmen. Nachdem 1532 eine verheerende Flut Teile Schibams zerstört hatte, beschlossen die Einwohner möglicherweise, noch höher zu bauen. So lautet jedenfalls eine Theorie zur Entstehung der Hochhäuser. Lehm gehört zu den ältesten Baustoffen der Welt. Arbeiter schöpfen ihn aus dem feuchten Boden von Wüstentälern und vermengen ihn mit Hirsestroh. Daraus formen sie Ziegel, die mehrere Tage in der Sonne aushärten müssen. Dann werden die Lehmhäuser in die Höhe gezogen. In den unteren Stockwerken sind die Mauern einen halben Meter dick: So bleibt die Hitze im Sommer, wenn die Temperaturen auf bis zu 50 Grad Celsius steigen, draußen. In der Gegenwart bröckelt die Fassade von Schibam: Die Kalkputzschichten und Lehmfassaden müssen regelmäßig erneuert werden, doch der Bürgerkrieg im Land bedroht auch die Siedlung. Mehrere verfallene Gebäude sind eingestürzt, die UNESCO hat die Altstadt 2015 auf die Rote Liste des gefährdeten Welterbes gesetzt. Ob die historischen Häuser eine Zukunft haben, scheint ungewiss.

88 | Welches Dorf hat **ZWEI POSTLEITZAHLEN?**

Es hat rund 50 Einwohner, aber gleich zwei Postleitzahlen und zwei Telefonvorwahlen: Little Berlin. So nannten die US-Amerikaner das Dorf Mödlareuth. Der durch den Ort fließende Tannbach bildete nach dem Zweiten Weltkrieg die Demarkationslinie zwischen der sowjetischen (Mödlareuth-Ost) und der amerikanischen Besatzungszone (Mödlareuth-West). Mit Passierschein und kleinem Grenzschein konnten die Menschen den Bach zunächst noch überqueren. Dann kam auch die bauliche Grenze, zuerst als provisorischer Stacheldrahtzaun, 1966 dann eine Betonmauer wie im »großen« Berlin. Auf der einen Seite die DDR, auf der anderen die Bundesrepublik: Little Berlin war geboren. Die Spur der einstigen Teilung ist im Dorf heute noch allgegenwärtig. Der westliche Teil (Postleitzahl 95183, Telefonvorwahl 09295, 20 Einwohner) gehört zum bayerischen Töpen, wo mit »Grüß Gott« gegrüßt wird, der östliche (Postleitzahl 07926, Telefonvorwahl 036649, etwa 30 Einwohner) zum thüringischen Gefell, wo es »Guten Tag« heißt. Das Kuriosum ergänzen zwei Briefträger, zwei Müllabfuhren, zwei Stromversorger, zwei Kfz-Kennzeichen, zwei Bürgermeister und unterschiedliche Schulferien.

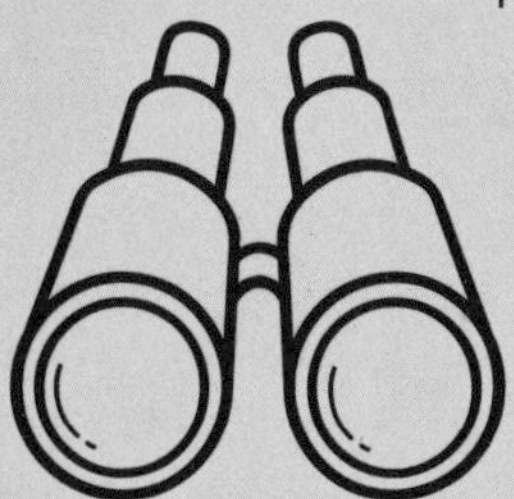

89 | Wo liegt das »**TAL DER PUPPEN**«?

Wer sich dem Bergdorf Nagoro auf der japanischen Insel Shikoku nähert, sieht Bauern auf den Feldern, einen Radfahrer, einen Angler am Fluss, Wartende an einer Bushaltestelle und durch ein Schulfenster Kinder in einem Klassenzimmer. Doch sie alle sind keine Menschen, die Schule etwa hat seit Jahren geschlossen. In dem Tal, in dem das Örtchen liegt, lebten einst Hunderte Menschen. Doch dann verschlechterte sich die wirtschaftliche Lage, immer mehr Einwohner zogen auf der Suche nach Arbeit in die Städte. Auch Tsukimi Ayano hatte Nagoro den Rücken gekehrt. 2002 kam sie in den auf 37 Einwohner geschrumpften Ort zurück, um sich um ihren Vater zu kümmern. Und weil sie sich mit der Leere nicht abfinden wollte, begann sie, die Menschen durch lebensgroße Puppen zu ersetzen. Mittlerweile sind es rund 400 – und den einstigen Einwohnern nachempfunden. Zumindest tagsüber ist so das Leben zurückgekehrt, denn jetzt kommen Touristen in den Ort.

90 | Wo fährt die TIEFSTE U-BAHN der Welt?

Den Rekord für den tiefsten Gleistunnel hält das nordkoreanische Pjöngjang: Dort liegen einige Strecken 110 Meter unter der Erde. Die tiefste U-Bahn-Station dagegen findet sich in Kiew in der Ukraine. Sie wurde im Kalten Krieg von der Sowjetunion in 105,5 Metern Tiefe gebaut – damit sie im Falle eines Atomkriegs auch als Bunker dienen könnte. Mit der Rolltreppe brauchen die Fahrgäste fünf Minuten bis zum Bahnsteig. Die tiefste U-Bahn-Station Deutschlands ist die Haltestelle »Messehallen« in Hamburg. Sie liegt gut 20 Meter unter der Erde, ihre Rolltreppe ist mit 40 Metern die längste U-Bahn-Rolltreppe im Land.

91 | Wer waren die ERBAUER von ANGKOR WAT?

Angkor Wat gehört zu den wohl berühmtesten Sakralbauten der Welt, geschaffen für die Ewigkeit. Zwischen 1113 und circa 1149 ließ König Suryavarman II. den gigantischen Tempelkomplex mit seinem 42 Meter hohen Zentralturm, der die Achse des Universums symbolisiert, als Heiligtum für den Gott Wischnu und als Begräbnisstätte für sich selbst errichten. Dafür musste der Herrscher enorme Ressourcen mobilisieren, Hunderttausende von Arbeitskräften einsetzen und koordinieren. Eine derartige Leistung konnte nur eine außergewöhnlich mächtige Hochkultur vollbringen. Suryavarman herrschte über das Königreich Kambuja, auch Khmer-Reich genannt, dessen Kapitale Angkor war. Kambuja erreichte unter Suryavarman um das Jahr 1200 seine größte Ausdehnung, reichte weit bis ins heutige Thailand, Vietnam und Laos, bis hin nach Myanmar und Malaysia. Die Anfänge dieses Imperiums liegen im Dunkeln. Fest steht aber: Um 900 herum wurde Angkor gegründet, das für 500 Jahre fast ununterbrochen die Hauptstadt bleiben sollte.

Dieses Angkor gilt als größte vorindustrielle Stadt der Welt, mit 600 000 bis einer Million Einwohnern. Der Wohlstand der Khmer hing vom Wasser ab. Der rechtwinklige Wassergraben um Angkor Wat herum war Sinnbild für den Urozean, aus dem alles Leben entstand. Auf schnurgeraden Kanälen transportierten die Einwohner mit Flößen Steinblöcke für die Tempel fast bis auf die Baustelle. Vor allem aber braucht Reis, die Hauptnahrung der Khmer, sehr viel Wasser. Ab dem 14. Jahrhundert verfiel das Großreich allmählich. Angkor verödete, der Urwald eroberte sich die Stadt und die Tempel zurück. Warum das Reich so sang- und klanglos unterging, ist bis heute nicht eindeutig geklärt.

92 | Woher haben die KANARISCHEN INSELN ihren Namen?

Gran Canaria, Teneriffa, Fuerteventura, Lanzarote, La Palma, La Gomera und El Hierro waren schon in der Antike wegen ihrer Vegetation und Tierwelt Ziel von Seefahrern. So siedelten die Römer dort Menschen aus Nordafrika und Spanien an. Aus dem roten Saft des Kanarischen Drachenbaums stellten sie Arzneimittel her. Und gaben dem Archipel angeblich den Namen:
Der Schriftsteller Plinius (23–79 n. Chr.) berichtete von einem Hauptmann, der von einer der Inseln zwei Hunde mitgebracht habe. Demnach soll die Bezeichnung für die Kanaren vom lateinischen *canis* (Hund) kommen. Dann hätten auch die Kanarienvögel ihren Namen von den Inseln – und nicht umgekehrt, wie manchmal vermutet wird. Einer anderen Theorie zufolge verweist der Name auf Berber vom Volk der Canarii, die ab dem 5. Jahrhundert v. Chr. hierher einwanderten.

93 | Welches Land hat die KÜRZESTE MITTELMEERKÜSTE?

Wer auf der kroatischen Küstenstraße D8 etwa von Split nach Dubrovnik unterwegs ist, der verlässt knapp 70 Kilometer vor dem Ziel die Europäische Union und kommt nach Bosnien-Herzegowina. Keine 20 Kilometer weiter erreicht man erneut eine Grenzstation und wechselt zurück nach Kroatien. Damit hat man die kürzeste staatliche Küstenregion am Mittelmeer passiert. Das rund 5000 Einwohner große Städtchen Neum ist der zentrale Ort dieses Streifens und der einzige Hafen, der Bosnien-Herzegowina einen Zugang zum Meer sichert. Früher war die Überquerung der beiden Landesgrenzen recht formlos. Doch mit dem Beitritt Kroatiens zur EU ist der Transit komplizierter geworden. Denn jetzt markieren die Posten jeweils eine Außengrenze der Europäischen Union.

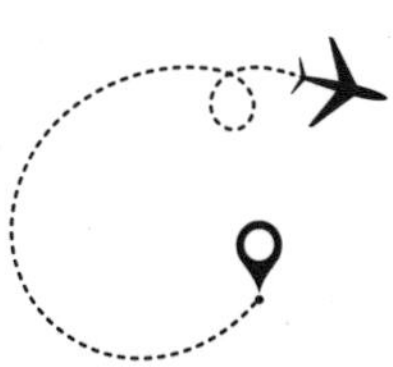

94 | STÄRKT ein Tag im Wald unser IMMUNSYSTEM?

Wer durch einen Wald läuft, merkt schnell, dass es dort anders riecht: Die Natur ist erfüllt von Tausenden Substanzen, die Bäume und Sträucher, aber auch Pilze und Bakterien produzieren und freisetzen. Seit einiger Zeit untersuchen Ärzte verstärkt eine Untergruppe dieser Naturstoffe, die Terpenoide. Sie entfalten offenbar schon dann eine Wirkung, wenn wir sie nur einatmen. Probanden, die in terpenhaltiger Luft geschlafen hatten, wiesen deutlich mehr Immunzellen im Blut auf, die krankhaft veränderte Körperzellen erkennen und zerstören. Und je länger ein Mensch Waldluft aufnimmt, desto wirkungsvoller stärkt er offenbar sein Immunsystem. Das zeigte eine andere Studie: Wer einen Tag im Wald verbringt, hat anschließend fast 40 Prozent mehr jener »Killerzellen« im Blut – dieser Effekt hält etwa eine Woche an. Verbringt jemand zwei Tage im Wald, steigert sich die Zahl seiner »Killerzellen« gar um 100 Prozent, und es dauert einen ganzen Monat, bis das Niveau wieder sinkt.

95 | Seit wann gibt es ein RECHT AUF URLAUB?

Nach dem Zweiten Weltkrieg schrieben viele Bundesländer das Recht auf einen zweiwöchigen Mindesturlaub in ihre Verfassungen. Im 1949 verabschiedeten Grundgesetz der Bundesrepublik Deutschland schlug sich das aber nicht nieder. Anders in der DDR, hier wurde bereits 1949 in der Verfassung ein Urlaubsanspruch verankert. »Das Recht auf Erholung und Freizeit und insbesondere auf (...) regelmäßigen bezahlten Urlaub« steht schon in der Allgemeinen Erklärung der Menschenrechte, die 1948 von den Vereinten Nationen verabschiedet wurde. Auf die Umsetzung mussten die Westdeutschen aber lange warten: bis zum Bundesurlaubsgesetz 1963. Es garantierte allen Arbeitnehmern unabhängig von Tarifverträgen bei einer Sechstagewoche mindestens 18 bezahlte Urlaubstage pro Jahr. 1995 wurde der Anspruch auf mindestens 24 Werktage bei einer Sechstage- oder 20 bei einer Fünftagewoche erhöht. Zahlreiche Tarifverträge gehen heute aber darüber hinaus – auf bis zu 30 Urlaubstage.

96 | WO KANN MAN in Deutschland PILGERN?

Aussteigen, frei werden, zu sich finden: Heutzutage gilt vor allem die Sehnsucht nach unverfälschter Erfahrung von Natur, Körperlichkeit und menschlicher Gemeinschaft als Beweggrund, sich zu einer Pilgertour aufzumachen. Deutschland ist voll von wunderschönen Pilgerwegen. Darüber informiert unter anderem der der Diakonie angegliederte Marburger Kreis. Ein Teil des europaweiten Jakobswegs beispielsweise führt durch das hügelige saarländische Biosphärenreservat Bliesgau, wo noch wilde Orchideen blühen. Der Mönchsweg ist ein 530 Kilometer langer Fahrrad-Pilgerweg zwischen Bremen und Fehmarn und erinnert an die Christianisierumg des Nordens. Auf den Spuren der heiligen Elisabeth wandert man auf gleich drei Elisabethpfaden, die alle aus unterschiedlichen Richtungen kommend in Marburg an der Lahn enden. Und nicht zu vergessen die zahlreichen Wege rund um den berühmten bayerischen Wallfahrtsort Altötting. Pilgerneulinge sollten höchstens 20 Tageskilometer anpeilen, Fortgeschrittene zehn Kilometer mehr. Wer dranbleibt, dem winkt zur Belohnung das schönste aller Pilgergefühle: Zufriedenheit.

97 | Wo trifft man die »BIG FIVE DER ALPEN«?

Der einst von Großwildjägern geprägte Begriff der »Big Five«, der »großen fünf«, ist heute vor allem unter friedlichen Besuchern der afrikanischen Savannen geläufig. Aber auch andernorts üben Tiere, die aufgrund ihrer Größe, Kraft oder Schönheit zum Symbol ihres jeweiligen Lebensraums wurden, einen starken Reiz auf Tierfans aus. Dazu gehören die »Big Five der Alpen«. Die Rede ist von Steinbock, Steinadler, Bartgeier, Murmeltier und Gämse. Den beiden Letztgenannten können Bergwanderer sogar vergleichsweise häufig begegnen, die anderen drei aber lassen sich deutlich seltener blicken. Gut also, wenn Experten ihre Horste oder andere Aufenthaltsplätze kennen, wie beispielsweise Ranger im Nationalpark Hohe Tauern in Kärnten. Jedes Mal ist es etwas Einzigartiges, dort wirklich alle Vertreter in freier Wildbahn zu entdecken. Auch andere Regionen werben mit den »Alpine Big Five«, darunter die italienischen Seealpen, die österreichischen Naturparks Karwendel, Lechtal und Kaunergrat sowie der einzige Nationalpark der Schweiz. Warum nicht mehr? Knackpunkt sind oft die Bartgeier – vermutlich der Grund, warum manche Big-Five-Liste stattdessen den Alpensalamander nennt. Vom größten Greifvogel der Alpen gibt es zwischen Frankreich und Slowenien gerade einmal rund 230 Brutpaare. Und auch das ist ein kleines Wunder, war der Vogel in den Alpen doch bereits ausgerottet, bevor ihm Wiederansiedlungsprojekte zum Comeback verhalfen. Wer den Blick weniger gen Himmel als auf den Bergboden richten will, hält nach den »Big Five der Alpenblumen« Ausschau: Enzian, Frauenschuh, Alpenrose, Arnika und Edelweiß.

98 | Sind STRANDKÖRBE typisch deutsch?

Eine ältere Dame wollte 1882 den Strand in Warnemünde genießen. Doch der ständige Wind setzte ihr zu. Die Lösung fand Korbmachermeister Wilhelm Bartelmann: Er erweiterte einen der dort üblichen »Strandstühle« mittels Rohr- und Weidengeflecht sowie Markisenstoff zum windgeschützten Sitzkorb. Der wurde schnell ein Bestseller. Und Bartelmanns Frau begründete flugs das Strandkorbverleihgeschäft. So die eine Version. Nach einer anderen aber konstruierte bereits 1875 der Korbmacher Johann Schaft in Graal-Müritz den ersten Strandkorb für seine Frau Emilie, die an Rheuma und Asthma litt. Wie auch immer: Strandkorbähnliche Sitzgelegenheiten gab es schon davor, vornehmlich an deutschen Küsten. Auch in den Niederlanden, Dänemark und an der polnischen Ostsee waren sie beliebt – und sind es noch heute. Trotzdem ist der Strandkorb ein vorwiegend deutsches Phänomen geblieben. In anderen Ländern begnügt man sich mit Strandtüchern oder Liegestühlen.

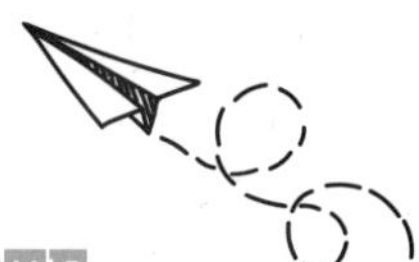

99 | Welches sind die GRÜNSTEN GROSSSTÄDTE Deutschlands?

Die Antwort ist kompliziert, denn was als »grün« gilt, wird in jeder Studie anders definiert. Eine Untersuchung setzt Grünflächen mit Einwohnerzahl in Relation. Danach belegt Potsdam mit 33,03 Quadratmetern Grün pro Einwohner Platz eins, gefolgt von Kassel, Bremen, Magdeburg und München. Die bayerische Millionenstadt schafft es dafür in einer anderen Studie fast nach vorn: Hier werden außer Grünflächen auch erneuerbare Energien und Luftqualität gemessen, was die Isar-Metropole nach Wien auf Platz zwei katapultiert – von weltweit 100 Städten. Eine weitere Methode bemisst den Green View Index, also wie stark Baumkronen und Vegetation das Panorama für einen Fußgänger prägten. Hier lag Frankfurt am Main vor Paris und London. Zählt man dagegen die Fläche allen Grüns einer Stadt zusammen, also auch private Gärten und Wälder, trumpfen Siegen, Göttingen und Bergisch Gladbach auf: Mehr als 84 Prozent ihrer Stadtfläche sind mit Vegetation bedeckt. Sehr viel im grünen Bereich.

100 | Wer muss bei **GEGENVERKEHR** auf **ENGEN STRASSEN** am Berg ausweichen?

Die Faustregel lautet »Bergfahrt vor Talfahrt«. Doch spielt die auch im Verkehrsrecht eine Rolle? Das kommt zunächst auf das Land an. In der Schweiz, Frankreich und Italien muss der bergab fahrende Wagen zurücksetzen. Es sei denn, der andere ist näher an einer Ausweichstelle. Lkw und Busse haben aber in beiden Richtungen grundsätzlich Vorfahrt gegenüber Pkw. In Deutschland und Österreich existiert auf Bergstraßen nur eine Grundregel: Es muss das Fahrzeug zurücksetzen, dem es gerade leichter fällt. Was auch hier eher für normale Autofahrer als für Bus- oder Lkw-Fahrer gelten dürfte.

101 | Was bringt die DIGITALE ZUKUNFT des REISENS?

Jonas H. lässt sich von seinem selbstfahrenden E-Mobil nach Hause kutschieren. Es war ein langer Arbeitstag, jetzt träumt er vom Winterurlaub irgendwo in den Bergen. »Was meinst du, Wilfred?«, fragt er. Wilfred ist Jonas' virtueller Assistent. Er hat aus früheren Buchungen, Suchanfragen und Likes Jonas kennengelernt. »Wie wäre das Hotel Dolomiti, Südtirol?«, antwortet er und spielt auf dem Screen des Armaturenbretts passende Fotos ein. Dieses Szenario könnte bald Wirklichkeit werden. Algorithmen gehen schon heute auf unsere Wünsche ein. Die Grundlagen für das Smart Travelling der Zukunft sind also gelegt. Was fehlt noch, damit Wilfred und Co. standardmäßig zur Tat schreiten können? Vor allem Daten, die aufbereitet werden können. Das große Stichwort der nahen Zukunft heißt »Open Data« – allgemein zugängliche Daten. Thüringen hat da momentan die Nase vorn. KI kann Informationen nur dann verarbeiten, wenn sie maschinenlesbar sind. Grundvoraussetzung dafür: gemeinsame Standards für die Übersetzung von geschriebener Sprache in computerlesbare Daten. Führend ist etwa »Schema.org«, auf das sich alle touristischen Akteure Thüringens bereits 2018 verpflichtet haben. »ThüCAT« heißt das System, in das sie seither ihre Daten einspeisen, eine Art Datendrehscheibe, in die alles nur einmal eingestellt werden muss – um dann vielfach, auch für KI, zur Verfügung zu stehen. In Bayern gibt es mit »Bayerncloud Tourismus« ein ähnliches Projekt, und auch die Deutsche Zentrale für Tourismus hat sich mit »Open Data Germany« eingeschaltet. Ziel ist, das gesamte Angebot einer Destination für KI erfassbar zu machen.

Zurück in die Zukunft: Jonas H. ist in Südtirol eingetroffen, wie von Wilfred angeregt. Und der ist natürlich auch vor Ort gefragt: Wie sind die Schneeverhältnisse? Wo gibt's den besten Kaiserschmarrn? Erst spätabends wird Wilfred ausgeschaltet.

102 | Wann wurde **CAMPING** zum Trend?

Der Brite Thomas Hiram Holding gilt als »Vater des modernen Campings«. Er erkundete im ausgehenden 19. Jahrhundert auf dem Rad und im Kanu quasi jeden Winkel Englands, Schottlands und Irlands. Sein wichtigstes Utensil: ein selbst entwickeltes Zelt, das man schnell auf- und abbauen konnte. 1908 veröffentlichte er ein 400-seitiges Handbuch, in dem es heißt: »Es hält alte Männer jung. Es gibt einem Freiheit. Es lehrt einen Geduld und Toleranz in Bezug auf andere Menschen.« Tatsächlich machte Holding sein Hobby landesweit populär, auch die ersten Campingplätze entstanden in jener Zeit. In Deutschland wurden die Zelte erst etwas später aufgeschlagen: In den Goldenen Zwanzigern, als mehr und mehr Arbeiter zwar kaum Geld, aber endlich Anspruch auf Urlaub hatten. Zur Massenbewegung entwickelte sich das Campen erst ab den 1950er-Jahren, auch dank neuartiger Wohnwagen. Sie sorgten für einen völlig neuen Komfort und revolutionierten dadurch den Urlaub im Freien.

103 | Seit wann gibt es **POSTKARTEN**?

Als in den 1860er-Jahren in Preußen ein Postangestellter die Einführung eines »offenen Postblattes« vorschlug, wurde das als unanständig abgetan. Schließlich könnten für alle lesbare anzügliche Botschaften zum Sittenverfall führen. Österreich-Ungarn war da weniger prüde: Am 1. Oktober 1869 führte die Post dort die »Correspondenz-Karte« ein, Deutschland folgte ein Jahr darauf. Zunächst waren die Karten schmucklos: Auf der einen Seite stand die Adresse, auf der anderen der Text. In den 1870er- und 1880er-Jahren entwickelten sie sich dann zur Ansichtskarte, versehen mit Zeichnungen, gedruckten Bildern, schließlich Stadtansichten und Ausflugszielen. Im Deutschen Kaiserreich brach bald ein regelrechtes Postkartenfieber aus: Eine Milliarde Post- und Ansichtskarten landeten im Jahr 1900 in den Briefkästen.

104 | Zu welchem Staat gehören die ABC-INSELN?

Die Abkürzung ABC steht für Aruba, Bonaire und Curaçao. Die drei Inseln liegen in der Karibik vor Venezuela, sind ehemalige niederländische Kolonien und bis heute mit dem Land verbunden. Niederländisch ist überall eine der Amtssprachen. Staatsoberhaupt ist König Willem-Alexander. Einige Zeit gehörten alle drei zu den Niederländischen Antillen. Aruba stieg 1986 aus diesem Verbund aus und ist seitdem ein autonomes Land innerhalb des Königreichs der Niederlande, das unter anderem die Außenpolitik regelt. Als die Niederländischen Antillen 2010 aufgelöst wurden, entschied sich auch Curaçao für diese Konstellation. Bonaire dagegen gehört seitdem als »Besondere Gemeinde« direkt zu den Niederlanden. Die Inselbewohner wählen zum Beispiel dort das Parlament mit.

105 | Wie funktioniert ESCAPE-BIKEN?

Eine kleine Gruppe, eingesperrt in einem Raum, muss unter Zeitdruck gemeinsam komplexe Rätsel lösen, um vom Ort des Geschehens zu entkommen. Das Spielprinzip der »Escape-Rooms« ist beliebt. Auch Outdoor-Varianten gibt es, die den Rätselspaß mit einer Tour durch die Natur verbinden. Der Freiburger Anbieter »Berggeheimnis« veranstaltet Fahrrad-Escape-Touren am Kaiserstuhl. Die Teilnehmer erhalten eine Satteltasche, die neben einer Spielanleitung mysteriöse Flaschen, verdrehte Zahlenschlösser und Schatzkistchen enthält. Schritt für Schritt gilt es dann Codes zu knacken, Geodaten zu ermitteln oder Puzzleteile zusammenzufügen, um so das nächste Etappenziel zu bestimmen. Sechs Stunden dürfen Fahrt und Rätsel dauern. Ein Oldenburger Touristikverband hat inzwischen Ähnliches im Programm – andere Anbieter dürften folgen.

106 | Wo gibt es eine AUSSICHTSPLATTFORM auf einem Windrad?

Für den Tourismus gelten die Kraftwerke oft eher als hinderlich: Der Anblick der Türme verschandele die Landschaft. Doch nun haben einige Gemeinden den Spieß umgedreht und schufen durch eine Aussichtsplattform auf einem der Windräder eine neue Attraktion. Ein Beispiel dafür ist im Windpark Holtriem in Westerholt, etwa 20 Kilometer von der niedersächsischen Nordseeküste entfernt. Dort erreichen Besucher über eine im Turm liegende Wendeltreppe mit 297 Stufen eine Aussichtskanzel. Wer die Plattform auf 65 Meter Höhe erreicht, wird mit einer beeindruckenden Aussicht bis zu den Ostfriesischen Inseln belohnt – und ist zugleich dem Kraftwerk ganz nah.

107 | Was ist rot am ROTEN PLATZ?

Die Kremlmauer, das Historische Museum, das Auferstehungstor, das Lenin-Mausoleum, die Basiliuskathedrale – am Roten Platz ist so einiges rot. Tatsächlich hat das riesige UNESCO-Welterbe seinen Namen aber weder von der Bebauung noch von den lange Zeit »roten«, also kommunistischen Herrschern. Ursprünglich bedeutete »Krasnaja Ploschtschad« einfach nur »Schöner Platz«, denn das Adjektiv »krasny« konnte sowohl »schön« als auch »rot« heißen. Seit dem 17. Jahrhundert wird es beinahe ausschließlich für »rot« gebraucht und so wurde das Areal nach und nach zum »Roten Platz«. Die Kremltürme und -mauern waren bis ins 19. Jahrhundert weiß, das Historische Museum wurde 1872 eingeweiht, das Lenin-Mausoleum stammt von 1930: Ein Großteil der roten Bebauung ist erst mit der Zeit hinzugekommen, sodass der Rote Platz tatsächlich mehr und mehr diese Farbe angenommen hat.

108 | Welches sind die BELIEBTESTEN deutschen Seen auf INSTAGRAM?

Als populäre »Imagewährung« von Reisezielen gilt bei Jüngeren die Nennung bei Instagram. Das gilt auch für deutsche Seen. Untersuchungen prüften, wie oft welche Gewässer in dem Netzwerk gezeigt wurden – anhand der Hashtags. Die Spitzenreiter in diesem Ranking stammen sämtlich aus Süddeutschland. Auf Platz eins liegt mit großem Vorsprung der Bodensee mit 1,6 Millionen Nennungen. Platz zwei: der Chiemsee. Es folgen weitere Oberbayern-Hashtags: #tegernsee, #starnbergersee, #königssee und #ammersee. Der künstliche Maschsee in Hannover schafft es ebenfalls unter die besten zehn, hier sorgen wohl zahlreiche Beachbars und die Großstadtlage für die Fotoflut. Die Erfahrung zeigt aber auch: Viele schöne Bilder bei Instagram ziehen oft noch viel mehr »echte« Besucher an. Da kann ein vermeintlich weniger beliebter See ein deutlich entspannteres Ziel sein.

109 | Wie viele **BÄUME** wachsen in der **SAHARA**?

Viel mehr, als bislang geglaubt! Allein im Westen der Wüste entdeckte ein Team der Universität Kopenhagen rund 1,8 Milliarden Bäume. Diese stehen einzeln und waren deshalb bislang schwer zu lokalisieren – anders etwa als Wälder. Wissenschaftler gingen deshalb lange davon aus, dass abseits der Siedlungen und Oasen keinerlei Bäume wachsen. Doch selbst in sehr trockenen Gebieten stießen die Geografen nun auf Büsche und Bäume – in hoher Zahl. Für ihre Analyse nutzten sie ein KI-System. Dieses wertete 11 000 hochauflösende Satellitenbilder aus und registrierte dabei alle größeren Gewächse auf einer Fläche von 1,3 Millionen Quadratkilometern, etwa ein Zehntel der Sahara. Die Forscher betonten: Derartige Studien seien enorm wichtig, denn vereinzelt oder abgelegen stehende Bäume seien in bisherigen Klimamodellen nicht berücksichtigt worden, dabei speichern sie allein durch ihre große Zahl enorme Mengen an CO_2. In der Sahara dürften die Solisten auch für die Artenvielfalt eine wichtige Rolle spielen, ihre Wurzeln schützen den Boden zudem vor Erosion und speichern Feuchtigkeit. Gerade in entlegenen oder auch militärisch umkämpften Regionen könnte die Satellitentechnologie künftig helfen, eine realistischere Schätzung des globalen Baumbestands abzugeben.

110 | Darf man **IM URLAUB** für **ANDERE ARBEITGEBER** arbeiten?

Drei Wochen Urlaub: Da bleibt doch Zeit, um bei einem anderen Arbeitgeber zusätzlich etwas Geld zu verdienen. Aber Vorsicht! Im Urlaub ist alles untersagt, was der Erholung schadet. Das ist in Paragraf 8 des Bundesurlaubsgesetzes festgelegt. Ein entgeltliches Tätigwerden für einen anderen Arbeitgeber ist nur in seltenen Ausnahmefällen erlaubt. Als Büromensch bei der Weinernte auszuhelfen oder als Facharbeiter in einem Ferienklub als Animateur tätig zu sein: Eine solche dem Chef angezeigte Ausgleichstätigkeit ist erlaubt. Aber nach drei Wochen Arbeit auf dem Bau total ausgelaugt wieder in der Firma zu erscheinen, das geht nicht. Hat ein Arbeitnehmer aber eine Nebenarbeitsgenehmigung für einen Zweitjob, dann kann er auch während seines Urlaubs für diesen arbeiten. Einer Nebentätigkeit muss der Arbeitgeber aber im Normalfall zustimmen. Ohne Genehmigung oder Absprache drohen rechtliche Konsequenzen. Der Grund für die Sanktion ist der Verstoß gegen die Erholungspflicht. Sinn des Urlaubs ist eben die Erholung.

111 | Wie funktioniert TREKRAFTING?

Lange standen Outdoorfans vor der Entscheidung: raften auf dem Wasser – oder lieber zu Fuß trekken? Denn ein Kanu oder Kajak an einem Wehr umzutragen funktioniert gut. Es aber stundenlang mitzuschleppen, um es irgendwo zu Wasser lassen zu können: unvorstellbar. Doch nun gibt es einen Trend zu ultraleichten Produkten, die eine Kombination möglich machen. So wurden Bootsinnovationen durch neue Materialentwicklungen möglich – etwa ein mit thermoplastischem Polyurethan beschichtetes Nylongewebe. Das macht die Boote extrem widerstandsfähig und mit zwei bis drei Kilo erstaunlich leicht. Da es diese Trek- oder auch Packrafts, salopp als »Rucksackboote« übersetzbar, mittlerweile ab etwa 650 Euro gibt, greifen zunehmend auch Freizeitsportler zu; vor allem, da das in wenigen Minuten aufblasbare Einpersonengefährt bis Wildwasserstufe II sehr kippstabil bleibt. Entspanntere Flüsse mit kleineren Stromschnellen schaffen sogar Einsteiger, Seen eignen sich wegen der geringen Fortbewegungsgeschwindigkeit weniger. Nach dem Aussteigen schrumpft das Raft im Handumdrehen auf das Packmaß eines Zweipersonenzelts und lässt sich problemlos transportieren. Schluss also mit logistischen Verrenkungen mit vorher zu parkenden Shuttlefahrzeugen an Ein- und Ausstieg.

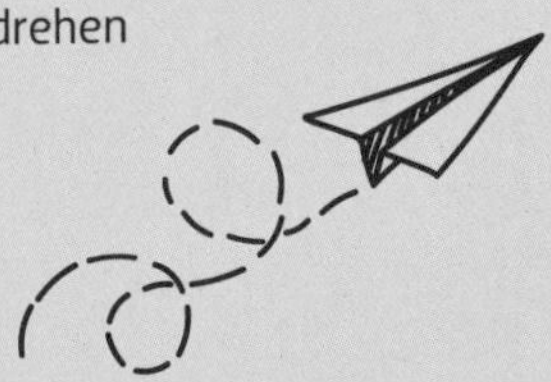

112 | Was ist auf einem ZERTIFIZIERTEN Wanderweg zu erwarten?

☆☆☆☆☆

An Wanderwegen mangelt es zwischen Ostsee und Zugspitze nicht, und ständig entstehen neue. Da verliert man schnell den Überblick, insbesondere wenn es ums Einschätzen des Schwierigkeitsgrads geht. Gut also, wenn vertrauenswürdige Institutionen ihren Segen für einen Weg geben. In Deutschland existieren gleich zwei: Der Deutsche Wanderverband vergibt mehr als 135-mal das Gütesiegel »Qualitätsweg Wanderbares Deutschland«, und das Deutsche Wanderinstitut adelt über 600 »Premium-Wanderwege«, ein Teil davon auch im Ausland. Die Auszeichnungen garantieren, dass die Wanderwege ganzjährig sicher begangen werden können und gepflegt werden. Auch darf man eine gewisse Infrastruktur mit Bänken, Beschilderung und Infotafeln oder Notfallversorgung erwarten. Eine gewisse landschaftliche Attraktivität muss ebenfalls gewährleistet sein. Mittlerweile gibt es »Premium-Spazierwanderwege«, »Premium-Stadtwanderwege« und »Premium-Wanderorte«.

113 | Wo kann man in DEUTSCHLAND in die WÜSTE fahren?

In Deutschland ist eine waschechte Wüste entstanden – nach der polnischen Bledow-Wüste sogar die größte in Mitteleuropa. Sie liegt beim brandenburgischen Städtchen Lieberose, rund 20 Kilometer nördlich von Cottbus. Ein Waldbrand schuf 1942 eine freie Fläche, die von der Roten Armee in den Folgejahren als Truppenübungsplatz genutzt wurde. Heute ist das fünf Quadratkilometer große Areal, das sich tagsüber auf 60 Grad aufheizen kann, ein munitionsbelastetes Naturschutzgebiet innerhalb der Lieberoser Heide. Vollkommen unbelebt ist es nicht: An dem nährstoffarmen Standort wachsen Pflanzen wie Silbergras, im Sand leben Kleintiere wie Ameisenlöwen, Sandlaufkäfer und Heuschrecken. Auch Vögel wie die Heidelerche schätzen die offene Fläche.

114 | Gibt es einen guten IMPFSCHUTZ gegen MALARIA?

Vor allem in Afrika sterben jährlich etwa 500 000 Kinder an Malaria. Die Tropenkrankheit wird durch den Stich von Anophelesmücken übertragen, die mit Malaria-Parasiten infiziert sind. Jahrzehntelang wurde an einem Impfstoff geforscht – und vor wenigen Jahren kam der Durchbruch. 2021 wurde der Impfstoff von der Weltgesundheitsorganisation WHO für eine breite Nutzung empfohlen, und im November 2023 erhielt ihn Kamerun als erstes Land weltweit für Routine-Impfungen bei Kindern. 2023 empfahl die WHO auch einen zweiten Impfstoff, weitere Kandidaten werden gerade getestet. Die Nachfrage ist riesig. Doch der Impfstoff ist längst nicht ausreichend verfügbar. Und viele Länder haben nicht die finanziellen Mittel, um ihn in großen Mengen einzukaufen.

115 | Wie schnell **SCHMELZEN** weltweit die **GLETSCHER**?

Von den Polen bis zum Äquator befinden sich Gletscher auf dem Rückzug. Der Klimawandel lässt die Eismassen tauen und so den Meeresspiegel steigen. Damit schwinden wichtige Süßwasservorräte; etwa im Himalajagebirge, wo die gewaltigen Ströme der bevölkerungsreichen Region Südostasien entspringen. Ein internationales Forschungsteam hat nun beziffert, wie viel Eis – außerhalb des grönländischen und des antarktischen Eisschilds – seit Anfang der 2000er-Jahre geschmolzen ist. Danach verloren die Gletscher pro Jahr im Schnitt 267 Milliarden Tonnen Eis. Das Schmelzwasser dieser Zeit hätte ausgereicht, ganz Deutschland 15 Meter unter Wasser zu setzen. Das Tauwetter ist nicht überall gleich: Lediglich 7 Gletscherregionen sind für 83 Prozent des Eisrückgangs verantwortlich, darunter Alaska, die Küste Grönlands und die kanadische Arktis. Insgesamt hat sich das Schmelzen der Gletscher weltweit in den letzten 20 Jahren beschleunigt und rund ein Fünftel des Meeresspiegelanstiegs ausgemacht.

116 | Wo ist das **TIEFSTE SCHWIMMBECKEN** der Welt?

Es gibt Hotelzimmer unter Wasser, ein Restaurant und einen Konferenzsaal – doch die Attraktion der Anlage ist der 46 Meter tiefe Pool: »Deepspot«, eröffnet im Dezember 2020, liegt südlich von Warschau im Ort Mszczonów in Polen. Das Tauchbecken enthält 8000 Kubikmeter Wasser und ist ein ideales Trainingsgelände für Taucher. Es gibt Anfängerkurse für Tiefen bis 18 Meter, und natürlich trainieren auch Free-Diver gern hier, die ohne Hilfsmittel in die Tiefe gleiten. Über den Weltrekord des tiefsten Schwimmbeckens durfte sich Polen aber nur kurz freuen, denn 2021 eröffnete »Deep Dive Dubai«: Die Anlage des Emirats hat ein Becken mit einer Wassertiefe von

60 Metern. Gäste können in 14 Millionen Liter Wasser durch eine versunkene künstliche Stadt tauchen, an einem Unterwasser-Kickertisch spielen oder sich an ein Schachbrett setzen.

117 | Was bedeuten die **MARKIERUNGEN** an **BAUMSTÄMMEN** im Wald?

Wir erleben unsere Wälder meist als Freizeitparadiese – und vergessen gern, dass es in Deutschland fast ausschließlich Nutzwald gibt. Eine Ahnung davon geben die Markierungen auf vielen Baumstämmen, oft in grellen Signalfarben. Sie beziehen sich entweder auf den markierten Baum selbst oder auf das Gebiet, in dem er steht. Ein erster Hinweis auf das Schicksal eines Baums kann die Farbe sein: Weiß oder Grün heißt tendenziell »Daumen hoch« für den Baum. Das gilt vor allem für die »Zukunftsbäume «, sie sollen wachsen, um später besonders wertvolles Holz zu liefern. Ihre Markierung ist nach allen Seiten hin sichtbar: Punkte, Kreise oder ein Ring rund um den Stamm. Eventuell auch ein »Z« oder ein Pluszeichen. Auch die »Habitatbäume« sollen verschont bleiben, als Nistplatz für Vögel oder Fledermäuse. Sie bekommen eine weiße oder grüne Wellenlinie, ein »H« oder ein Spechtsymbol. Ein roter Schrägstrich oder Klecks bedeutet hingegen: Dieser Baum ist der Motorsäge geweiht.

118 | Wie wurde die AVUS in Berlin zum MYTHOS?

Am 24. September 1921 wurde in Berlin die »Automobil-Verkehrs- und Übungsstraße«, kurz Avus, eröffnet. Die erste Straße in Europa, auf der ausschließlich Autos – und eben keine Pferdefuhrwerke – unterwegs sein durften. Die Planungen hatten schon 1909 begonnen. Ziel war eine Straße, auf der die deutschen Autohersteller ihre Wagen testen konnten, um bei Rennen konkurrenzfähiger zu sein. Doch erst zwölf Jahre später fand das erste Rennen statt. Die 8,3 Kilometer lange Straße ist schnurgerade; lediglich an den Enden befanden sich ursprünglich Wendeschleifen. Schon damals aber führten Bodenwellen und der rutschige Belag immer wieder zu tragischen Unfällen. So starben 1926 an einem Rennwochenende ein Beifahrer und drei Helfer. Während der NS-Zeit galt der Rundkurs als schnellster der Welt – und als der gefürchtetste, wegen der 1937 eingeweihten, 18 Meter breiten Steilkurve an der Nordseite. Sie ermöglichte noch höhere Geschwindigkeiten: Mit bis zu 400 Kilometern pro Stunde rasten die Silberpfeile von Mercedes und Auto Union über den Asphalt. Mehr als 300 000 Besucher verfolgten die waghalsigen Wettkämpfe. Allerdings führte gerade die Steilkurve zu tödlichen Unfällen, und so war dann 1959 die Zeit der großen Rennen vorbei, 1998 war endgültig Schluss. Der normale Straßenverkehr aber rollt auf der Avus bis heute.

119 | WER saß auf der GEFÄNGNISINSEL Robben Island ein?

Robben Island liegt zwölf Kilometer vor Kapstadt im Atlantik. Bis heute ist die zwei mal vier Kilometer große Insel des Schreckens ein Mahnmal gegen die Apartheid, jene dunkle Zeit der Rassentrennung in Südafrika. Bis 1991 wurden hier, neben Schwerstkriminellen, rund 3000 Männer eingesperrt, die gegen die Unterdrückung der Schwarzen kämpften. 18 Jahre, von 1964 bis 1982, verbrachte der spätere Friedensnobelpreisträger Nelson Mandela hier in einer vier Quadratmeter kleinen Zelle. Der Anti-Apartheid-Aktivist Jafta Masemola musste 27 Jahre auf der Insel ausharren. Die Haftbedingungen waren furchtbar: Während Mandela und andere hochrangige politische Gefangene in Einzelzellen untergebracht waren, hausten in den regulären Sammelzellen 60 bis 70 Mann. Sie mussten in einem Steinbruch schuften, waren dem Rassenwahn der weißen Wärter ausgesetzt, wurden beleidigt und verprügelt, mussten nackt exerzieren. In den 1990er-Jahren wurde das Gefängnis aufgelöst, seit 1997 ist es ein Nationaldenkmal und Museum.

120 | Warum gibt es in der SCHWEIZ deutsche BAHNHÖFE?

Als »Basel German Station« wird der Badische Bahnhof in den Zügen auf Englisch angesagt. Hier halten alle Züge, die aus Deutschland in die Schweiz fahren, bevor sie in den sieben Kilometer entfernten Centralbahnhof Basel SBB einlaufen. Das Besondere am Badischem Bahnhof: Er gehört der Deutschen Bahn (DB), die deutsche Polizei sorgt für Sicherheit, der deutsche Honorarkonsul ist hier ansässig, und die maßgebliche Währung in den Geschäften ist der Euro. Gleichwohl gilt Schweizer Recht. Das Kuriosum geht auf 1852 zurück. Damals schloss das Großherzogtum Baden mit der Eidgenossenschaft einen Vertrag, um seine Eisenbahnen über Schweizer Gebiet fortführen zu dürfen. Wer von Deutschland kommend hier zu anderen Zielen in Deutschland umsteigt, bleibt auf deutschem Zollgebiet.

121 | Was hilft gegen **REISEÜBELKEIT**?

Viele Menschen leiden an einer Kinetose, der Reisekrankheit, wenn sie mit Auto, Schiff oder Flugzeug verreisen. Warum ihnen übel wird? Ihrem Gehirn werden widersprüchliche Informationen zur räumlichen Lage und Bewegung ihres Körpers gemeldet, etwa wenn sie auf einem Schiff den schwankenden Horizont in der Ferne sehen, gleichzeitig aber fest auf dem Schiffsdeck stehen. Helfen können da leichte Mahlzeiten vor der Abreise, auch zuckerfreie Kaugummis. Die Betroffenen sollten während der Fahrt nicht lesen oder häufig nach unten gucken, besser einen festen Punkt am Horizont fixieren. Wenn möglich, sollten sie das Auto selbst fahren oder den Beifahrersitz einnehmen. Im Bus empfiehlt sich ein Platz vor der Vorderachse, im Flugzeug über den Tragflächen, auf einem Schiff idealerweise in der Mitte. Auch Medikamente können helfen. Sie enthalten oft Antihistaminika, weil der Botenstoff Histamin beim Erbrechen eine wichtige Rolle spielt. Autofahrer sollten diese Arzneien allerdings meiden, denn sie machen müde und benommen.

122 | Was machten die **UREINWOHNER** Australiens alles mit **BUMERANGS**?

Ein australischer Bumerang kann Tiere oder sogar Menschen töten, wenn er richtig geworfen wird. Allerdings wurden die Geräte nicht nur zur Jagd und zum Krieg benutzt. Den australischen Ureinwohnern dienten sie vielmehr als Allzweckwerkzeug. Forscher untersuchten über 100 Bumerangs aus der Sammlung des Australian Museum in Sydney und stellten fest, dass die Aboriginals mit den Wurfhölzern auch Steinwerkzeuge bearbeiteten, bis eine Art Brotmesser oder Säge entstand. Bumerangs waren wohl auch zum Feuermachen in Gebrauch, zum Musizieren oder als Grabstöcke. Es gab sie in allen Größen, von 10 Zentimeter bis zu 1,80 Meter Länge. Wurden Bumerangs zur Jagd oder als Waffe eingesetzt, so mussten sie nicht unbedingt wieder zum Werfer zurückkehren, so wie wir es heute kennen. Solche Bumerangs wurden von den Aboriginals nur als Kinderspielzeug oder Trainingsgerät verwendet.

123 | Wie funktionierte das ORAKEL VON DELPHI?

Über Jahrhunderte hinweg suchten Privatleute wie Könige aus der gesamten griechischen Welt Rat bei dem Orakel zwischen steilen Hängen nördlich des Golfs von Korinth. Die Weissagungen halfen bei allen möglichen Fragen, von Stadtgründungen bis hin zur Bestattung von Toten. Die Hochzeit des Orakels war vom 6. bis 4. Jahrhundert v. Chr. Das Orakel war Teil eines Apollontempels, gewidmet dem Gott des Lichts, der Heilung, der Weissagung und der Künste.

Innerhalb dieses Heiligtums gab es einen verborgenen Raum, das Adyton. Hier saß die Pythia, die Priesterin des Apollon, auf einem Dreifuß über einer Erdspalte und empfing den Orakelspruch des Gottes. Sie gab die Botschaft an Priester weiter, die die Worte für denjenigen umformulierten, der das Orakel befragt hatte. Ob oder wie die Priesterin in eine Art Trance versetzt wurde, ist umstritten. Immerhin konnten an jenem Ort Gase wie Ethan und Methan nachgewiesen werden, die die Pythia möglicherweise benommen gemacht haben. Auch das Kauen von Lorbeerblättern und Wasser aus einer heiligen Quelle sollen Inspiration gebracht haben. Zunächst fanden Weissagungen nur an einem einzigen Tag im Jahr statt, doch bald wurde der Andrang so groß, dass zumindest im Sommer einmal im Monat »Sprechstunde« war. Für Delphi waren die Prophezeiungen überaus lukrativ, denn jeder Klient musste für sein Gesuch zahlen. Die Antwort auf seine Frage war meist zweideutig formuliert: So konnte das Orakel gar nicht falsch liegen.

124 | Was sind die japanischen *Klanglandschaften?*

In Japan genießt ein ganz besonders empfindliches Umweltphänomen besonderen Schutz: die Klanglandschaft. In den 1990er-Jahren ließ die japanische Umweltbehörde mit einigem Aufwand sogar eine Liste der 100 wichtigsten nationalen Klanglandschaften erstellen – als Manifest gegen all den bedeutungslosen Lärm, der die Umwelt akustisch »verschmutzt«. Die Vorschläge für die wichtigsten Japanklänge lieferte die Bevölkerung: Hunderte Klangbeispiele aus allen Teilen des Landes kamen auf diese Weise zusammen. In der endgültigen Auswahl sollte die Natur Japans im Wandel der Jahreszeiten akustisch enthalten sein, aber auch das kulturelle Erbe mitsamt den vielen Handwerkstraditionen. Ein Expertengremium lauschte und prüfte das Material drei Jahre lang, bis 1997 die Liste stand. Sie umfasst Klänge unterschiedlichsten Ursprungs, vom tropfenden Wasser bis zum ratternden Webstuhl, von knirschenden Eisbrocken bis zum berühmten »singenden Sand« am Strand von Kotohiki, der seltsam quietscht, wenn man darauf herumhüpft. Selbstverständlich stehen auch die legendären Zikaden vom Yamadera-Tempel im Südosten Japans auf der Liste: Mit ihren schrillen Tönen inspirierten diese Tiere schon im 17. Jahrhundert den japanischen Dichter Matsuo Basho zum berühmten »Zikaden-Haiku«.

125 | Was plant Norwegen gegen FAKE-FOTOS?

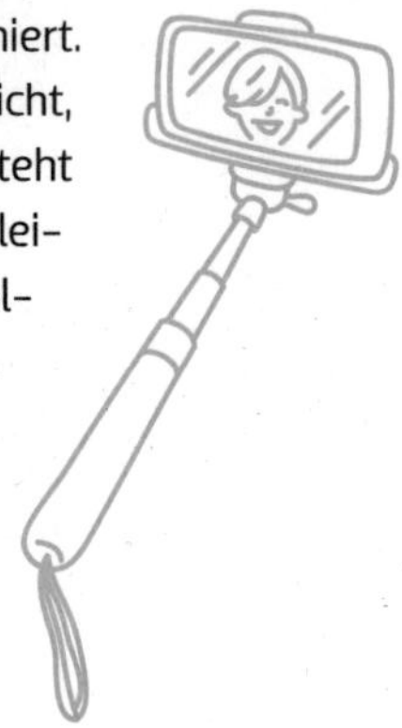

Bilder im Internet zeigen makellose Gesichter und durchtrainierte Körper – und sind oft aufgehübscht und retuschiert. Wer sich als junger Mensch mit diesen Fake-Fotos vergleicht, wird schnell unzufrieden mit dem eigenen Körper. Es entsteht der Stress, dem Ideal nacheifern zu müssen. In Norwegen leiden immer mehr Kinder und junge Erwachsene unter solchem »kroppspress«, auf Deutsch etwa »Körperdruck«. Das norwegische Parlament hat deshalb im Juni 2021 ein Gesetz beschlossen, wonach Fotos, auf denen Änderungen etwa an der Körperform oder der Haut von Menschen stattfanden, mit einem Logo gekennzeichnet werden müssen. Wer auf entsprechende Änderungen auf Bildern nicht hinweist, dem drohen Bußgelder.

126 | Wo gibt es einen TRESOR für LIEBESBEWEISE?

Der kleine slowakische Ort Banská Štiavnica ist stolz auf einen ganz besonderen Sohn der Gemeinde: Andrej Sládkovič reimte dort einst ein Gedicht mit 290 Strophen, bestehend aus 2900 Versen voller Liebe: offiziell das längste Liebesgedicht der Welt. Sládkovič begann damit 1844 und wurde 1846 fertig. Da war seine Angebetete schon fast ein Jahr verheiratet. Denn ihre Eltern hatten sie gezwungen, statt des armen Poeten einen reichen Fabrikanten zu ehelichen. Marína Pischlová hieß sie, und in ihrem Wohnhaus hat der Verein »Epizentrum der Liebe« inzwischen eine »Liebesbank« eingerichtet: einen Tunnel mit einer Art Tresorraum, der 100 000 »Schließfächer« enthält. Das entspricht der Zeichenzahl des Gedichts. Die Fächer sind außen mit dem kompletten Gedicht beschrieben, sodass man auch von einem »begehbaren Gedicht« sprechen kann. Verliebte können die Fächer mieten, um dort ihre Erinnerungen einzuschließen. Die echte unglückliche Liebe zwischen Sládkovič und Pischlová könne es mit der erfundenen von

Romeo und Julia allemal aufnehmen, findet Katarína Javorská, die Sprecherin des Vereins. Das kleine Banská Štiavnica verdiene es, in einem Atemzug mit den Liebesmetropolen Verona, Venedig oder Paris genannt zu werden. Die Liebes-Schließfächer können für 100 Euro »auf ewig« gemietet werden. Pessimisten können sich für die Option »ein Jahr für 50 Euro« entscheiden und danach für 10 Euro pro Jahr verlängern. Ein bisschen unromantisch, aber einträglich für den Ort.

127 | Wie viele DREILÄNDERECKE gibt es?

Weltweit gibt es mehr als 170 Dreiländerecke, die allerdings etwa zur Hälfte in Gewässern liegen: Flüsse, Seen und Küsten sind häufig natürliche Grenzen. Je weniger Nachbarstaaten, desto weniger Dreiländerecke, logisch. So ist an den US-Grenzen kein einziges Dreiländereck zu finden. In Europa dafür umso mehr: An 47 Punkten stoßen drei Staaten aneinander. An Deutschlands Grenzen gibt es sieben. Ein echtes Dreiländereckphänomen ist Österreich: Als komplett eingeschlossener Binnenstaat kommt das Land auf insgesamt neun dieser Grenzpunkte. An der Grenze mit Slowenien und Italien heißt sogar der Grenzberg Dreiländereck. Am nördlichsten Dreiländereck der Welt treffen Schweden, Norwegen und Finnland aufeinander. Ein gelber Betonpoller markiert den Punkt.

128 | Wo kann man den BUNDESADLER lächeln sehen?

Als nach der Wiedervereinigung das Reichstagsgebäude für den Umzug des deutschen Parlaments nach Berlin umgestaltet wurde, sollte eigentlich der von dem Bildhauer Ludwig Gies geschaffene Bundesadler mit umziehen. Er hatte seit Jahrzehnten von der Stirnseite des Bonner Plenarsaals auf die Abgeordneten herabgeblickt. Das wegen seiner üppigen Form auch »Fette Henne« genannte Symbol war aber aus Gips, ein Transport damit ausgeschlossen. Deshalb musste ein Ersatzvogel her. Der Architekt des »neuen« Bundestags, Norman Foster, wollte das Wappentier eigentlich verschlanken, aber dagegen wehrten sich die Gies-Erben – erfolgreich. Fosters Kompromiss: Er gestaltete den Adler optisch leichter und ließ ihn an einer Glaswand schweben. Da er nun auch von hinten zu sehen ist, gab der Architekt ihm zwei Gesichter: Die dem Plenum zugewandte Seite zeigt sein ursprüngliches, ernst blickendes Profil. Der Rückseite verpasste der Architekt dagegen seine persönliche Note: Der Adler scheint dezent zu lächeln.

129 | Wo kann man **EINE NACHT** in einer **RIESENHÖHLE** verbringen?

Das Hölloch im Zentralschweizer Muotatal ist das größte Höhlensystem Westeuropas: 207 Kilometer begehbare Gänge ergab die Vermessung. In seinen Gängen wurden 56 Tierarten nachgewiesen. Das über Jahrhunderttausende durch Sickerwasser im Karstgestein entstandene Röhrennetz ermöglicht auch Trekkingabenteuer. Es gibt geführte Touren bis tief ins Höhlensystem, durch unterirdische Wasserfälle und über Spalten, die nur per Seil zu überwinden sind. Und als einmaliges Highlight können die Besucher bei einer speziellen Tour auch mitten in der Höhle übernachten. Dafür geht man mehrere Stunden in den Berg hinein. Dabei überquert man einen See per Gummiboot, bezwingt eine 40 Meter hohe Wand via Eisenleiter, schiebt sich samt Rucksack durch Spalten und wandert kilometerweit durch felsiges Terrain. Der Lohn ist ein überraschend komfortables Nachtquartier, dessen Aufenthaltsbereich samt Esstisch sich von Karbonitlampen erhellen lässt und in dessen Lager bis zu 15 Leute ihren Schlafsack ausrollen können.

130 | Wo liegen die **INSELN DER ENTTÄUSCHUNG**?

Die Îles du Désappointement sind eine winzige Gruppe von Atollen in Französisch-Polynesien, mitten im Pazifik. Heute leben dort rund 300 Menschen. Das klingt eigentlich nach schönem Urlaub. Doch der Legende zufolge soll das Ferdinand Magellan ganz anders gesehen haben. Er streifte die Inseln 1519 und dachte sich: »Hier fülle ich meine Schiffsvorräte auf!« – und war dann sehr enttäuscht, dass er dort kein Wasser fand. Einer zweiten Überlieferung nach geht der Name auf John Byron zurück. Der Weltumsegler wurde 1765 von den Inselbewohnern so unfreundlich empfangen, dass er enttäuscht weitersegelte. Eine weitere »Disappointment Island« liegt bei Neuseeland. Berühmt-berüchtigt ist sie nur wegen zweier Schiffsunglücke ganz in der Nähe: Beide Male wurden die Gestrandeten – wenn auch erst spät – hier aufgelesen. Eine Enttäuschung erlebten sie also nicht.

131 | Was bedeuten die BRAUNEN SCHILDER an den AUTOBAHNEN?

Auf die »Pfefferkuchenstadt Pulsnitz«, das »Hopfenland Hallertau« und den »Naturpark Nuthe-Nieplitz« weisen sie genauso hin wie auf das »Baumschulgebiet Kreis Pinneberg«. Offiziell heißen die rund zehn Quadratmeter großen Hinweisschilder »touristische Unterrichtungstafeln«. Das erste deutsche Exemplar wurde 1983 an der A8 bei Stuttgart aufgestellt, um auf Burg Teck hinzuweisen. Die Farben Braun und Weiß wurden gewählt, weil sie die Autofahrenden am wenigsten von den wirklich wichtigen Schildern ablenken. Mehr als 3400 Schilder mit rund 1800 Motiven stehen heute entlang deutscher Autobahnen – eine Handvoll auch an Bundesstraßen. Eine Umfrage ergab: Jeder sechste ist schon mal spontan dem Hinweis auf ein besonderes Reiseziel gefolgt, zwei Drittel konnten sich an konkrete Schilder erinnern, und so mancher hat sich Hinweise für spätere Ausflüge gemerkt. Die Auswahl der beworbenen Orte liegt bei den Landkreisen und Kommunen.

132 | WARUM werden in der Schweiz UNTERHOSEN VERGRABEN?

Manchmal geht die Wissenschaft unkonventionelle Wege. Ein Agrarökologe von der Universität Zürich ließ Unterhosen vergraben, um herauszufinden, wie es um die Qualität der Böden bestellt ist. Er beschäftigt sich mit Kleinstlebewesen wie Pilzen und Bakterien im Untergrund, deren Vielfalt durch intensive

Landwirtschaft stark bedroht ist. Dabei ließ er sich von 1000 Ehrenamtlichen helfen. Jeder sollte zwei weiße Unterhosen aus Biobaumwolle auf einer Wiese, einem Acker oder im Garten vergraben. Die Hypothese: Je belebter der Boden ist, desto schneller werden Bakterien und Pilze die Baumwolle zersetzen. Ihre eigenen Unterhose dürfen die Teilnehmer aber nicht verbuddeln, denn damit die Ergebnisse vergleichbar bleiben, muss immer das gleiche Modell verwendet werden. Normalerweise werden für solche Tests standardisierte Teebeutel vergraben. Doch der Forscher sagt, Unterhosen erfüllen den Zweck genauso – und kämen bei einem Mitmachprojekt besser an.

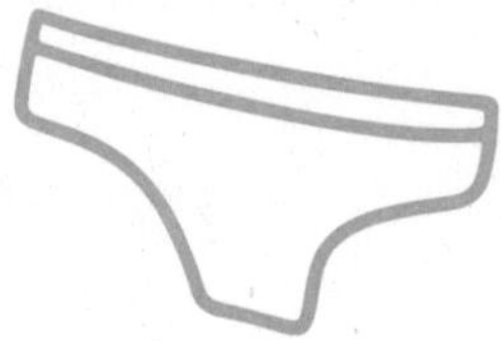

133 | Wem gehören die KUNSTWERKE in den KIRCHEN?

Die Kunstwerke in der Kölner Domschatzkammer sind viele Millionen Euro wert – aber wem gehören sie? Sie gehören dem Kölner Dom. Und wem gehört der Dom? Nicht etwa dem Bischof, der Kirche oder gar dem Papst, sondern sich selbst. Während die typische Dorfkirche dem kirchlichen Immobilienbesitz zugerechnet werden darf, ist der Dom im Besitz der »Hohen Domkirche zu Köln«. Weil dieses juristische Konstrukt aber nicht selbst öffentlich auftreten kann, wird es vom »Metropolitankapitel« oder auch »Domkapitel« vertreten. Das sind 16 Domherren, an deren Spitze derzeit Monsignore Guido Assmann steht. In Italien, wo rund 90 Prozent aller Kirchenkunstwerke der Welt aufbewahrt sind, kümmert sich das Innenministerium mit der Abteilung »Fondo edifici di culto« als juristische Person um die Kirchen und ihre Kunstwerke. Und der Petersdom »gehört« dem Papst. Er könnte die Sixtinische Kapelle verkaufen – aber das ist wirklich eine sehr theoretische Vorstellung.

134 | Warum SCHNEIT es im OZEAN?

Schaut man sich einen Tropfen aus der oberen Wasserschicht der Meere unter dem Mikroskop an, dann wimmelt es dort von pflanzlichen Einzellern. Diese Mikroalgen, genannt Phytoplankton, bilden die Grundlage nahezu allen Lebens im Ozean. Sie werden von winzigen Krebstierchen, dem Zooplankton, gefressen – das wiederum in den Mägen von Fischen, Pinguinen oder Bartenwalen landet. Außerdem ernähren die Algen eine Vielzahl von Bodenbewohnern. Denn im Ozean fällt ein stetiger Partikelregen aus abgestorbenem Phytoplankton sowie den Ausscheidungen des Zooplanktons vom sonnigen Oberflächenwasser in die Tiefsee. Weil die Mikroalgen dabei zu großen Flocken verkleben, sprechen Forscher von »Meeresschnee«. Er ist unter anderem eine Futterquelle für Seegurken, Seesterne oder Schwämme.

Doch das Phytoplankton reguliert auch das Klima der Erde. Denn die absinkenden Algenpartikel deponieren in den unteren Stockwerken der Meere große Mengen Kohlendioxid, die das Phytoplankton bei der Fotosynthese in Biomolekülen fixiert hat. Erreicht die flockige Algenbiomasse Tiefen von mehr als 1000 Metern, dann ist das Kohlendioxid für mehrere Hundert Jahre im Ozean gespeichert. Berechnungen zufolge wäre der Gehalt des Treibhausgases in der Atmosphäre ohne diese untermeerischen Schneefälle fast doppelt so hoch. Zu den besonders »schneereichen« Gebieten gehören die Gewässer vor der Küste Westafrikas und der Westküste Südamerikas.

135 | Seit wann gibt es **RADWEGE**?

Schon 1897 – moderne Fahrräder existierten da noch keine zehn Jahre – forderten Radfahrer eigene Wege, weil sie auf den Pflasterstraßen der Städte schlecht fahren konnten. Auch viele Landstraßen waren Staubpisten voller Pferdemist. Deshalb gründeten sich Radfahrvereine, die neben oder in der Mitte der Fahrbahn Streifen aus Kohlenschlacke oder kleinen Steinchen anlegen ließen, oft auf eigene Kosten. In Bremen gab es die ersten solcher Streifen 1897. Einige dieser privaten Radwege durften nur gegen eine jährliche Gebühr genutzt werden. Als sich Ende der 1920er-Jahre das Radfahren zum Massenphänomen entwickelte – 1927 sollen zwölf Millionen Radler unterwegs gewesen sein –, kam es zu immer mehr Unfällen. Jetzt begannen Städte, systematisch Radwege zu bauen. Ein Boom folgte ausgerechnet unter den Nationalsozialisten: Sie ließen im großen Stil Radwege anlegen, damit die Straßen für Autos frei wurden und Deutschland sich als modernes Verkehrsland präsentieren konnte.

136 | Wieso zahlt auf **HELGOLAND** niemand **MEHRWERTSTEUER**?

Deutschlands einzige Hochseeinsel hat einige eigene Gesetze, etwa das Fahrradfahrverbot. Eine weitere Besonderheit: Hier sind alle Waren und Dienstleistungen 7 oder 19 Prozent billiger als im Rest Deutschlands. Zumindest theoretisch, denn letztlich liegt die Preisgestaltung beim einzelnen Dienstleister oder der einzelnen Händlerin. Auf jeden Fall aber kennt man auf der Insel keine Umsatz- oder Mehrwertsteuer. Das Privileg geht zurück auf Queen Victoria, die sich damit bei den damals britischen Helgoländern dafür bedankte, dass das Empire die Insel von 1808 bis 1813 als Schmuggelplatz gegen Napoleons Kontinentalsperre nutzen durfte. Die Einwohner sollten ihre eigenen Zölle erheben können und damit ihren Haushalt bestreiten. Als die Insel 1890 zum Deutschen Reich kam, wurde das Prinzip beibehalten. Bis heute zählt Helgoland weder zum Zollgebiet der Europäischen Union noch zum deutschen Steuergebiet.

137 | Kann man in Hotels mit KRYPTOWÄHRUNG bezahlen?

Kryptowährungen haben es zum Massenphänomen geschafft. Manche schwärmen gar vom Zahlungsmittel der Zukunft. Darunter Oliver Winter, Chef der Kette A&O Hotels and Hostels, die mit mehr als 28 500 Betten zu den größten Anbietern Europas zählt. Er schätzt die digitale Währung als zusätzliches bequemes Angebot. Kunden können zusätzlich auch »Bitpay« wählen, Die Bezahlung erfolgt dann über die digitale Geldbörse der Kunden, das sogenannte Bitcoin-Wallet. Das geht auch vom Tablet oder vom Smartphone aus in Sekundenschnelle. Und da kein externer Dienstleister wie etwa eine Bank nötig ist, entfallen zusätzliche Transaktionsgebühren. Auch die hohe Sicherheit der Bitcoin-Technologie wird als Pro-Argument angeführt. Gegenargumente – etwa die Unbeständigkeit des Kurses sowie die schlechte CO_2-Bilanz der Währung durch den hohen Stromverbrauch der Rechner beim Generieren der digitalen Bitcoins – scheinen dem Erfolg bislang keinen Abbruch zu tun.

138 | Wo tanzen die FEUERTEUFEL?

Es geht traditionell wild zu, wenn auf Mallorca die Teufel mit ihren Furcht einflößenden Masken unterwegs sind. Sie speien Flammen und tanzen wild an brennenden Scheiterhaufen vorbei durch die Menge. Die sogenannten Dimonis sind fester Bestandteil der winterlichen Patronatsfeste zu Ehren des heiligen Antonius am 17. Januar. Am Vorabend vertreiben die Dimonis mit ihren mythischen Feuertänzen, Correfocs genannt, die bösen Geister. Sie verbrennen dabei Puppen und Bildnisse des Teufels. Um die Feuerstellen herum werden Lieder auf den heiligen Antonius gesungen, begleitet von Trommlergruppen. Diese Tradition – nicht die modernere Variante mit dem zusätzlichen Grillen von mitgebrachtem Fleisch an den Feuerstellen – soll laut Historikern schon auf heidnische Ursprünge zurückgehen. So gilt der Teufel als Gegenspieler des heiligen Antonius, der als Schutzpatron der Nutztiere verehrt wird. Deshalb lassen die Mallorquiner auch am 17. Januar ihre Tiere segnen.

139 | Stehen LUFTSCHIFFE vor einem COMEBACK?

Das könnte im Zuge des Klimawandels durchaus sein, denn mit einem Zeppelin lassen sich Menschen und Fracht deutlich umweltfreundlicher bewegen als mit Flugzeugen. Selbst mit Dieselmotoren verursachen sie rund drei Viertel weniger CO_2-Emissionen. Dass sich Zeppeline sogar auf einen vollständig klimaneutralen Antrieb umrüsten lassen, möchte die britische Firma Hybrid Air Vehicles mit dem »Airlander 10« beweisen. Zunächst mit einem Hybridantrieb, im nächsten Schritt sollen dann alle vier Motoren elektrisch betrieben werden. Der »Airlander 10« soll ab 2028 kommerziell verfügbar sein. Er gilt mit 92 Meter Länge und 43 Meter Breite als das längste Fluggerät der Welt und soll eine Strecke von 7400 Kilometern zurücklegen können. Da er aber nicht schneller als 150 km/h fliegt, sind Luftschiffe für kurze und mittlere Strecken attraktiver. Genau genommen ist das Gefährt übrigens gar kein Zeppelin, sondern ein »Blimp« oder auch »Prallluftschiff«: Er kommt ohne eine tragende Metallkonstruktion in der Hülle aus. Im Grunde ist er also ein zigarrenförmiger Ballon mit Kabine.

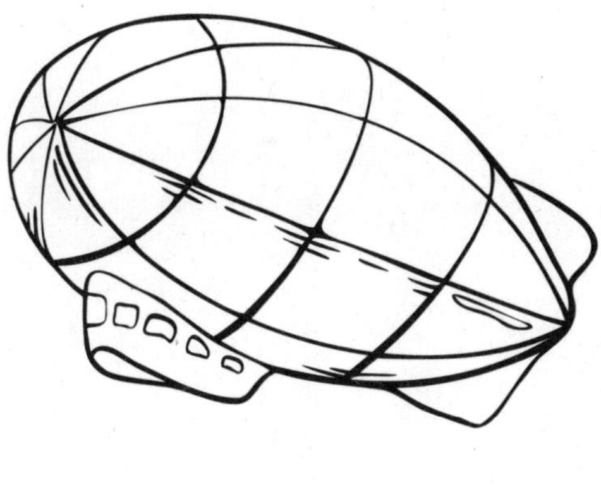

140 | Woher haben die KONTINENTE ihre NAMEN?

Der Begriff »Kontinent« bedeutet, übersetzt aus dem Lateinischen, »zusammenhängendes Land«. Die Erdteile sind auf unterschiedlichste Weise zu ihren Namen gekommen. Der Begriff »Arktis« zum Beispiel geht zurück auf das griechische Wort für Bär, »arktos«. Der Name heißt übersetzt in etwa »Land unter dem Großen Bären « – und »Antarktis« treffenderweise »der Arktis gegenüber«. Die Herkunft von »Asien« ist auch gut erforscht. Das Wort stammt wahrscheinlich vom assyrischen »assu«, das bedeutet »Sonnenaufgang« oder »Osten «. Warum? Für die antiken Assyrer lag Asien im Osten, wo die Sonne aufgeht. Ähnlich verhält es sich möglicherweise mit »Europa«: Das Wort könnte mit dem griechischen »erebos«, »Finsternis«, verwandt sein. Übertragen stünde es für das Abendland, wo die Sonne untergeht. Bekannter ist jedoch die Geschichte der Königstochter Europa, die der Göttervater Zeus entführte und nach Kreta brachte. Ihr Name wird seit dem 5. Jahrhundert v. Chr. für den Kontinent verwendet. Bei »Australien« ist es wieder einfach: Der Name stammt vom lateinischen »Terra Australis«, das heißt »südliches Land«. Afrika ist zwar auch im Süden, aber über die Herkunft des Namens gibt es viele Theorien. Eine davon besagt, dass die Römer ursprünglich mit »Africa« nur eine Provinz im heutigen Tunesien bezeichneten, benannt nach dem dortigen Stamm der Afri. Der Begriff soll sich dann erweitert haben. Bei »Amerika« wiederum ist der Ursprung klar. Der Kontinent wurde 1507 nach dem italienischen Seefahrer Amerigo Vespucci benannt, und zwar vom deutschen Kartografen Martin Waldseemüller. Der schuf damals eine Weltkarte, auf der Amerika erstmals als eigener Kontinent zu sehen war. Er benutzte die weibliche Form von Amerigo, da alle damals bekannten Kontinente – Europa, Asia und Afrika – weibliche Endungen hatten.

141 | Welches ist **DIE ÄLTESTE** noch bestehende **REPUBLIK** der Welt?

San Marino ist nicht nur eines der kleinsten, sondern auch eines der reichsten Länder der Welt, gemessen am Bruttoinlandsprodukt. In der Enklave nahe Rimini leben knapp 34 000 Menschen auf rund 61 Quadratkilometern. Der Ministaat ist Mitglied der Vereinten Nationen und des Europarats, nicht jedoch der Europäischen Union. Die Währung ist der Euro. Der Legende zufolge gründete der heilige Marinus zu Beginn des 4. Jahrhunderts den Ort. Aus dem Jahr 885 ist ein Dokument überliefert, demzufolge San Marino noch nie unter fremder Herrschaft stand. Auch in den folgenden Jahrhunderten bewahrte San Marino immer die Unabhängigkeit, selbst Napoleon erkannte das an. Die Grundzüge der Verfassung von 1600 gelten noch heute, sie ist damit die älteste noch gültige republikanische Verfassung der Welt. In ihr ist eine parlamentarische repräsentative Demokratie festgeschrieben. Eine Besonderheit sind die beiden gleichberechtigt regierenden Staatsoberhäupter, die Capitani Reggenti, die alle sechs Monate vom Parlament neu gewählt werden. Dies verlang ein Gesetz aus dem Jahr 1200, damit nicht zu lange zu viel Macht in einer Hand liegt.

142 | Welche Länder haben **MEHRERE** offizielle **NATIONALHYMNEN**?

Tatsächlich haben Dänemark und Neuseeland jeweils zwei offizielle Nationalhymnen. Zunächst zu Dänemark: Die Landeshymne »Der er et yndigt land« (»Es gibt ein liebliches Land«) von Adam Oehlenschläger (Text) und Hans Ernst Krøyer (Musik) wurde 1844 von Studierenden gesungen und dadurch populär. Die ältere königliche Nationalhymne »Kong Christian stod ved højen mast« (»König Christian stand am hohen Mast«) stammt von 1779 und wurde 1828 vom deutsch-dänischen Komponisten Friedrich Kuhlau überarbeitet. Wie der Titel verrät, ist sie König Christian IV. (1577–1648) gewidmet. Immer wenn bei offiziellen Anlässen Mitglieder des Königshauses oder der Regierung anwesend sind oder Mitglieder der Regierung eines Gastlandes teilnehmen, wird diese Königshymne gespielt. Außerdem bei Flottenbesuchen und Militärsportveranstaltungen. Bei allen anderen Anlässen wird die Landeshymne gespielt.

In Neuseeland hat neben »God Defend New Zealand« auch die britische Hymne »God Save the King« den Status einer offiziellen Nationalhymne. Den Text zu »God Defend New Zealand« schrieb Thomas Bracken (1843–1898), die Melodie 1876 John Joseph Woods. Bei offiziellen Anlässen wird nur die erste Strophe gesungen: erst auf Maori, dann auf Englisch. Die Versionen sind sinngemäß ähnlich, aber keine wörtlichen Übertragungen. Die zweite Nationalhymne, »God Save the King«, wird ungefähr seit 1800 verwendet. Ihr Autor soll der englische Dichter und Komponist Henry Carey sein. Australien verwendete ebenfalls lange »God Save the King«, führte aber 1984 »Advance Australia Fair« ein, verfasst von Peter Dodds McCormick und 1878 uraufgeführt. Der Text wurde zum 1. Januar 2021 angepasst, um sich deutlicher von England abzugrenzen und weder Frauen noch Ureinwohner zu diskriminieren. Auch Schottland, Wales und Nordirland haben eigene Landeshymnen – deren Status ist aber lediglich inoffiziell.

143 | Wo ist fast **ALLES AUS EIS?**

Ein Platz, an dem Fischer ihre Netze trocknen: Das bedeutet »Harbin« in der Sprache der Mandschu, eines Volks im Nordosten Chinas. Ein solcher einstiger Trockenplatz am mächtigen Fluss Songhua hat sich inzwischen zu einer Zehn-Millionen-Einwohner-Metropole entwickelt. Harbin ist ein wichtiges Zentrum im Nordosten Chinas. Im Winter ist es außerdem das Zentrum der Welt für Eis- und Schneeskulpturen. Das »Harbin International Ice and Snow Sculpture Festival« gilt als das größte Festival dieser Art. Von Anfang Januar bis Ende Februar glitzern in der ganzen Stadt kleine und riesengroße Skulpturen, gewaltige Gebäude und bizarre Fantasiegestalten. Alles aus Eis. Bei Dunkelheit sind sie spektakulär beleuchtet. Gewonnen wird das Eis aus der gefrorenen Oberfläche des Songhua. Mit Schwingsägen wird es in Blöcke geschnitten, und mit Eispickeln, Meißeln und Sägen formen die Teams eine funkelnde Wunderwelt und wetteifern um Auszeichnungen und Pokale.

144 | Wo findet man MEHR ALS 500 leer stehende SCHLÖSSER?

Jeder der Bauten mag ein Traum sein für Fans von Luxusimmobilien: drei Stockwerke, von gotischer Architektur inspirierte Erker und einen Turm, der dem Galataturm in Istanbul nachempfunden ist. Von Weitem allerdings wird das alles surreal, ein ganzer Haufen von Schlössern, die dicht an dicht stehen. Nahe der türkischen Stadt Mudurnu befindet sich das exklusive Dorf Burj Al Babas mit Hunderten Villen, die identisch aussehen – und allesamt unbewohnt sind. Die Siedlung sollte vor allem wohlhabenden arabischen Touristen luxuriöse, schlossartige Ferienhäuser bieten. Geplant war zudem ein Shoppingkomplex mit Moschee, Kino, türkischen Bädern und anderen Wellness-Angeboten. Der Bau begann 2014, doch 2018 war der Baukonzern bankrott. Teile der Kundschaft hätten nicht wie versprochen bezahlt, zudem spielten fallende Ölpreise eine Rolle sowie die instabile politische Lage in der Türkei. Von 732 Häusern wurden 587 errichtet, aber keines fertiggestellt. Heute ist Burj Al Babas eine Geisterstadt. Und eine Touristenattraktion.

145 | Wo regieren KIRCHE und STAAT GLEICHBERECHTIGT?

Das kleine Fürstentum Andorra in den Pyrenäen ist ein demokratischer Staat in Form einer parlamentarischen Monarchie. Soweit nichts Ungewöhnliches. Aber: Es gibt zugleich einen regierenden Bischof. Am 8. September 1278 einigten sich der Bischof von Urgell und der Graf von Foix, das Fürstentum in den Pyrenäen gemeinsam und gleichberechtigt zu regieren. Später gingen die Rechte der Grafen auf das französische Staatsoberhaupt über, und noch heute sind der Präsident im Élysée-Palast und der nordspanische Bischof nominell oberste Instanz. Zudem wird ein andorranischer Regierungschef gewählt. Seit mehr als 700 Jahren kommt das kleine Land mit dieser Doppelspitze gut klar. Und der 8. September war und ist der Nationalfeiertag Andorras.

146 | Wo tanzen **MUSLIME** in Deutschland den **SIKR**?

Bis zu zehn Stunden lang tanzen die Männer im Kreis. Im Obergeschoss eines ehemaligen Industriebaus im Berliner Wedding, im Deutsch-Nordkaukasischen Sozial- und Kulturzentrum, tanzen Tschetschenen den Dhikr (oder Sikr). Der nordkaukasische Scheich Kunta Haddschi Kischijew rief während des Kaukasuskriegs (1817–1864) die Tschetschenen und Inguschen zu einer friedlichen Haltung gegenüber Russland auf. Er gründete eine neue sufische Bewegung. Der Sufismus ist eine mystische Richtung im Islam und versucht, die Trennung von Gott und Mensch zu überwinden, zum Beispiel durch Tanz. Kunta Haddschi und seine Anhänger reicherten das sufische Gebetsritual mit Musik und Tanz an. Tanzen und Singen halten viele ultrafromme Tschetschenen eigentlich für unislamisch. Doch jene, die hier den Sikr im Kreis tanzen, stören sich nicht daran. Sie wiederholen mantraartig Koranverse und Loblieder auf den Propheten und nähern sich dadurch der Ekstase. Sie wollen damit Gott näherkommen.

147 | Darf ich **GEFÄLSCHTE PRODUKTE** mit nach Hause bringen?

Zu billig, um wahr zu sein: Das ist das Erkennungsmerkmal gefälschter oder plagiierter Produkte, wie sie Reisenden in vielen Ländern angeboten werden. Bei einer Fälschung wird versucht, ein Markenprodukt möglichst originalgetreu nachzuahmen, bei einem Plagiat sind Markenname und Produkt in Details abgewandelt. Mit der Qualität hapert es bei beiden. Juristisch ist das kein Problem: Nach deutschem Recht ist der Kauf für den privaten Bedarf nicht strafbar. Da man naturgemäß bei fliegenden Händlern keine Quittung bekommt, wird der Wert der Ware vom Zoll geschätzt. Eine Fake-Rolex und ein paar gefälschte T-Shirts oder Jeans sollten kein Problem darstellen, da geschulte Zöllnerinnen und Zöllner die Fälschungen identifizieren und gängige Preise kennen. Probleme bekommt jedoch, wer falsche Rolex-Uhren oder Gucci-Handtaschen gleich im Dutzend durch den Zoll schleusen will. Das sieht dann nämlich nach gewerbsmäßigem Handel aus.

148 | Was sind die VIER ZIPFELORTE?

List, Selfkant, Görlitz und Oberstdorf markieren als »Zipfelorte« Deutschlands äußerste Punkte in allen vier Himmelsrichtungen. Seit 1998 bilden sie »Zipfelbund«. Dabei könnten die regionalen Unterschiede kaum größer sein: Dünen prägen das Natur- und Vogelschutzgebiet Lister Ellenbogen, den Nordzipfel. Deutschlands Südzipfel liegt auf fast 2000 Meter Höhe am deutsch-österreichischen Grenzstein 147 im Haldenwanger Eck bei Oberstdorf. Die Region Selfkant an der niederländischen Grenze zeigt viele alte Windmühlen, Bäche und Auwälder. Hier wird der westlichste Punkt in Isenbruch markiert, durch eine Bronzetafel an der Kreisstraße. Von da aus etwa 750 Kilometer ostwärts landet man im schönen alten Görlitz an der polnischen Grenze. Kleines Aber: Deutschlands östlichste Ecke liegt ein paar Kilometer weiter nördlich, in der Gemeinde Neißeaue. Görlitz ist aber die östlichste Stadt. Reisende können sich einen »Zipfelpass« ausstellen lassen, mit vier Rathausstempeln aus den vier Ecken der Republik.

149 | WO KANN MAN seinen eigenen LUXUSZUG mieten?

Stretchlimousinen, Jachten, Privatjets: Zu Wasser, zu Lande oder in der Luft ist fast alles mietbar. Nur bei Zügen ging lange Zeit nichts. Doch seit 2019 bietet der Mietzug »Luxon« zahlungskräftigen Kunden eine private Lok und Waggon auf Strecken nach Wunsch. Die Betreiber haben einem Domecar-Waggon aus den 1960er-Jahren ein Edel-Update verpasst und ihn in einen luxuriösen Salonwagen verwandelt, der sich für besondere Business-Events ebenso eignet wie für private Anlässe. Fahrgäste finden hier eine Bar, eine Lounge samt Sofabereich und darüber ein voll verglastes Panoramadeck. Und natürlich hochwertige Gastronomie. Bis zu 30 Personen können mitreisen – mit bis zu 200 Kilometern pro Stunde und durch ganz Europa, sofern die Spurweite der Gleise passt. Für Schnäppchenjäger ist das alles aber nicht geeignet.

150 | Warum sollen FLUGZEUGE nicht gleich nach dem START wieder LANDEN?

Wenn Ingenieure und Ingenieurinnen ein Flugzeug bauen, kalkulieren sie im Sinne der Kosteneffizienz ein, dass es bei der Landung deutlich leichter ist als beim Start, da das Kerosin einen Großteil des Gewichts ausmacht. Beim Landen wird die Karosserie viel stärker beansprucht als beim Abheben, weil es relativ abrupt erfolgt. Um Maschinen für Landungen bei voller Kerosinladung auszulegen, müssten sie viel stabiler gebaut werden. Grundsätzlich ist eine solche Landung zwar möglich, das Flugzeug bricht dabei nicht auseinander. Aber es darf eben auch nicht gleich wieder den nächsten Flug antreten, sondern muss zunächst gründlich durchgecheckt werden. Und das kostet Zeit und Geld. Darum kreisen Piloten in einem solchen Fall wenn möglich in der Luft, bis genügend Kerosin verbraucht ist, um das kalkulierte maximale Landegewicht zu unterbieten. Viele Langstreckenflugzeuge können auch über eine spezielle Düse Kerosin aus dem Tank ablassen – was natürlich auch Umweltschützer auf den Plan ruft. Für die Fluggesellschaft ist es aber deutlich günstiger, den teuren Treibstoff zu verschwenden, als am Boden eine komplette Inspektion durchzuführen zu müssen.

151 | Gibt es **MOBILE LADESTATIONEN** für unsere **E-AUTOS**?

Rund 20 Prozent der neu zugelassenen Autos in Deutschland sind E-Autos. Der Bedarf an Ladestationen wächst, vor allem auf dem Land. Autokonzerne und kleinere Spezialfirmen entwickeln deshalb neue Konzepte, wie man die Fahrzeuge besser mit Energie versorgen kann, ohne überall neue Leitungen verlegen zu müssen. Die Idee: Die Autos fahren nicht mehr zur Tankstelle, sondern die Tankstelle kommt zum Auto.So gibt es inzwischen kleinere mobile Wallboxen für den Privatgebrauch, die beispielsweise auf Reisen ideal sind. Größere Geräte können per Lkw an unterschiedliche Einsatzorte gebracht werden – zu Parkplätzen von Festivals, Sportveranstaltungen oder Messen. Ein anderes Konzept hat zum Beispiel Volkswagen entwickelt. Demnach sollen mit Akkus ausgestattete, autonom fahrende Roboter künftig zu geparkten E-Autos gerufen werden können, um sie an Ort und Stelle aufzuladen. Das würde jeden herkömmlichen Parkplatz zum potenziellen Ladepunkt machen.

152 | Wo liegt die größte **FISCH-BRUTKOLONIE** in den Weltmeeren?

Als Forschende des Alfred-Wegener-Instituts 2021 einen Kameraschlitten über den Grund des antarktischen Weddellmeers zogen, entdeckten sie Erstaunliches: Im Scheinwerferlicht tauchten etliche flache Mulden voller Fischeier auf. Über die Gelege wachten Eisfische, gut einen halben Meter lange Tiere mit breitem Maul und großen Brustflossen. In rund 500 Meter Tiefe war der Meeresgrund geradezu übersät mit den Gelegen. Geschätzte 60 Millionen Fischnester verteilten sich auf rund 240 Quadratkilometern. Antarktische Eisfische mit einer Masse von gut 60 000 Tonnen wachten dort über mehr als 100 Milliarden Eier. Es ist die Entdeckung der weltweit größten Fisch-Brutkolonie in einer der letzten fast unberührten Regionen im Ozean. Sie liegt am Rande des Filchner-Grabens, einer Tiefseerinne, die quer über das Kontinentalschelf im südlichen Weddellmeer verläuft. Eisfische ernähren sich von Krill und kleinen Fischen und bevölkern weite Teile der antarktischen Küstengewässer. Für ihren Nachwuchs gibt es in der nährstoffreichen Region reichlich Zooplankton.

153 | Wo in Deutschland leben WILDE PAPAGEIEN?

Wer nach Köln, Wiesbaden, Bonn oder Düsseldorf reist, wird bisweilen von ungeahnter Exotik überrascht, wenn ein Schwarm quietschgrüner Papageien kreischend durch die Lüfte kreist. Seit Jahren gehören Halsbandsittiche zur städtischen Vogelwelt, vor allem im Rheinland. Bereits 1969 wurde das erste Brutpaar in Köln beobachtet: Es waren Gefangenschaftsflüchtlinge aus Indien, die mit den Bedingungen in ihrer neuen Welt gut zurechtkamen. Heute leben rund 2700 Halsbandsittiche in Köln. Weitere Populationen gibt es in mindestens 25 deutschen Städten. Die rund 40 Zentimeter langen Tiere futtern Beeren, Blüten, Knospen und Samen. Im Frühjahr bauen sie ein Nest – bevorzugt in Stammhöhlen alter Laubbäume –, in das sie zwei bis sechs Eier legen. Abends sammeln sie sich in Schlafbäumen, dann herrscht eine Zeit lang Gezeter, was bereits zu Konflikten mit entnervten Anwohnern geführt hat. Doch die Vögel gehören inzwischen nun einmal zur Stadtfauna – die immer milderen Winter der vergangenen Jahre kommen ihnen entgegen. Inwieweit sie heimischen Vögeln Konkurrenz machen, ist noch nicht ganz geklärt.

154 | Warum wurde CHICAGO 1856 um bis zu 2,50 Meter ANGEHOBEN?

Chicago liegt am Ufer des Michigansees und des Chicago River. An den nördlichen und südlichen Ausläufern des Flusses erhob sich die Stadt einst nur etwa einen Meter über den Wasserspiegel. Auf dem sumpfigen Untergrund stauten sich Regen- und Abwasser und faulten. Die Folge waren Krankheiten: Typhus, Ruhr und Cholera. Deshalb beschloss die Stadt den Bau einer Kanalisation – die erforderte jedoch ein natürliches Gefälle. Also begann man Teile der Stadt höher zu legen. Fahrbahnen, Gehwege und freie Grundstücke wurden mit Erde aufgeschüttet. Gebäude aus Holz wurden ab 1856 entweder angehoben, abgerissen oder auf Rollen gesetzt und an den Stadtrand verschoben. Backsteinbauten anzuheben gelang erst 1858: Teleskopstützen stemmten in diesem Jahr gleich 50 massive Gebäude hoch. Bereits 1860 schafften es die Ingenieure, eine 100 Meter lange Häuserzeile mit einem Gesamtgewicht von etwa 30 000 Tonnen gleichzeitig anzuheben – und zwar bei laufendem Betrieb der Geschäfte und Büros. Fünf Tage lang bedienten 600 Arbeiter rund 6000 Teleskopstützen. Rund 20 Jahre dauerte es, Chicago um bis zu 2,50 Meter anzuheben.

155 | Welcher DEUTSCHE ORT darf sich KÖNIGREICH nennen?

Flieden ist kein Staat, kein Land, es hat nicht einmal Stadtrecht. Weder ein Schloss noch einen König gibt es. Trotzdem trägt der Ort als einziger in Deutschland den Beinamen »Königreich«. In der osthessischen Gemeinde im Landkreis Fulda leben knapp 9000 Menschen auf rund 50 Quadratkilometern. Der Titel »Königreich« war über Jahrzehnte nur ein regional bekannter Spitzname ohne offizielle Anerkennung, doch 1969 erhielt die Bezeichnung zumindest symbolisch amtliche Weihen: Da genehmigte der hessische Innenminister der Gemeinde Flieden, eine Krone in ihr Wappen aufzunehmen. Heute erinnert auch eine Königsstatue im Ort an den royalen Titel. Dessen historischer Ursprung bleibt allerdings unklar. Der ersten Geschichte zufolge entstand der Name, nachdem Flieden 1867 erstmalig eine Bahnanbindung nach Frankfurt erhielt. Angeblich pendelten bald darauf derart viele Einwohner des Orts zur Arbeit in die Stadt, dass ein Schalterbeamter konstatierte: »Flieden muss ja ein ganzes Königreich sein.« Die zweite Anekdote spielt um 1815, zur Zeit der Befreiungskriege gegen Napoleon. Damals meldeten sich junge Männer aus ganz Deutschland zum Kriegsdienst. Nach Namen und Herkunft befragt, nannten sie ihre Herkunftsländer: Königreich Sachsen, Königreich Westfalen, Königreich Preußen. Ein junger Soldat aus Flieden wusste aufgrund der instabilen politischen Verhältnisse und der wechselnden politischen Gebietszugehörigkeiten in Osthessen nicht genau, zu welchem Land sein Heimatdorf nun gerade gehörte. Nach kurzem Überlegen trat er vor und antwortete: »Johann Adam Klug, Königreich Flieden.«

156 | Wo kann man **SUP-BOARDS** aus dem Automaten leihen?

Der SUP-Container sieht ein bisschen aus wie eine Packstation in leuchtendem Türkis. In langen Fächern lagern hier Stand-up-Paddling-Boards samt Paddel – also jene Freizeitgeräte, die in den vergangenen Jahren so stark nachgefragt waren. Das Firmenkonzept des Anbieters Kolula sieht den personalfreien, voll automatisierten SUP-Board-Verleih vor. Und zwar da, wo es bislang keine herkömmlichen Verleihe gibt oder sich diese auch in Zukunft nicht rentieren würden: etwa bei kleineren Campingplätzen, Hotels oder Gastrobetrieben. Die können einen mobilen Container auf ihren Grund stellen und damit ihren Standort aufwerten. Die Handhabung ist ähnlich wie bei Carsharing, Mieträdern und E-Rollern: einfach im Internetportal eine Wunschzeit für die Vermietung buchen und dann das Brett an der ausgewählten Station per Klick auf einen E-Mail-Bestätigungslink entnehmen. Rund 30 deutsche Standorte sind schon am Start – Tendenz stark steigend.

157 | Welches Land **EHRT EINEN DICHTER** an seinem Nationalfeiertag?

Die meisten Länder ehren Politiker oder historische Ereignisse am höchsten Feiertag ihres Landes.

Nur ein einziges Land setzt einem Dichter mit dem Nationalfeiertag ein Denkmal: Portugal ehrt immer am 10 Juni Luís de Camões. Der Poet schuf im 16. Jahrhundert mit dem Versepos »Os Lusíadas« (»Die Lusiaden«) das berühmteste literarische Werk des Landes. Doch es war nicht allein die poetische Qualität des Textes, die aus Camões' Todestag, dem 10. Juni 1580, den »Dia de Portugal« machte. Es war auch der Inhalt, eine Verherrlichung portugiesischen Wagemuts, der in den Abenteuern von Vasco da Gama, dem Entdecker des Seewegs nach Indien, seinen Haupthelden fand.

So ist es nicht überraschend, dass der »Dia de Portugal« 1944 unter dem Diktator Salazar ins Leben gerufen wurde – damals noch als »Tag der portugiesischen Rasse«. Heute heißt er zurückgenommen »Tag von Portugal, Camões und der portugiesischen Welt«.

158 | Wo gibt es eine STRASSE aus PAPIER?

Ein echtes Sorgenkind auf dem Weg zu einer klimaneutralen Welt ist der Bausektor – und mit ihm auch der Straßenbau. Bei der Zementherstellung fallen etwa acht Prozent der weltweiten CO_2-Emissionen an, weit mehr als beim Flugverkehr. Eine tragfähige Alternative wären Straßen aus Papier, wie das EU-finanzierte internationale Projekt »Paperchain« zeigte. Hier wurde Papierasche aus nicht mehr recycelbarem Altpapier als Straßenbelag genutzt. Damit konnte die Herstellung von Baumaterial erheblich reduziert werden – zumindest auf der Teststrecke bei La Font de la Figuera im Norden Spaniens. Das Projekt war 2021 abgeschlossen und wurde bisher nicht fortgesetzt, doch die ersten Ergebnisse stimmten zuversichtlich für weitere Forschungen: Die Papierasche erfüllt alle technischen Voraussetzungen für den Straßenbau, genau wie Zement. Zukünftig könnten so zwischen 65 und 75 Prozent weniger CO_2-Emissionen anfallen als beim Einsatz herkömmlicher Baustoffe.

159 | Wie geht GENDERN in anderen Sprachen?

Die Ansprache »Liebe Leserin, lieber Leser« ist in Deutschland längst normal. Andere geschlechtergerechte Formulierungen wirken aber für viele noch lange nicht so selbstverständlich. Auch in anderen Ländern gibt es Diskussionen ums Gendern. Englisch hat dabei einen kleinen Vorteil: Es besitzt kein »der, die, das«. Und bei den Personalpronomen ist für eine Person unbekannten oder nicht binären Geschlechts inzwischen die neutrale Pluralform »they« auch im Singular erlaubt und beliebt. »They are a teacher« meint demnach eine Einzelperson unbestimmten Geschlechts. Viele romanische Sprachen hingegen unterscheiden noch minutiöser nach Geschlecht als das Deutsche. In der französischen oder spanischen Grammatik wiegt ein einziger Mann Tausende Frauen auf: Alle »elles« oder »ellas« werden dann zu »ils« beziehungsweise »ellos«. Anreden wie »Chers et chères« (»Liebe ...«) sind in Frankreich aber inzwischen gebräuchlich, Binnenpunkte, die unserem Genderstern entsprechen, hingegen offiziell verboten. In Spanien tauchen neutrale Ersatzendungen wie »-es« auf: Wirklich »alle« sind dann »todos, todas y todes«. Besonders leicht fällt Gendern in jenen Sprachen, die ganz ohne grammatikalisches Geschlecht auskommen – zum Beispiel Finnisch oder Estnisch. In Finnland ist man darauf inzwischen ziemlich stolz und findet, dass das neutrale finnische Personalpronomen zum internationalen Vorbild taugt: »Hän« bedeutet »sie« und »er« zugleich. Im Nachbarland Schweden hat sich das neutrale »hen« tatsächlich gegen »han« und »hon« (er/sie) durchgesetzt.

160 | Wonach RIECHT das Meer?

Noch bevor man das Rauschen der Wellen vernimmt oder das Wasser sieht, kann man es meist schon riechen: Das Meer lässt seinen unverkennbaren Duft über die Dünen wehen. Doch was genau kitzelt da unsere Nase? Das Wasser selbst kann es nicht sein, schließlich ist H_2O vollkommen geruchlos, ebenso der Hauptbestandteil im Meersalz, Natriumchlorid. Es ist vielmehr eine komplexe, sich ständig wandelnde Mischung aus organischen Aromen, die das Ozeanbukett prägen. Forschende haben darunter einen bestimmten Duftstoff entdeckt, der wie kein anderer nach Meer riecht. Gebildet wird er von Phytoplankton: von einzelligen Algen wie *Emiliania huxleyi*, die zu Abermillionen in den Ozeanen treiben. Mit bloßem Auge sind sie kaum zu sehen. Unbeachtet treiben sie in den Ozeanen. Bei Abbauprozessen innerhalb der Zelle, insbesondere wenn sie absterben und von Bakterien zersetzt werden, entsteht die Schwefelverbindung Dimethylsulfid, kurz DMS genannt. Und deren Aroma empfinden wir an der Küste meist als wohlriechend und typisch meeresfrisch. DMS ist ein faszinierender Stoff. Die einzelligen Algen nutzen es sogar, um eine Art Notruf abzusetzen: Wenn Krillschwärme über sie herfallen, tritt der charakteristische Geruch besonders stark zutage. Das riechen wiederum Albatrosse, Sturmtaucher und Sturmvögel und stürzen sich auf den Krill ins Wasser – und kommen so quasi den Algen zu Hilfe. Doch immer öfter verleitet der Duft die Vögel auch zu einem gefährlichen Irrtum: Plastikmüll im Meer wird von Phytoplankton besiedelt und duftet schon nach etwa drei Wochen nach DMS. Die Folge: Die Vögel fressen das Plastik – und verhungern, denn in ihren Mägen ist kein Platz mehr für richtige Nahrung.

161 | Wo liegt das **GRÖSSTE MOOR** der Erde?

Obwohl es ähnlich groß ist wie England, wurde es erst 2012 entdeckt: Das größte Torfmoor der Welt liegt unter dem tropischen Feuchtgebiet Cuvette Centrale im Kongobecken im Herzen Afrikas verborgen. Die Region im dichten Urwald ist sehr schwer zugänglich und kaum besiedelt. Tausende Gorillas, Schimpansen und Waldelefanten haben dort überlebt – Tiere, die andernorts vom Aussterben bedroht sind. An manchen Stellen des Gebiets ist die Torfschicht fast sechs Meter dick. Vor Kurzem wurde erstmals eine detaillierte Karte erstellt: Die Forscher errechneten eine Gesamtgröße von 145 500 Quadratkilometern. Der Fund ist auch deshalb relevant, weil Moore sehr effektive Kohlenstoffspeicher sind. Sie bedecken nur drei Prozent der weltweiten Landfläche, enthalten aber 30 Prozent allen Kohlenstoffs, der im Erdboden steckt. Wenn sie trockenfallen, wird der Kohlenstoff frei und verstärkt den Treibhauseffekt. Naturschützer drängen daher, das Moor unter Schutz zu stellen, um die einmalige Natur zu erhalten und das Klima zu schonen.

162 | Wo stand die **ÄLTESTE KIRCHE** Berlins?

Bislang galten drei Kirchen als Kandidaten für das älteste Gotteshaus auf Berliner Stadtgebiet: die Vorgängerbauten der Nikolaikirche in Mitte und der 1964 abgerissenen Petrikirche in Kölln. Beide entstanden um 1230. Um 1240 wird zudem die Nikolaikirche in Spandau erstmals urkundlich erwähnt. Doch womöglich müssen die drei ihren Platz nun räumen: für die Moritzkirche in Spandau, die 1920 abgerissen wurde. Ein Archäologe entdeckte Ecke Moritzstraße/Jüdenstraße in Spandau eine große Menge Knochen. Sie gehörten zum ehemaligen Friedhof der Moritzkirche. Deren Bau hängt vermutlich mit dem Tod des Markgrafen Albrecht II. zusammen – bereits im Jahr 1220. Damals bekamen seine beiden Söhne, die späteren Gründer Berlins, den Magdeburger Erzbischof als Lehnsvormund. Und in Magdeburg wurde der heilige Mauritius glühend verehrt. Der Name Mauritius wurde später zu Moritz eingedeutscht.

163 | Seit wann gibt es **KREUZFAHRTEN**?

Was tun mit teuren Atlantik-Liniendampfern, die im Winter kein Geld einbringen, weil zu wenige Passagiere nach Übersee wollen? Albert Ballin, Direktor der »Hamburg-Amerikanischen Packetfahrt-Actien-Gesellschaft« (Hapag), hatte eine Idee: Vergnügungsfahrten in wärmere, weniger stürmische Gefilde für die Oberschicht. So brach am 22. Januar 1891 die »Augusta Victoria« von Cuxhaven zu einer 57-tägigen luxuriösen Orient-Exkursion ins Mittelmeer auf. An Bord waren 241 gut betuchte Gäste, die für ihre »Bildungs- und Vergnügungsreise« bis zu 2400 Goldmark bezahlt hatten. Auf dem Programm standen 13 Landausflüge, darunter nach Kairo und Jerusalem. Diese »Exkursion« war ein voller Erfolg – und gilt heute als Beginn der Kreuzfahrten. Der Begriff stammt wohl vom niederländischen »kruiser« für ein hin und her fahrendes Schiff. Vergnügungsfahrten etablierten sich bald als Geschäftszweig der Reedereien. Ab Mitte der 1920er-Jahre konnte sich dann auch die obere Mittelschicht Schiffsreisen leisten: funktionale »Pauschalkreuzfahrten«.

164 | Was sind Australiens »**BIG THINGS**«?

Bei einem Roadtrip durch Australien kann es vorkommen, dass man am Straßenrand plötzlich von einem riesigen Fisch, einem Dinosaurier oder einem acht Meter hohen Gummistiefel überrascht wird. Auf dem gesamten Kontinent sind sogenannte »Big Things« Tourismusmagnete – und Kult. Viele der riesigen Statuen stellen Tiere dar, aber auch Lebensmittel finden sich, Getränke- und Konservendosen oder Objekte wie Münzen und Tennisschläger. Am beliebtesten sind die große Ananas in Woombye, die über die Ananasernte informiert, und die Riesenbanane in Coffs Harbour. Manche der Fiberglasgebilde sind als Denkmäler lokalen Berühmtheiten gewidmet. Andere haben sogar eine Funktion: So befindet sich ein zehn Meter hohes Thermometer in Stanthorpe, dem »kältesten Ort in Queensland«, und in Narrandera steht seit 1988 die größte spielbare Gitarre der Welt. Inzwischen gibt es über 150 »Big Things«. Viele davon sind als Kulturerbe ihrer Regionen gelistet.

165 | Wer regelt die NUTZUNG der *deutschen Meere?*

Zu Hause ist klar, wie Räume hauptsächlich genutzt werden. In der Küche wird gekocht, im Schlafzimmer geschlafen, im Wohnzimmer gewohnt. In Deutschland insgesamt aber ist die Ressource Raum knapp bemessen. Es muss daher abgewogen werden zwischen Wirtschaftsinteressen, der Lebensqualität der Menschen, Naturschutz und einer funktionierenden Infrastruktur. Richtlinien dafür legen Raumordnungspläne fest.

Für die deutsche Nord- und Ostsee ist 2021 ein neuer solcher Raumordnungsplan in Kraft getreten. Er bezieht sich auf die Seeregion jenseits des unmittelbaren Küstenmeeres, die maximal 200 Seemeilen (370 Kilometer) auf See hinausreicht. Schifffahrt, Fischerei, Leitungen, Offshore-Windenergie, Rohstoffgewinnung, Pipelines, Forschung und Verteidigung: Diese Nutzungsbereiche koordiniert der neue Plan. Er wurde vom Bundesamt für Seeschifffahrt und Hydrographie sowie dem Innenministerium erarbeitet. Er legt fest, welche Anwendungen wo Vorrang haben – abgestimmt mit den ökologischen Funktionen einer intakten Meeresumwelt. So gelten etwa die bestehenden Naturschutzgebiete im Meer als Vorranggebiete. Alle beteiligten Ressorts haben den Plan angenommen. Alle Wünsche erfüllt er aber dennoch nicht. So erhebt die Offshore-Windkraftbranche wachsende Ansprüche, ebenso die Bauwirtschaft wegen der Förderung von Kies und Sand. Und wenn in Zukunft das Nordmeer ganzjährig passierbar würde, könnte die Schifffahrt Interesse an neuen Nordrouten bekunden. Die Ressource Meeresfläche wird immer knapper.

166 | WO GIBT ES in Deutschland HOBBIT-WOHNUNGEN?

»Manchmal scheint es gar, als würde jeden Moment ein Hobbit aus einem Tolkien-Roman zur Tür hineinstolpern«, schreibt die Website von Halberstadt über die Felswohnungen im nahen Dörfchen Langenstein. Und das ist wahr, wenn man die massiven Türen, die Fenster mit weißen Gardinen und die winzigen Gärten betrachtet. Die meisten Höhlenwohnungen wurden Mitte des 19. Jahrhunderts in die Sandsteinfelsen gegraben, mit Hammer, Meißel und Spitzhacke. Etwa ein Jahr lang arbeiteten die Landarbeiter nach Feierabend an ihrer neuen Heimat. Die Felswohnungen waren rund 30 Quadratmeter groß, hatten ein Wohn-, Schlaf- und Kinderzimmer sowie einen Vorratsraum und eine Küchennische. Und sie waren im Sommer angenehm kühl und im Winter warm. Der letzte Höhlenbewohner verließ seine Wohnung erst 1916. Zu DDR-Zeiten wurden die Grundstücke als Keller und Ställe genutzt. Nach der Wiedervereinigung wurde mit der Restaurierung begonnen, heute können fünf der Wohnungen besichtigt werden.

167 | Haben SCHULKINDER ein RECHT auf Ferien?

Jedes Kind hat ein Recht auf Ruhe, Freizeit, Spiel und Erholung. So steht es in Artikel 31 des »Übereinkommens über die Rechte des Kindes«, der UN-Kinderrechtskonvention. Ob und wie das umgesetzt wird, bleibt den einzelnen Staaten überlassen – ebenso wie die Zahl der Ferientage. Dem Recht auf Erholung trägt in Deutschland unter anderem das Jugendarbeitsschutzgesetz Rechnung: Danach dürfen Kinder erst ab 15 Jahren in den Ferien Vollzeit arbeiten, und dies am Stück nur bis zu vier Wochen. 13- und 14-Jährigen sind höchstens zwei Stunden am Tag erlaubt, Jüngeren ist Ferienarbeit völlig verboten. Was die Länge der Ferien anbelangt, hat sich die Kultusministerkonferenz der Länder darauf geeinigt, dass Kinder bundesweit 75 Ferientage haben sollen – inklusive zwölf Samstagen. »Sollen« heißt aber nicht »müssen«. Da Bildung Sache der Länder ist, kann jedes seine eigenen Regeln treffen. Kürzt eines die Ferien, ist der Schulbesuch dort dann landesweit verpflichtend.

168 | Aus wie viel **ABWASSER** bestehen deutsche **FLÜSSE**?

Unserer Vorstellung nach führen Flüsse das Wasser von Quellen, die zunächst einen Bach speisen, der dann durch weitere natürliche Zuläufe zum Fluss anwächst. Doch dieses idyllische Bild stimmt heute oft nicht mehr: Denn entlang der Flüsse wohnen viele Menschen, werkeln Kraftwerke und Fabriken, die viel Wasser brauchen. Geklärt fließt ihr Abwasser wieder zurück in den Strom. In den Sommermonaten führen die meisten Flüsse wenig Wasser, dann treiben darin zwischen 10 und 20 Prozent geklärte Abwässer. In der Nähe von Städten liegen die Anteile deutlich höher. Und es gibt sogar Flüsse wie den Neckar, den Nieder- und Mittelrhein oder die Ems, die auch in der warmen Jahreszeit teils zu mehr als der Hälfte aus Kläranlagen gespeist werden. Man könnte meinen, dass dieser Anteil bei kleineren Flüssen geringer sein müsste. Doch viele Klärwerke liegen etwas abseits der großen Ballungszentren; ihr »Klarwasser« fließt nicht selten zunächst in kleinere Gewässer, die dann später in große Flüsse münden.

169 | Heißt **MACHU PICCHU** gar **NICHT** Machu Picchu?

Die Inkastadt Machu Picchu gehört zu den berühmtesten archäologischen Stätten der Welt. Doch vermutlich hätte kein Inka des 15. Jahrhunderts gewusst, welcher Ort mit diesem Namen gemeint ist. Denn ursprünglich hieß die auf 2430 Meter Höhe in den Anden gelegene Stadt Huayna Picchu – benannt nach dem zuckerhutförmigen Berggipfel, in dessen Schatten sie erbaut wurde. Ihren heutigen Namen erhielt sie erst durch den Forschungsreisenden Hiram Bingham im Jahr 1911. Der nannte sie Machu Picchu, nach dem höchsten Berg der Region.

170 | MUSS ich im Urlaub ERREICHBAR sein?

Endlich Ferien! Mal keinen Gedanken an die Arbeit verschwenden. Eine solche Entspannung und Erholung tut gut. Doch manchmal wird diese Phase jäh gestört, wenn die Arbeitgeberin oder der Arbeitgeber anruft, E-Mails schreibt oder Nachrichten aufs mitgenommene Diensthandy schickt. Grundsätzlich müssen Beschäftigte zwar im Urlaub nicht für ihre Chefin oder ihren Chef erreichbar sein – das würde dem Erholungszweck des Urlaubs entgegenstehen. Doch es gibt Ausnahmen. So kann es in einem Notfall erlaubt sein, in der arbeitsfreien Zeit kontaktiert zu werden. Zum Beispiel, um ein dringend benötigtes Passwort zu erfahren, das nur dem oder der Urlaubenden bekannt ist. Muss im Urlaub aufgrund eines Notfalls eine Aufgabe erledigt werden, ist aber zumindest auch eine Vergütung für die Arbeit fällig. Erreichbarkeit darf in der Regel auch bei einem vertraglich vereinbarten Zusatzurlaub gefordert werden – wenn es also mehr als den gesetzlich vorgeschriebenen Mindesturlaub gibt. Für diese zusätzlichen Urlaubstage können Sonderregeln gelten, nach denen Arbeitnehmerinnen und Arbeitnehmer erreichbar sein müssen. Für Führungskräfte gelten die gleichen gesetzlichen Vorschriften: Auch sie müssen in den Tagen des Mindesturlaubs nicht verpflichtend verfügbar sein. Eine Kündigung wegen mangelnder Erreichbarkeit wäre nur dann vorstellbar, wenn eine entsprechende Pflicht rechtlich zulässig im Arbeitsvertrag vereinbart war. Ohne vorherige Abmahnung wäre eine solche verhaltensbedingte Kündigung aber auch in so einem Fall unwirksam.

171 | Wie ist der BIERGARTEN entstanden?

Vor knapp 500 Jahren war in Bayern festgeschrieben, dass Bier nur in der Zeit vom 29. September, dem Feiertag des heiligen Michael, bis zum 23. April, dem Feiertag des heiligen Georg, gebraut werden durfte. Für den Gärungsprozess des untergärigen Bieres waren niedrige Temperaturen notwendig – und die gab es in diesem Zeitraum. Dass das Bierbrauen in der Sommerzeit verboten war, lag aber auch an der Brandgefahr durch den Siedevorgang in den extrem heißen Siedekessel. Damit aber der Bierdurst auch in den Sommermonaten gelöscht werden konnte, legten Münchner Bierbrauer in den Flussterrassen der Isar tiefe Keller an. Im Winter bunkerten sie darin das Eis, mit dem sie das gebraute Bier ganzjährig kühl halten konnten. Für zusätzlichen Schatten pflanzten sie Bäume und streuten Kies auf den Hang, um die Temperatur weiter zu senken. Kastanienbäume eigneten sich ideal: Das dichte Blätterwerk bot guten Schatten, und die flachen Wurzeln schädigten nicht das Kellergewölbe. Bald nutzten die Brauer die Bierkeller auch als Ausschank; Bänke und Tische wurden unter die Bäume gestellt. Die Plätze wurden ein beliebtes Ausflugsziel der Münchner, die »auf den Bierkeller« gingen, wie es früher hieß. Um eine übermäßige Abwanderung der Gäste zu den Bierkellern zu verhindern und damit die kleinen Münchner Brauereien zu schützen, verfügte König Maximilian I. Joseph von Bayern im Jahr 1812, dass in Biergärten keine Mahlzeiten serviert werden dürften. So nahmen die Münchner einfach ihre eigene Brotzeit mit: Die Biergartenkultur war geboren.

172 | Warum sind **LANDKARTEN** immer von **OBEN** beleuchtet?

Wer einen Atlas aufschlägt, wird rasch erkennen, wo in den zweidimensionalen Darstellungen von Gebirgszügen Erhebungen oder Täler eingezeichnet sind. Auf Landkarten scheint das Licht immer aus derselben Richtung, die Landschaft wird von Norden oder im Winkel von bis zu 45 Grad von Nordwesten beleuchtet – völlig unabhängig davon, aus welcher Himmelsrichtung die Sonne in den entsprechenden Regionen tatsächlich scheinen kann. In der Kartografie gilt diese Darstellung als Standard, da Menschen – vor allem aufgrund der Sonne – intuitiv annehmen, dass Licht von oben kommt. Topografen wie die Schweizer Fridolin Becker (1854–1922) und Eduard Imhof (1895–1986) gehören zu den wenigen, die auch Landkarten anfertigten, die von Süden beleuchtet sind. Ihre Karten »Rigi« und »Jungfraugruppe und Aletschgletscher« gelten als Besonderheiten.

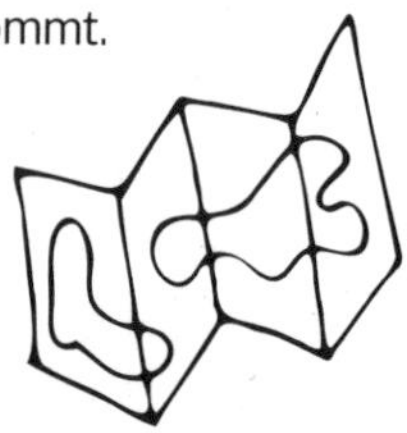

173 | Wer **TRIFFT** sich jeden Samstag zum **PARKRUN**?

Als der Brite Paul Sinton-Hewitt im Herbst 2004 wegen einer Verletzung nicht joggen konnte, organisierte er für seine Sportsfreunde einen Lauf im Park und ein anschließendes Frühstück, um mit der Runde in Kontakt zu bleiben. Der zwanglose Fünf-Kilometer-Lauf kam gut an, wurde bald wöchentlich wiederholt – und die Idee war geboren: Parkrun, ein regelmäßiger kostenloser Lauftreff mit fester Strecke und organisierter Zeitnahme, bei dem nicht der Wettbewerb, sondern das Miteinander im Zentrum steht. Inzwischen gibt es rund um den Globus solche offenen Läufe – auch an mehr als 40 Orten in Deutschland. Familien mit Kindern nehmen teil, Durchtrainierte oder Rollstuhlfahrer. Sie alle laufen immer samstags ab 9 Uhr, immer fünf Kilometer und an den jeweiligen Standorten immer auf derselben Strecke. Über die Registrierung auf der Website »Parkrun.com.de« kann man weltweit an gut 2000 Standorten in 23 Ländern teilnehmen.

174 | Was ist die MISSION der INDISCHEN WASSERFRAUEN?

Die Frau ist von Weitem zu erkennen an ihrem Sari in Wasserblau. Der sechs Meter lange Stoff, der Schultern, Beine und Hüften bedeckt, gilt quasi als Uniform einer »Jal Saheli«, einer Wasserfrau. Hunderte von Freiwilligen gehören dieser von internationalen Organisationen unterstützten Frauenbewegung an. Ihr Ziel: Probleme mit der lokalen Wasserversorgung selbst zu lösen. In der Region um Bundelkhand in Zentralindien, gut 400 Kilometer südöstlich von Neu-Delhi, mangelt es besonders an Wasser. Für arme Familien ist das ein Problem. Denn einerseits müssen sie nun teures abgefülltes Trinkwasser kaufen. Und andererseits verringert die Trockenheit die Ernteerträge. Oft fehlt dadurch das Geld für eine Ausbildung ihrer Kinder. Zwar versorgt der Sommermonsun mit seinem Regen die dürren Landschaften mit Wasser. Doch damit das kostbare Nass nicht abfließt und den Bewohnern lange zur Verfügung steht, müssen Dämme, Teiche und Stauseen rechtzeitig vorbereitet und regenfest gemacht werden. Bei dieser Wasserverwaltung und -konservierung haben die Wasserfrauen das Sagen übernommen. Sie entscheiden im Wasserrat mit, wo eine neue Pumpe gebaut wird oder ein kaputter Dorfteich wieder zum Leben erweckt werden kann. Und sie packen tatkräftig an – weil sie gelernt haben, wie etwa Handwasserpumpen repariert und gewartet werden. Ihre Arbeit im Wasserrat hat den Frauen viel Anerkennung gebracht: Auch in Dorfräten wird auf die Wasserfrauen gehört. Sogar der indische Premierminister Narendra Modi hat eine Jal Saheli in seinem Podcast lobend erwähnt.

175 | Was für ein GELAGE gab es einst auf den ORKNEY-INSELN?

Auf der kleinen, sturmgepeitschten Orkney-Insel South Ronaldsay im Norden Schottlands fand im 5. oder 6. Jahrhundert ein gewaltiges Festgelage statt. Archäologen entdeckten in einer Erdgrube über 18 600 Schneckenhäuser. Rund 84 Prozent stammten von Napfschnecken, die übrigen hauptsächlich von der Großen Strandschnecke. Ein Archäologe schloss daher auf eine Art von Food-Festival. Doch die Region war nur dünn besiedelt. Selbst wenn jeder Gast 100 Schnecken verdrückt haben sollte, hätte die Gästeliste insgesamt rund 180 Personen umfasst. Zu dem Gelage traf sich folglich die ganze Inselgemeinschaft – wenn nicht sogar zusätzliche Besucher. An dieser Stelle stand auch ein Wehr- oder Wohnturm, ein sogenannter Broch. Die Kochgrube mit den Gehäuseresten datiert in die gleiche Zeit wie ein unterirdisches Erdhaus in unmittelbarer Nähe, das ebenfalls zu der Anlage gehört. Möglicherweise hatte das Gebäude eine rituelle Bedeutung, die mit dem Fest im Zusammenhang stand.

176 | Wie entstanden die GRÜNEN PYRAMIDEN von Palau?

Heute gehört der winzige pazifische Inselstaat etwa 800 Kilometer östlich der Philippinen zu den eher unbedeutenden Flecken der Erde. Doch könnten hier vor rund 1500 Jahren die Einwohner etwas erfunden haben, das später mit den Steinskulpturen und Zeremonialplattformen der Osterinsel weltweit berühmt wurde: den Bau monumentaler Anlagen. Denn auf Babeldaob, der Hauptinsel Palaus, erheben sich riesige Terrassenanlagen, die deutlich älter sind als alle anderen Monumentalbauten Ozeaniens. Sie dienten zwei Zwecken: Zum einen schufen die Aufschüttungen aus vulkanischem Gestein und Humus fruchtbare Böden. Zum anderen wurden in den besonders hervorgehobenen Kronen der Bauwerke die Angehörigen der Elite bestattet. Der Aufwand, den die Bewohner Palaus dafür betreiben mussten, war enorm, Millionen Tonnen Erdreich wurden bewegt, mit nur spärlichem Werkzeug. Diese Gemeinschaftsleistung war offenbar nur möglich, weil die Gesellschaft gut organisiert war.

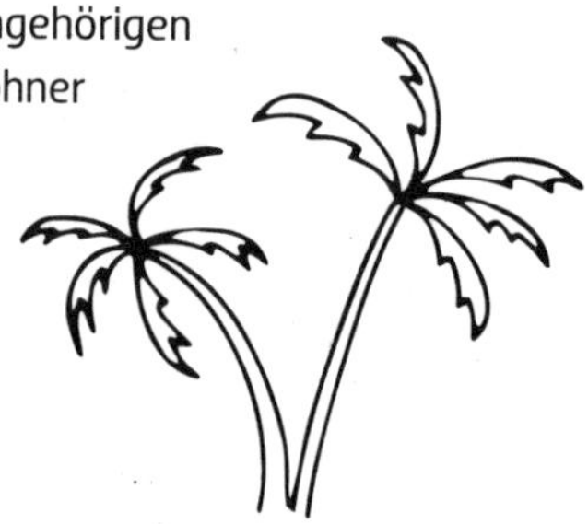

177 | Wo fahren **ERWACHSENE** Autorennen in **BOBBYCARS**?

Sie montieren Bremsen und Tacho oder ersetzen die aufgeklebten Scheinwerfer durch Leuchtdioden: Auch Erwachsene begeistern sich für das Bobbycar, das weltweit populärste Spielzeugauto zum Selbstfahren. 1972 kam der Kleinstwagen aus Plastik in die Spielzeugläden. Und 1993 schwangen sich ein paar junge Väter aus Jux auf die Autos ihrer Kinder und sausten durch ihr Heimatdörfchen Silberg im Sauerland. Das machte ihnen solch einen Spaß, dass sie kurz darauf einen Klub gründeten und Wettbewerbe organisierten. Heute finden europaweit Bobbycar-Rennen statt. In Deutschland werden sogar Meisterschaften ausgetragen, auch die Schweiz und Österreich melden Turniere. In fünf Klassen treten die Teilnehmenden dabei an – von den Kindern ab 7 Jahren bis hin zu den Profis ab 18. Dabei herrschen strenge Regeln. Auf die abgesperrten Parcours – abschüssige Straßen – geht es nur mit Lederkluft, Helm und Protektoren, denn bei der Fahrt erreichen die Spielzeugautos schnell Geschwindigkeiten von 90 Kilometern pro Stunde und mehr – der Rekord liegt bei 130,7 km/h. Die Größe der Originalkarosserie darf nicht verändert werden. Getunt wird trotzdem: Die Autos benötigen stabilere Achsen und Räder, um der Geschwindigkeit standzuhalten, auch die Lenkung wird modifiziert. Zusätzliche Gewichte sorgen außerdem für Stabilität und Tempo. Etwa 500 Euro habe er in sein Renn-Bobbycar investiert, gesteht der Weltranglistenerste Dominik Rivola. Seit Jahren schon sichert sich der knapp zwei Meter große Hüne aus Erlingen bei Wettbewerben die vorderen Plätze.

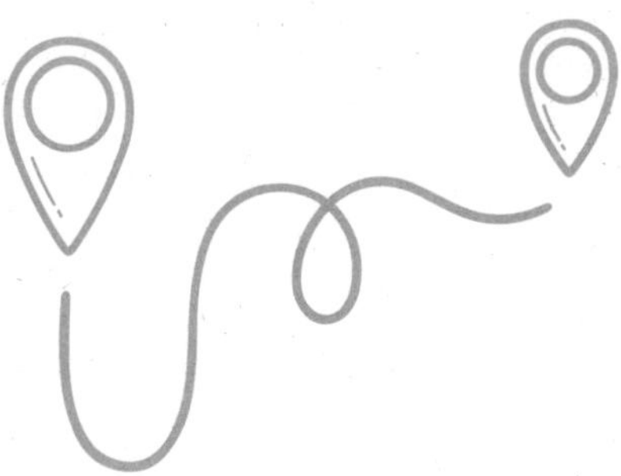

178 | Wie helfen URLAUBSFOTOS beim ARTENSCHUTZ?

Die Flecken von Giraffen, die Streifen von Zebras, die Punkte von Walhaien: Viele Tiere tragen Muster, anhand derer sich nicht nur die Art, sondern sogar Individuen identifizieren lassen. Auch die markanten Flossen von Walen und Delfinen nutzen Forschende, um einzelne Tiere zu erkennen. Doch dazu mussten sie bislang meist aufs Wasser fahren. Landtiere wiederum werden aufwendig markiert oder mit Sendern versehen. Daten ganzer Herden oder sehr seltener Arten lassen sich so aber nur begrenzt erfassen. Dabei wären sie wichtig: Wer bedrohten Arten helfen will, muss wissen, wo sich Populationen befinden, ob sie wachsen oder schrumpfen. Eine Lösung bietet die gemeinnützige Organisation »Wild Me« – seit 2024 im Zusammenschluss mit »Conservation X Labs«: Sie hat eine App entwickelt, die einzelne Tiere auf Fotos identifiziert. Die Software scannt die Bilder nach charakteristischen Mustern und gleicht sie mit einer Datenbank ab. Die GPS-Daten der Fotos liefern zudem Informationen über Standorte und Wanderrouten der Tiere. Mehr als sechs Millionen Fotos wurden mittlerweile hochgeladen, von Forscherinnen, Touristen oder auch Schulkindern, und dann von der App weiter analysiert. Bei Walen und Delfinen etwa identifizierte die App so bereits 68 400 Tiere auf mehr als zwei Millionen Bildern. Auf diese Weise konnte »Wild Me« genauere Angaben zu Walhai-Beständen liefern, woraufhin deren Status auf der Liste der bedrohten Arten verschärft wurde. Anhand der Ferien- und Forschungsfotos sind zudem 80 wissenschaftliche Publikationen entstanden. Und Kenia zählt heute seine bedrohten Grevyzebras mithilfe des Programms.

179 | Wie ENTSTAND das Volk der MAYA?

Als die Götter die Menschen erschaffen wollten, mahlten sie eine Handvoll Maiskörner und mischten das Mehl mit Wasser: So steht es im »Popol Vuh«, dem heiligen Buch der Maya. Vier Menschen formten die Götter aus dem Brei, mit vier Hautfarben – so wie die vier Farben der Maiskörner: Weiß, Gelb, Rot und Braun. In dieser Legende steckt ein Körnchen Wahrheit. Der Mais, so fanden Forscher heraus, war tatsächlich entscheidend dafür, dass die Kultur der Maya in Mittelamerika entstehen konnte. Menschliche Überreste im Südwesten von Belize, dem Kernland der Maya, wurden auf ihre Herkunft untersucht. Dort fand vor etwa 5600 Jahren eine große Veränderung statt. Zahlreiche Einwanderer kamen aus dem Süden, ersetzten etwa die Hälfte der Gene der einheimischen Bevölkerung und legten den Grundstein der Maya-Kultur. Mit im Gepäck hatten die Fremden Samen von Pflanzen aus ihrer Heimat in Südamerika. Vor allem der Mais wurde zur Grundlage ihrer Ernährung in der neuen Umgebung, ohne Mais hätte es also keine Maya gegeben.

180 | Seit wann gibt es den KOMPASS?

Ein Denkmal im Hafen von Amalfi ehrt den Italiener Flavio Gioia als Erfinder des Magnetkompasses. Allerdings ist nicht einmal sicher belegt, dass Gioia tatsächlich existierte. Dass sich Magnetitsplitter in Nord-Süd-Richtung ausrichten, war in China schon irgendwann zwischen dem 5. und 3. Jahrhundert v. Chr. bekannt, ebenso im alten Griechenland. Löffel aus Magnetit wurden auf Dschunken fürs Navigieren eingesetzt. Die in einer Flüssigkeit schwimmende Nadel, die die Chinesen seit dem 11. Jahrhundert verwendeten, der »nasse Kompass«, war nach Süden ausgerichtet. Für Europa erwähnt der Engländer Alexander Neckam den Kompass erstmals Ende des 12. Jahrhunderts. Im 13. Jahrhundert wurde er hier zum Trockenkompass weiterentwickelt, womöglich tatsächlich von Seefahrern aus Amalfi. Er ermöglicht eine präzisere Navigation als die nasse Variante. An Bord der Hansekoggen kam der Kompass erst im 15. Jahrhundert.

181 | Welches BUNDESLAND hat die meisten NATURSCHUTZGEBIETE?

Ein Ausflug ins Grüne: Dafür steuern viele Deutsche gern möglichst unberührte Natur an. Doch wo findet man hierzulande die meisten geschützten Gebiete? Der Titel geht an ein Bundesland, das viele eher mit Industriekultur verbinden: Nordrhein-Westfalen. Von bundesweit 8833 Naturschutzgebieten listet das Bundesamt für Naturschutz mehr als 3200 im bevölkerungsreichsten Bundesland. Allerdings sagt die Zahl noch nicht viel darüber aus, wie gut die Natur vor Ort tatsächlich geschützt ist. Dafür ist auch die Größe der einzelnen Gebiete bedeutend. Denn erst mit einer gewissen Ausdehnung steigt die Wahrscheinlichkeit, dass sich die Natur tatsächlich ungestört entwickeln kann. Rund 60 Prozent aller deutschen Naturschutzgebiete umfassen weniger als 50 Hektar, in Nordrhein-Westfalen liegt die durchschnittliche Größe bei 85 Hektar. Solche Fleckchen von weniger als einem Quadratkilometer sind anfällig für Müll, Gift und Umweltzerstörung aus angrenzenden ungeschützten Gebieten. Trotz dieser Einschränkungen sind die bundesweit über zweieinhalb Millionen Hektar umfassenden Naturschutzgebiete laut Naturschutzbund Deutschland (Nabu) das »Rückgrat des Flächen-Naturschutzes in Deutschland«, auch wenn sie nur 6,3 Prozent der Landesfläche abdecken. Neben den Naturschutzgebieten gibt es weitere Arten von Schutzgebieten. Strenge Regeln gelten vor allem für Nationalparks: Die müssen laut Gesetz mindestens 10 000 Hektar zusammenhängende Fläche haben. Davon gibt es 16 in Deutschland. Der größte ist mit 441 500 Hektar das schleswig-holsteinische Wattenmeer, der älteste der 1970 eingerichtete Nationalpark Bayerischer Wald mit inzwischen rund 25 000 Hektar geschützter Natur.

182 | Was sind STRANDHUISJES?

Seit einigen Jahren machen Strandhuisjes, also Strandhäuschen, in den Niederlanden Furore. Das sind kleine, aber stets charmante und durchaus komfortable Ferienunterkünfte mit Zugang zum Strand. Manchmal handelt es sich um allein stehende Häuser, in der Regel aber liegen mehrere nebeneinander. Das Prinzip jedenfalls ist immer gleich: Tür auf, rein in den Sand. Man wohnt eben nicht am, sondern auf dem Strand. Mit unverstelltem Blick auf die Nordsee – und eine lässige Atmosphäre, die durch kleine Veranden, Holzstege und Grills entsteht. Tiny-House-Feeling direkt am Meer. Aber Achtung: Die Häuschen sind beliebt, daher frühzeitig buchen.

183 | Hat in JAPAN ein böser Geist sein GEFÄNGNIS GESPRENGT?

Anfang März 2022 wurde in Japan ein Steinbrocken in zwei Teile gespalten aufgefunden: der Sesshoseki, ein Lavafelsen, der seit 1957 als historische Stätte registriert ist. Der Name wird manchmal mit »Tötungsstein« übersetzt, was auf die giftigen Gase zurückzuführen ist, die aus der vulkanisch aktiven Region aufsteigen. Der Legende nach tötet der Stein alle, die ihm zu nahe kommen, denn es handelt sich beim Sesshoseki um den verwandelten Körper der Fuchsfrau Tamamo no Mae. Diese versuchte im 12. Jahrhundert, den Kaiser Toba zu töten, wurde verjagt, floh in Form eines Geisterwesens und verwandelte sich in den Stein, um ihren Verfolgern zu entkommen. Abergläubische Menschen deuteten das Zerbrechen des Lavafelsens als Ausbruch der Fuchsfrau aus ihrem Gefängnis nach fast 1000 Jahren. Forschende haben eine nüchternere Erklärung: Witterungsbedingungen führten dazu, dass der Stein Risse bekam. Die füllten sich mit Regenwasser und vertieften sich immer weiter – bis er schließlich zerbrach.

184 | In welchem **THEATER** wandern Zuschauer von **AKT** zu **AKT**?

Mit Bergschuhen ins Theater, wo gibt's denn so was? Bei der Montafoner Theaterwanderung! Da passt es, dass die Bühne unkonventionell ausfällt. Oder besser: die Bühnen. Sie »entstehen« einfach durch das Schauspiel in der Natur und verfügen weder über Bretter noch Beleuchtungstechnik. Und sie wechseln auch bei jeder Szene. Die Zuschauer wandern mit. Im Lauf des Tages kommen sie so nicht nur in den Genuss von Schauspielkunst und unterschiedlichen Landschaftskulissen, sondern tun auch etwas für ihre Fitness. Morgens trifft man sich im Bergdorf Gargellen. Dort spielt der erste Akt. Danach setzt sich der Pulk in Bewegung. Den Schauspielern des »Teatro Caprile« wird dabei etwas Vorsprung gewährt. So können sie sich am nächsten Open-Air-Spielort umziehen und einstimmen, ehe sie die nächste Szene darbieten – mal im Wald, mal auf der Bergwiese, mal vor einer Alphütte. Die Vorführung findet bei jedem Wetter statt.

185 | **GEWITTERT** es **ÜBER SCHIFFEN** häufiger als über dem übrigen Meer?

Große Containerfrachter sind ziemliche Dreckschleudern. Sie fahren meist mit Schweröl und stoßen daher viel Schwefeldioxid, Ruß und andere unerwünschte Partikel aus. Das belastet nicht nur Klima und Meere: Die Abgase der Schiffe sorgen auch für mehr Blitze. Fachleute für Geowissenschaften untersuchten zwei beliebte Schiffstransportrouten: eine von Sri Lanka nach Singapur und eine von Singapur weiter nach Vietnam. Sie stellten fest, dass entlang dieser Routen fast doppelt so viele Blitzereignisse registriert wurden wie in vergleichbaren anderen Meeresregionen. Meteorologische Faktoren konnten sie als Ursache ausschließen. Daher vermuten sie die Ursache in den Abgaspartikeln: Diese bieten in der Luft Kondensationskeime für Wasserdampf. Die sich bildenden Tröpfchen sind kleiner als bei den größeren, natürlich vorkommenden Aerosolen wie Wüstenstaub oder Pollen. Sie steigen daher bei Aufwind höher in die Atmosphäre, vereisen dort, reiben aneinander und sorgen so für eine elektrische Spannung, die sich in Blitzen entlädt. Es gewittert. Allerdings ohne dass es mehr regnet – das zeigen die Wetterdaten ebenfalls.

186 | Wo liegt der **KLEINSTE NATIONALPARK** der Welt?

Moyenne ist ein Inselchen im Indischen Ozean, es gehört zu den Seychellen. Es ist nur rund 500 Meter lang und 300 Meter breit, hat eine kaum zwei Kilometer lange Küstenlinie und ist dennoch ein eigenständiger Nationalpark. 1962 kauft der britische Journalist Brendon Grimshaw einem Ehepaar die Insel für 8000 Pfund Sterling ab. Sein Ziel: ein Naturparadies zu schaffen, das über seinen Tod hinaus geschützt sein würde. In den kommenden Jahrzehnten pflanzt er 16 000 Bäume – Mahagoni, Palmen, Mango, Papaya –, errichtet Naturpfade und züchtet riesige Aldabra-Schildkröten. Hilfe bekommt er von René Lafortune, dem Sohn eines Fischers von einer Nachbarinsel. Grimshaw lebt jahrzehntelang auf der Insel, meist allein, später zieht sein Vater zu ihm. Angebote von bis zu 50 Millionen Dollar für den Verkauf der Insel lehnt er ab. 2009 wird sein Traum wahr: Moyenne wird zu einem eigenständigen Nationalpark erklärt. Drei Jahre später stirbt Grimshaw im Alter von 87 Jahren.

187 | Kann **SONNENCREME** Korallenriffe **SCHÄDIGEN?**

Vermutet hatte man das schon länger, inzwischen haben Forschungen bestätigt: Oxybenzon, ein organischer UV-Filter und häufiger Bestandteil von Sonnenschutzmitteln, wirkt derart toxisch auf Korallen und Seeanemonen, dass sie daran zugrunde gehen. Daher sind Sonnencremes mit dieser Substanz auch auf einigen Inseln verboten, etwa auf Hawaii. Doch was geschieht da genau? Ein Team von der kalifornischen Stanford University setzte Seeanemonen und Pilzkorallen in Aquarien mit oxybenzonbelastetem Meerwasser. Anschließend bestrahlte es einen Teil der Nesseltiere mit einer künstlichen Sonne, den anderen Teil hielt es von Licht fern. Der Effekt zeigte sich bereits nach vier Tagen, als die ersten Nesseltiere unter der Kunstsonne abstarben. Innerhalb von 17 Tagen waren alle in dieser Gruppe verendet. Die Tiere, die nicht mit Licht bestrahlt worden waren hingegen blieben am Leben, trotz des belasteten Wassers. Oxybenzon schien also unter Lichteinwirkung für die Riffbewohner zu einer tödlichen Substanz zu werden.

Aber warum? Die Studientiere nahmen den Stoff in ihre Zellen auf. Um ihn wieder abbauen zu können, erzeugten sie eine fototoxische Substanz, ein lichtabhängiges Gift. Kam nun die Sonneneinstrahlung hinzu, konnten die Nesseltiere die Oxybenzonbelastung nicht mehr überleben. Dieser Effekt könnte sich noch verschlimmern. Denn Seeanemonen und Korallen sind meist von Algen bewohnt, die imstande sind, Fototoxine abzufangen und so die Riffbewohner zu schützen. Erhöht sich die Wassertemperatur infolge des Klimawandels, führt dies zur Korallenbleiche, damit zum Verlust der symbiotischen Partnerschaft mit den Algen – und des Schutzes gegen Oxybenzon.

188 | ASSEN frühe Siedler in Amerika ihre EIGENEN HUNDE?

Der Winter 1609/1610 war besonders hart in der ersten englischen Siedlung im heutigen US-Bundesstaat Virginia. »Hungerzeit« wurde er von den Einwanderern genannt, die in Jamestown um ihr Überleben in der Neuen Welt kämpften. In den Abfällen dieser schrecklichen Jahre fanden Archäologen zwischen Fischgräten und Muschelschalen sogar den Unterkiefer eines Hundes – er zeigte ganz eindeutige Schlachtspuren. Mussten die Siedler ihre treuen Freunde essen, um zu überleben? Ein Team der University of Iowa hat die mitochondriale DNA – das Erbgut, das von der Mutter stammt – aus diesem und einem weiteren Hundekiefer untersucht und mit dem Erbgut von anderen damaligen und heutigen Hunden verglichen. Dabei kam heraus, dass die Engländer keine ihrer eigenen, aus Europa mitgebrachten Hunde verzehrten. Stattdessen waren die geschlachteten Hunde aus Jamestown am ehesten mit einheimischen Hunden aus Illinois und Ohio verwandt, weitläufiger auch mit arktischen Hunden. Bei den eigenen Hunden der Engländer handelte es sich in der Regel um wertvolle Jagdhunde europäischer Abstammung. Einige Jahre später wurde sogar ein Gesetz erlassen, das den Verkauf der englischen Hunde an Einheimische verbot, um die Zucht von Mischlingen zu verhindern.

189 | Wurde das RAD in Norddeutschland ERFUNDEN?

Einer der größten Megalith-Friedhöfe Europas befindet sich in Flintbek bei Kiel. Archäologen fanden dort steinzeitliche Großsteingräber sowie 14 Grabhügel, die von der Jungsteinzeit bis in die Bronzezeit entstanden. Der spektakulärste Fund aber waren zwei zunächst unscheinbare braune Linien im Boden, die auf etwa 3400 v. Chr. datieren. Bei einer näheren Untersuchung stellte man fest, dass die Breite dieser Linien auffällig der von jungsteinzeitlichen Holzrädern ähnelt. Organisches Material erhält sich in den feuchten Moorböden Norddeutschlands gut, daher sind mehrere dieser Räder bekannt. Und nicht nur das: Auch der Abstand zwischen den beiden Linien entspricht der Breite jungsteinzeitlicher Wagenachsen. Damit sind die Spuren aus Flintbek offenbar der älteste Nachweis einer tatsächlichen Nutzung des Rades. Zwar gibt es aus früheren Zeiten einige Miniaturräder und -wagen aus Ton, jedoch wenige Belege dafür, dass die bahnbrechende technologische Neuerung auch tatsächlich zum Einsatz kam. Der Fund könnte bedeuten, dass das Rad nicht nur einmal, wie bisher angenommen, im Nahen Osten erfunden wurde, sondern zeitgleich auch in Norddeutschland.

190 | Wo treffen sich die RAUMFAHRT-ANARCHOS?

Es werden wieder Löcher in den Himmel gestanzt: So beschreiben die Amateur-Raketenbauer, Tüftler, Träumer und Raumfahrtfreaks ihr Treiben, wenn sie sich irgendwo im Nirgendwo der Black Rock Desert in Nevada zum »Balls Festival« treffen. Alljährlich im September. Die Wüste ist das ideale Gelände, um die selbst gebauten und behördlich genehmigten Konstruktionen der Raketentüftler zu testen: eine kahle, gut 2600 Quadratkilometer weite Salztonebene. Hier wird kein Unbeteiligter gefährdet. Einzig die »Rocketeers«, wie sich die Raketenbauer nennen, und die Zuschauer laufen Gefahr, zu Schaden zu kommen, wenn die Raketen abschmieren. So selten ist das nicht: Etwa ein Drittel wird zum Rohrkrepierer oder endet als »cato«, Kurzform für »catastrophic failure«, katastrophaler Fehlschlag. Jubel brandet hingegen auf, wenn die Starts gelingen. Dann herrscht Stille, die sich sofort in laute Anerkennungsrufe verwandelt, sobald die zweite Antriebsstufe zündet. In vielen Raketen sind On-board-Kameras und Höhenmesser eingebaut. Der Traum jedes Amateur-Raketenbauers: dass sein Werk den Weltraum erreicht. Der beginnt in 100 Kilometer Höhe. 2004 flog zum ersten Mal die Rakete eines Amateurs dorthin: 116 Kilometer hoch.

191 | WO sieht man einen *Wald lächeln*?

Douglasienwälder in den USA bedecken weite Gebiete, zum Beispiel im Bundesstaat Oregon, eine Menge Wild und viele Vögel finden Schutz zwischen den immergrünen Douglastannen. Oft wachsen darin noch Kiefern, Zedern oder Eichen. Und Lärchen. In einem Douglasienwald in Oregon haben Lärchen einen besonderen Auftritt. Am Highway 18, zwischen der Stadt Salem und der Pazifikküste, ungefähr am Meilenstein 25 nahe dem Dorf Willamina, grinst im Herbst ein Smiley aus dem Wald. 2011 haben zwei Männer dort Bäume in Form eines lachenden Gesichts gepflanzt. Anders als die meisten Nadelbäume wird die Lärche im Herbst gelb und verliert ihre Nadeln. In dieser Zeit zeigt sich der Smiley; die dunklen Douglasien bilden Augen und Mund. Das freundliche Gesicht hat einen Durchmesser von rund 90 Metern und soll im Herbst weithin sichtbar bleiben – bis die Bäume irgendwann geerntet werden. Vielleicht verrutscht der Smiley mit der Zeit ein wenig, da Douglasien etwas schneller wachsen als Lärchen. In Deutschland hat eine solche Land-Art zweifelhafte Tradition: 1992 wurde auf Luftaufnahmen ein riesiges Hakenkreuz in einem Kiefernwald in der Uckermark entdeckt. Es war dort während der Nazizeit aus 140 Lärchen gepflanzt worden und bis dahin unentdeckt geblieben. Die Lärchen wurden gefällt. Da ist ein Smiley doch viel schöner.

192 | Was ist ein **UNTERIRDISCHER WASSERFALL?**

Ein Wasserfall unter der Erdoberfläche: Gibt es so etwas wirklich? Tatsächlich können Höhlen oder tiefe, enge Schluchten tosende Kaskaden bergen, die kein Tageslicht erreicht. Sie werden unterirdisch genannt, auch wenn sie ganz oder teils oberhalb des Meeresspiegels liegen. Ein berühmtes Beispiel gibt es in den Schweizer Alpen: Die Trümmelbachfälle zählen zu den größten unterirdischen Wasserfällen überhaupt. Über zehn Stufen und insgesamt 140 Meter stürzt das Wasser mitten im Fels in die Tiefe. Über Jahrtausende waren die Fälle im Berginneren eingeschlossen, unberührt und unsichtbar. 1877 wurden sie entdeckt und bald darauf durch Treppen und Brücken zugänglich gemacht. Mittlerweile sind sie schon deshalb weltweit einmalig, weil sie so gründlich erschlossen sind: Per Lift lassen sich im Berg 100 Höhenmeter überwinden, hinzu kommen beleuchtete Tunnel und Aussichtsplattformen. Das Wasser stammt von der Berggruppe Eiger, Mönch und Jungfrau. Je nach Jahreszeit hat der Trümmelbach die Kraft von bis zu 20 000 Liter Schmelz- oder Gletscherwasser pro Sekunde.

193 | **WANN** erlebte Deutschland den letzten großen **VULKANAUSBRUCH?**

Heute liegt der Laacher See idyllisch in der Vulkaneifel. Fische tummeln sich darin, Segelboote gleiten darüber. Doch vor rund 13 000 Jahren brach dort die Hölle los. Ein Vulkan schleuderte riesige Mengen Asche und Bims über 20 Kilometer hoch in die Atmosphäre, pyroklastische Ströme aus Magma und Gas löschten alles Leben aus. Bis ins Rheintal hinein bedeckten sieben Meter Auswurf die Landschaft. Einem internationalen Forschungsteam ist es kürzlich geglückt, den Ausbruch, der als der letzte Vulkanausbruch Deutschlands gilt, genau zu datieren: Er fand vor 13 078 Jahren statt – und damit 126 Jahre früher als bisher vermutet. Die Neudatierung gelang über Baumstämme, die infolge des Ausbruchs teilweise verkohlten und so erhalten blieben. Ein Abgleich von 157 Jahresringen der Bäume mit Radiokarbondaten des Holzes führte zu dem neuen Datum. Damit schlossen die Forscher auch eine zeitliche Lücke, die bislang noch zwischen dem Vulkanausbruch und den zugehörigen Ascheablagerungen in grönländischen Eisbohrkernen bestand. Die Asche, die bei der Eruption in die Luft geschleudert wurde, lässt sich in weiten Teilen Mittel- und Nordeuropas nachweisen und gilt als wichtiger Zeitmarker.

194 | Kann sich auf einer WELLE eine WEITERE WELLE befinden?

Wo Kräfte auf Wasser einwirken, wird Energie übertragen – egal ob im Meer oder in einer Pfütze. Damit gerät das Wasser in Bewegung, und Wellen entstehen. Die Energie im Meer stammt vor allem vom Wind. Auf den Ozeanen bilden sich ständig neue Wellensysteme, die natürlich auch aufeinandertreffen können. Dann überlagern sich die Wellen und beeinflussen sich gegenseitig. Trifft ein Wellenberg genau auf einen anderen Wellenberg, entsteht daraus ein einziger, entsprechend größerer. An solchen Stellen befinden sich dann zwei Wellen »übereinander«. Das heißt allerdings nicht, dass in der »Doppelwelle« mehr Wasser zusammenströmt. Die Wellenbewegung des Wassers ist nur eine Folge der einwirkenden Kräfte. Durch die Überlagerung ist die Energiemenge an der Stelle höher, sodass auch die Welle höher ausfällt.

Wie sich Wellen gegenseitig verstärken, können sie auch einander abschwächen oder sogar auslöschen. Das passiert immer dann, wenn die jeweiligen Wellenmuster gegeneinander verschoben sind – also wenn ein Wellenberg ganz oder teilweise auf ein Wellental trifft. In einer Pfütze lässt sich dieses Phänomen, das Physiker Interferenz nennen, schön beobachten: Wenn die Wasseroberfläche an zwei Punkten angeregt wird, bilden sich zwei Wellenkreise. Dort, wo sich die Kreise schneiden, verstärken sich die Mini-Wellen oder heben sich gegenseitig auf – alles in regelmäßigen Abständen. Wenn sich Wellensysteme auf dem Meer kreuzen, gibt es die sogenannte Kreuzsee, auf der sich die Wellenberge gefährlich addieren können. Geometrische Interferenzmuster sind aber nur selten: Das Meer vor der westfranzösischen Île de Ré am Golf von Biskaya bietet mitunter diesen spektakulären Anblick.

195 | Wen EHREN die Inder an ihrem NATIONALFEIERTAG?

Alljährlich am 2. Oktober wird in Indien ein bedeutender Mann geehrt: Mahatma Gandhi. Das Riesenland hat – neben dem Datum seiner Unabhängigkeit von Großbritannien, dem 15. August – den 2. Oktober, den Geburtstag des Vaters seiner Unabhängigkeit im Jahr 1869, zum Nationalfest erklärt. Jahrzehntelang hatte der asketische Anwalt gewaltlos für das Ende des britischen Kolonialismus und ein friedliches Zusammenleben von Hindus und Muslimen in einem Großindien gekämpft. Die Unabhängigkeit wurde 1947 erreicht. Doch es entstanden zwei Staaten: Indien und Pakistan. Bei Unruhen rund um die Grenzziehung zwischen beiden Ländern kam es zu Pogromen auf beiden Seiten mit Hunderttausenden Toten. Mehr als 20 Millionen Menschen wurden gewaltsam umgesiedelt. Gandhi trat weiterhin für Gemeinsamkeit und religiöse Toleranz ein. Das machte ihn zum tragischen Helden: Für das mehrheitlich hinduistische Indien wurde er zwar zum Vater der Nation. Doch 1948 erschoss ihn ein fanatischer Hindu als »Moslemfreund«.

196 | Gibt es Leben im PAZIFISCHEN MÜLLSTRUDEL?

Erstaunlich viel! Das überrascht angesichts der gewaltigen Menge Müll: 14 Millionen Tonnen Plastik gelangen jedes Jahr in die Meere der Welt. Die verteilen sich aber nicht etwa gleichmäßig, sondern bilden durch die rotierenden Strömungen der Ozeane riesige Müllteppiche. Einer der größten befindet sich zwischen Kalifornien und Hawaii: der »Great Pacific Garbage Patch« oder »Pazifische Müllstrudel«. Ein Forschungsteam kam vor einiger Zeit zur erstaunlichen Erkenntnis: Im Plastikmüll dort wimmelt es geradezu von kleinen Lebewesen! Von Krebsen, Anemonen und Algen, die alle normalerweise nur in der Nähe von Küsten heimisch sind. Die vielen Plastikteilchen geben den Tieren und Pflanzen ein neues Zuhause auf offener See. Dadurch ist ein riesiger neuer Lebensraum entstanden. Das allerdings ist nicht unbedingt eine gute Nachricht. Denn so wie die Tiere in das schwimmende Biotop gelangt sind, indem sie die Plastikteile quasi als Floß benutzten, könnten sie auch jederzeit weiterreisen, sich rasch ausbreiten und andere Meeresspezies verdrängen.

197 | Betrifft LICHTVERSCHMUTZUNG auch die Ozeane?

Tatsächlich sogar in erheblichem Ausmaß. Verantwortlich dafür sind die wachsenden Küstenstädte und die Öl- und Gasplattformen auf hoher See. Das Licht dieser Anlagen dringt bis zu 50 Meter tief ins Meer. Forscher haben den ersten Atlas zur marinen Lichtverschmutzung erstellt. Dabei zeigte sich, dass davon eine Fläche so groß wie Mexiko betroffen ist und der Effekt in einigen Regionen – wie dem Mittelmeer, dem Persischen Golf und dem Südchinesischen Meer – sehr gravierend ist. Dass Lichtverschmutzung an Land schädlich sein kann, ist belegt. Für Meereslebewesen steht die Forschung dagegen noch am Anfang. Nachgewiesen ist aber, dass zum Beispiel Korallenriffe unter künstlichem Licht leiden: Ihr Stoffwechsel gerät aus dem Takt, und sie reduzieren ihre Fotosynthese. Zum Problem wird Licht auch, wenn es über die Wolken reflektiert wird. Denn so gelangt es viele Kilometer hinaus aufs Meer. Welche Folgen dies für die dortigen Lebewesen hat, wird noch untersucht. Erste Ergebnisse zeigen aber, dass einige Arten verschwinden, andere sich massiv ausbreiten. Und wieder andere werden in ihren Wanderbewegungen gestört, etwa der Ruderfußkrebs, wichtigster Vertreter im Zooplankton: Er erkennt am Mondschein, dass er in höhere Wasserschichten aufsteigen kann, weil seine Fressfeinde bei Nacht nicht jagen.

198 | WIE DICHT war der AMAZONAS besiedelt?

Der Dschungel des Amazonasgebiets in Südamerika wirkt undurchdringlich und in weiten Teilen von jeher unbewohnt. Doch es gab Zeiten, in denen auch größere Gemeinschaften sesshaft waren. Unter dem dichten Bewuchs der bolivianischen Moxos-Ebene im Südwesten Amazoniens konnten mehrere Stätten der Casarabe-Kultur (ca. 500–1400) ausgemacht werden, darunter zwei große Siedlungen namens Landívar und Cotoca. Die Forschenden verwendeten dazu eine Technik namens Lidar (Light Detection and Ranging): Laser scannen das Gelände, eine Software entfernt den Bewuchs – und Bodenstrukturen darunter werden sichtbar. So fanden sie in der Moxos-Ebene gestufte Plattformen, rechteckige Plattformhügel und bis zu 22 Meter hohe Pyramiden.

Allerdings nicht aus Stein, sondern aus aufgeschütteter Erde. Die beiden großen Siedlungen liegen als zentrale Knotenpunkte in einem Netz aus erhöhten Dammwegen. Auch ein Bewässerungssystem mit Kanälen und Reservoirs, das die Stätten mit dem Fluss Ibare im Süden und den Seen im Osten verbindet, kam unter dem Grün zutage.

199 | Wo stand die ERSTE TANKSTELLE der Welt?

Seine Erfindung sollte sich als bahnbrechend erweisen: Im Jahr 1886 ließ sich der deutsche Ingenieur Carl Benz (1844–1929) das Auto patentieren. Doch zunächst brachte ihm sein dreirädriger »Benz Patent-Motorwagen« nicht den gewünschten Erfolg. Selbst Kaiser Wilhelm II. setzte für die Fortbewegung zunächst weiterhin lieber aufs Pferd als auf ein Auto. So war es Carl Benz' Ehefrau Bertha, die 1888 die erste längere Autofahrt unternahm: Mit ihren beiden Söhnen fuhr sie 106 Kilometer von Mannheim nach Pforzheim. Das machte sie nicht nur zur ersten Fernfahrerin, sondern zur ersten Autofahrerin überhaupt. Schon damals hielt eine Tankfüllung natürlich nicht ewig. Aber noch gab es so wenige Autos, dass sich der Betrieb einer Tankstelle niemals gerechnet hätte. Die Verkehrspionierin musste daher eines jener Geschäfte aufsuchen, in denen man zur damaligen Zeit Benzin kaufen konnte: eine Apotheke. In der Stadt-Apotheke in Wiesloch erwarb sie das auch als Waschbenzin bekannte Ligroin, mit dem die Menschen damals Kleider oder Wunden reinigten. Seither gilt die Stadt-Apotheke als erste Tankstelle der Welt. In späteren Jahren verkauften dann auch Drogerien, Kolonialwarenläden oder Gaststätten Benzin. Mit der Zahl der Autos stieg die Nachfrage nach Treibstoff, und so entstanden erste Fasspumpen, mit denen Fahrer ihre Autos schneller volltanken konnten. Aber erst Ende der 1910er-Jahre tauchten vermehrt kommerzielle Tankstellen auf. Die aus heutiger Sicht typische Tankstellenarchitektur – Zapfsäulen mit Überdachung, ein Kassenhäuschen und Preisschilder am Straßenrand – entstand übrigens 1917. Entwickelt hat sie die Firma Standard Oil of Indiana in den USA.

200 | Wo liegen die GESTERN- und die MORGEN-INSEL?

Wer von der Küste der Kleinen Diomedes-Insel nach Westen blickt, kann die Zukunft sehen: Dort liegt die Große Diomedes-Insel. Nur vier Kilometer Wasser, aber 23 Stunden Zeitverschiebung trennen die beiden Inseln in der Beringsee. Denn hier verläuft die Grenze zwischen Russland und den USA – sowie die internationale Datumsgrenze. Wegen des Zeitunterschieds werden die Eilande auch »Gestern-Insel« und »Morgen-Insel« genannt. Die vegetationslosen Felsen in der Arktischen See sind kaum bewohnt. Auf der Kleinen Diomedes-Insel, die zu Alaska gehört, leben rund 120 Inuit. Die Siedlung ist eine der abgelegensten in den USA. Die Große Diomedes-Insel, in Russland Ratmanow-Insel genannt, ist Teil Sibiriens. Früher lebten hier etwa 400 Menschen, aber als nach 1948 der Eiserne Vorhang die Inseln trennte, mussten die Bewohner aufs Festland umziehen. Heute befinden sich hier ein Militärstützpunkt, eine Forschungsstation und ein Grenzposten. Kaum jemand wagt noch den Zeitsprung von der Gestern- zur Morgen-Insel.

Dass die größere Insel ihrem kleinen Nachbarn immer einen Tag voraus ist, liegt an der internationalen Datumsgrenze. Diese verläuft von Pol zu Pol durch den Pazifischen Ozean, weitgehend entlang des 180. Längengrades. Da die Datumsgrenze aber politische oder wirtschaftliche Zusammenhänge berücksichtigt, macht sie bei den Diomedes-Inseln einen Knick, sodass hier Alaska und Sibirien auf je einer Seite der Grenze liegen. Die internationale Datumsgrenze entstand 1884, als sich alle Staaten auf eine gemeinsame Zeit einigten. Vorher hatte jedes Land, jede Region eine eigene Zeitrechnung. Nun wurde die Welt in Zeitzonen eingeteilt, beginnend mit dem Nullmeridian in Greenwich bei London.

201 | Wo auf der Welt gibt es OKTOBERFESTE nach Münchner Vorbild?

Die »Wiesn«, wie die Münchner ihr Oktoberfest nennen, hat weltweit zahlreiche Nachahmer: An rund 4000 Orten wird nach bayerischem Vorbild der Maßkrug gestemmt. So etwa im chinesischen Qingdao, wohin fast so viele Besucher kommen wie in München – zwischen sechs und sieben Millionen. Das größte Oktoberfest Nordamerikas findet in Cincinnati im Bundesstaat Ohio statt. Eröffnet wird es alljährlich mit einem Dackelrennen, für das die Hunde als Hotdogs verkleidet werden. Berühmt ist außerdem das Oktoberfest im brasilianischen Blumenau. Wie der Name schon vermuten lässt, wurde es von Deutschen dort ins Leben gerufen. Inzwischen ist es nach dem Karneval in Rio de Janeiro Brasiliens zweitgrößtes Volksfest. Im namibischen Windhoek spielt mit den »Kirchdorfern« sogar eine eigens anreisende echte Oktoberfestkapelle auf, ebenso in der indischen Hightech-Metropole Bengaluru. In Japan führte ein deutscher Konzern 1996 die Wiesn zum Kontakteknüpfen für Geschäftsleute ein. Viel »g'suffa«, bairisch für »gesoffen«, wird nach Münchner Vorbild auch in Jamaika und im australischen Brisbane. Das kleinste Oktoberfest der Welt feierten deutsche Wissenschaftler auf einer Forschungsstation am Südpol: Sie betäubten ihr Heimweh mit einem Fass original bayerischem Oktoberfestbier, das extra in die Kälte geflogen wurde.

202 | In welchem CAFÉ lassen sich Menschen FREIWILLIG EINSPERREN?

Ob es ein Buch zu Ende zu schreiben gilt, einen Blog oder einen Geschäftsbericht: Wer mit wichtigen Schreibaufgaben nicht vorankommt, weil vieles zu sehr ablenkt, findet in Tokio das »Manuscript Writing Café«. Auf eigenen Wunsch müssen Gäste dort so lange bleiben, bis sie ihren Text vollendet haben. Dafür bezahlen sie eine Pauschale, in der auch Tee und Kaffee inbegriffen sind. Die erste halbe Stunde kostet 150 Yen (etwas mehr als einen Euro), jede weitere Stunde noch einmal 300 Yen. Man muss angeben, bis zu welchem Zeitpunkt welche Textmenge geschrieben sein soll und kann dann aus drei Dienstleistungen wählen: Entweder fragen die Angestellten erst am Ende der vereinbarten Zeit, wie

gut man vorangekommen ist. Oder sie haken stündlich nach. Die strengsten Option: Die Belegschaft steht immer wieder stumm hinter den Schreibenden. Und wenn man sein Ziel nicht erreicht hat? Dann kann man es erneut versuchen. Bestraft wird niemand.

203 | Welches ist Deutschlands KLEINSTER FLUGPLATZ?

Wer sich Fehmarn von oben nähert und auf der Ostseeinsel landen möchte, muss vorher Klaus Skerra anrufen. Der 76-Jährige betreibt hier seit 1997 Deutschlands kleinsten Flugplatz. Von April bis Oktober und auch dann erst ab 15 Uhr. Man macht also besser telefonisch einen Landetermin mit ihm aus. Fehmarn-Neujellingsdorf ist einer von zwölf sogenannten Sonderlandeplätzen in Schleswig-Holstein. Maschinen, die hier landen wollen, dürfen maximal zwei Tonnen wiegen. Die Landebahn auf Fehmarns grüner Wiese ist 590 Meter kurz, zweimal 60 Meter Startabbruchstrecke kommen hinzu. Ein Wohnwagen dient bei schlechtem Wetter als Tower, bei gutem tut's ein Strandkorb. Ein paar Plastikstühle unter freiem Himmel ersetzen die Abflughalle. Rund 150 Flugzeuge fertigt Skerra pro Saison ab, auch ausländische. Er ist nicht nur Fluglotse und Sicherheitschef, Catering-Leiter und Pressesprecher, sondern betreibt mit Fehmarn Air auch eine eigene Fluggesellschaft – mit einer Maschine. Einziger Pilot: Klaus Skerra.

204 | Wo steht die HÖCHSTE ACHTERBAHN der Welt?

1884 wurde in New York die 183 Meter lange »Gravity Pleasure Switchback Railway« eingeweiht. Sie gilt als erste Achterbahn der Welt, Bergbaubahnen waren ihr Vorbild. Spitzengeschwindigkeit: neun Kilometer pro Stunde. Es gibt eine allgemeine Achterbahn-Website coaster-count.com, und sie verzeichnet weltweit gut 12 000 meist waghalsige Konstruktionen aus Stahl und Holz. Bis November 2024 hielt im Freizeitpark »Six Flags Great Adventure« in Jackson, New Jersey, die »Kingda Ka« mit 139 Meter Höhe den Weltrekord. Auch in Sachen Geschwindigkeit: Per Hydraulik wurden die Züge in 3,5 Sekunden auf 206 Kilometer pro Stunde beschleunigt – doppelte Erdbeschleunigung, am Ende der senkrechten Abfahrt sogar das 4,5-Fache. Dann wurde die Bahn geschlossen – um bald einer noch sensationelleren Platz zu machen. Aber vermutlich wird die größte Bahn der Welt zukünftig in Riad, Saudi-Arabien, stehen: 2025 soll dort »Falcon's Flight« eröffnet werden: 4250 Meter lang, 195 Meter hoch, Höchstgeschwindigkeit 250 Stundenkilometer.

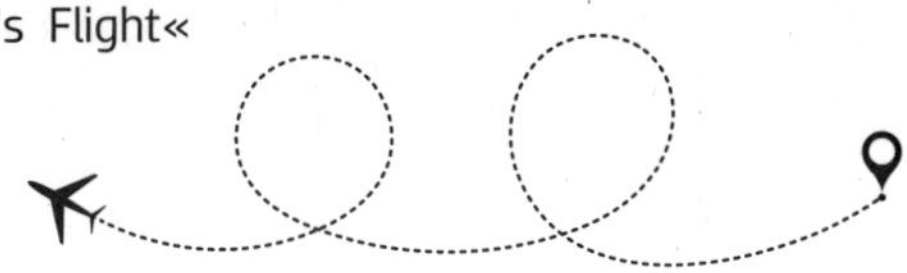

205 | Wie hat James Bond den mexikanischen DÍA DE LOS MUERTOS verändert?

Mit einem farbenprächtigen Umzug gedenken die Menschen am Día de los Muertos ihrer Verstorbenen. Kaum zu glauben: wegen James Bond. Der 1. November ist einer der wichtigsten Feiertage Mexikos. Den Ahnen werden Altäre errichtet, auf den Gräbern picknicken ganze Familien, Kinder bekommen Totenköpfe aus Süßem. Dem Glauben zufolge bekommen an diesem Tag die Lebenden Besuch von den Toten. Und das will fröhlich gefeiert werden. Eine Parade fand jedoch nie statt – bis 2015 »James Bond 007: Spectre« in die Kinos kam. Die Eröffnungsszene zeigt eine Parade in Mexiko-Stadt am Tag der Toten. Mittendurch läuft der britische Geheimagent. Aufgrund des großen weltweiten Interesses beschloss die Regierung, gewissermaßen auf den Zug aufzuspringen und genau eine solche Parade zu organisieren, um Touristen nicht zu enttäuschen. Mit Tänzern, Skelettkostümen und Totenkopfmasken. Die erste, am 29. Oktober 2016 in Mexiko-Stadt, wurde ein voller Erfolg. 250 000 Menschen feierten nun auch auf den Straßen – genau wie im Film.

206 | Können SEGELBOOTE grünen WASSERSTOFF erzeugen?

Segelboote könnten tatsächlich eine wichtige Rolle bei der Produktion von jenem Wasserstoff spielen, der mit erneuerbarer Energie erzeugt wird. Dem britischen Start-up Drift Energy gelang das an Bord eines Katamarans: Während das Boot mit knapp 50 Kilometern pro Stunde segelt, treibt unter

Wasser ein Propeller einen Generator an und erzeugt Strom. Der wird genutzt, um Wasser durch Elektrolyse in Wasserstoff und Sauerstoff zu spalten. Der gewonnene Wasserstoff soll dann zu Häfen transportiert werden; direkt dorthin, wo er gebraucht wird. Zurück bleibt: Sauerstoff. Die Boote von Drift Energy sind besonders effizient: Es sind Tragflügelboote, die sich bei schneller Fahrt aus dem Wasser heben und so ihren Wasserwiderstand verringern. Und navigiert werden sie von einer Software. Mithilfe von Wettervorhersagen und KI finden sie die besten Bedingungen für eine größtmögliche Stromerzeugung. Damit könnten sie mehr als doppelt so lange ausgelastet werden wie herkömmliche Windkraftanlagen.

207 | Muss man im RESTAURANT bezahlen, auch wenn es NICHT schmeckt?

Geschmack ist natürlich höchst subjektiv. Wer sich zum ersten Mal in seinem Leben Austern bestellt und dann herausfindet, dass das so gar nicht sein Fall ist, kann nicht den Wirt dafür büßen lassen. Anders sieht es aus, wenn die Qualität nicht stimmt. Für verdorbene Lebensmittel muss kein Gast bezahlen. Und auch nicht, wenn etwas anderes kommt, als bestellt wurde, Blumenkohl statt Brokkoli etwa oder Pasta statt Reis. Wortlos aufstehen und gehen darf man jedoch nicht. Stattdessen muss das Essen so schnell wie möglich reklamiert werden, um dem Wirt die Möglichkeit zu geben, nachzubessern. Oder es nach Absprache durch ein anderes Gericht zu ersetzen. Wer aber fast vollständig aufisst und sich hinterher beschwert, muss den vollen Preis bezahlen. Juristisch gesehen schuldet der Wirt dem Gast ein Produkt »mittlerer Art und Güte« – und was das ist, bemisst sich nach der »Verkehrsauffassung«, also nach dem, was ein durchschnittlicher Verbraucher erwarten kann. Im Ausflugslokal ist das etwas anderes als in einem Sternerestaurant. Es ist subjektiv, ob einem der Wein schmeckt. Es ist objektiv, wenn er korkt. Natürlich gibt es auch Fälle, die nicht so eindeutig sind. Sicher ist aber: Man muss nicht alles schlucken.

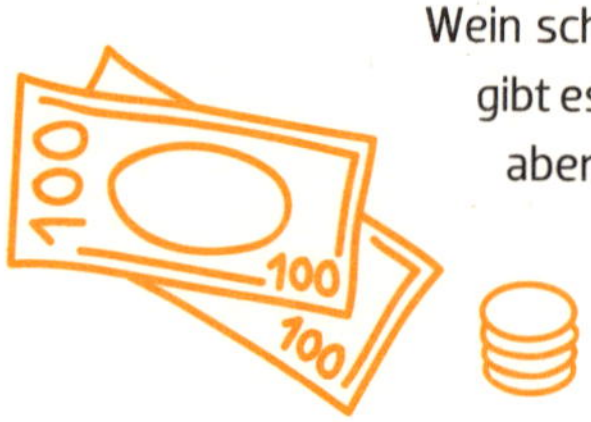

208 | WACHSEN die BERGE zu?

Vor einigen Jahren machte das Klimawandel-Phänomen »Arctic Greening« Schlagzeilen: Die karge Tundra der Arktis wird wegen der milderen Temperaturen immer grüner, 38 Prozent mehr Bewuchs war auf Satellitenaufnahmen zu erkennen. Aber nicht nur die arktischen Weiten wachsen zu. Hoch oben in den Alpen, wo früher nur zäheste Kräuter gediehen, macht sich inzwischen normales Grünzeug breit. Die Auswertung von Aufnahmen ab 1984 ergab fast 80 Prozent mehr grüne Vegetation oberhalb der Baumgrenze. Der größte Zuwachs findet auf rund 2300 Höhenmetern statt. Schneefreie Stellen am Berg sind dafür nicht der Grund. Zwar zieht sich die Schneedecke zurück, diese Veränderung beträgt in den untersuchten Höhenlagen aber nur zehn Prozent. Vielmehr verlängert der genannte Temperaturanstieg die Vegetationsperioden. Gleichzeitig sorgt das Tauwetter für die nötige Bewässerung. Auf der Strecke bleibt die typische Alpenflora mit Edelweiß und Co: Diese Spezialisten halten zwar die alpine Kargheit aus, nicht aber den Konkurrenzdruck durch schnell wachsende Pflanzenarten.

209 | Wer beendete das ZEITALTER der SCHWARZBRENNER in Schottland?

Bis ins Jahr 1823 waren die Steuern, die die britische Regierung auf Whisky erhob, so hoch, dass fast alle Brennereien nur noch illegal tief verborgen in den Hügeln Schottlands produzierten. Dann hatte Alexander Gordon, Oberhaupt des mächtigen schottischen Gordon-Clans, eine Idee. Mit dem »Excise Act« senkte er die Steuern pro Gallone drastisch. Dazu wurde eine einmalige Lizenzgebühr von zehn Pfund fällig, und keine Destille durfte mehr als 141,4 Liter reinen Alkohol pro Jahr produzieren. Im Folgejahr meldete der Landwirt George Smith eine legale Whiskybrennerei nach den neuen Regeln in der Region Moray an. Das gefiel nicht jedem: Angeblich kaufte Smith sich zwei Pistolen, da er den Zorn seiner Nachbarn fürchtete. Die Brennerei florierte bald derart, dass Smith im Jahr 1858 eine halbe Meile entfernt eine größere bauen musste. Dort stehen noch heute die Produktionsanlagen von The Glenlivet. Sie gehört mittlerweile zum Spirituosenkonzern Pernod Ricard.

210 | Wovon ERNÄHRTEN sich die ERSTEN AUSTRALIER?

Bei Ausgrabungen in Wood Point im Süden Australiens fand ein Forschungsteam angebrannte Eierschalen, rund 50 000 Jahre alt. Frühe Australier erhitzten die Eier im Feuer und aßen sie. Doch von welchem Tier stammten sie? Mögliche Kandidaten waren Genyornis, eine im Pleistozän ausgestorbene Gattung der Donnervögel, sowie Progura, ein ebenfalls ausgestorbenes Großfußhuhn. Die Bestimmung war schwierig, da sich im heißen Klima Australiens kaum DNA in der harten Eierschale erhalten hat. Mithilfe einer neuen Technik konnte aber vor einiger Zeit die Spezies bestimmt werden: Es handelt sich um die Eier der Genyornis-Vögel, die vor etwa 47 000 Jahren plötzlich ausstarben. Sie wurden rund zwei Meter groß, hatten winzige Flügel und kräftige Beine. Sie brachten 220 bis 240 Kilo auf die Waage, ein etwa melonengroßes Ei allein wog rund 1,5 Kilo. Genyornis gehört zu den Arten von Megafauna, die nach Ankunft der Menschen in Australien ausstarben. Der Verzehr der Eier könnte dazu maßgeblich beigetragen haben.

211 | Wo liegen die größten CONTAINERHÄFEN der Welt?

Schiffscontainer gibt es erst seit knapp einem halben Jahrhundert. Doch ihre Erfindung leitete einen Transportboom ein. Ohne die standardisierten Stahlkästen geht kaum noch etwas im Welthandel, denn nur sie können perfekt zwischen Schiff, Schiene und Straße verladen werden. Für einen Standardcontainer gilt die internationale Maßeinheit TEU, die »Twenty-Foot Equivalent Unit«: 20 Fuß lang (6,06 Meter), 8 Fuß (2,44 Meter) breit und hoch. International dreht sich deshalb alles um diese Messgröße: Welcher Hafen lädt wie viele Millionen TEU pro Jahr um? Unangefochtene Nummer eins ist der Megahafen von Shanghai. Hier wurden 2023 über 47 Millionen Container abgefertigt. Atemberaubend ist nicht nur die Größe des Hafens, sondern auch sein explosionsartiges Wachstum: Zur Jahrtausendwende schaffte Shanghai »nur« 5,6 Millionen Container. Noch weitere sechs chinesische Containerhäfen stehen auf der Liste der zehn größten der Welt, der Hauptakteur im diesem

Business heißt also China. Immerhin: Die Nummer zwei liegt in Singapur. Ihm sitzt aber die nächste Konkurrenz aus China bereits im Nacken: Ningbo-Zhoushan, Shanghais Nachbarhafen. In Europa kann nur Rotterdam in der globalen Champions League mithalten, mit 15,3 Millionen TEU pro Jahr. Hamburg, der größte Containerhafen Deutschlands, liegt aktuell mit 8,5 Millionen TEU nicht mehr unter den Top 20.

212 | Wo entsteht der MILLENNIUM TOWER?

Der höchste Wolkenkratzer der Europäischen Union wird ab 2025/26 in Frankfurt am Main gebaut. Der Büroturm soll im Europaviertel stehen und voraussichtlich 288 Meter hoch werden. In schwindelerregender Höhe wird es dann die »Skyhall« geben, eine verglaste, öffentliche Aussichtsplattform. Auf demselben Areal soll ein 157 Meter hoher Wohnturm entstehen. Den Namen »Millenium Tower« verdankt das Gebäude seiner längeren Geschichte: Die Planungen begannen bereits um das Jahr 2000. Es ist zu hoffen, dass das Projekt, das 2030 fertig sein soll, nicht auf solch schiefe Bahnen gerät wie sein Namensvetter, der 200 Meter hohe Millennium Tower in San Francisco. Der neigt sich nämlich seit Jahren und ist bereits um fast 70 Zentimeter zur Seite gekippt. Frankfurt will sich mit dem neuen Turm weiter als die deutsche Stadt mit der beeindruckendsten Skyline präsentieren – schließlich steht dort auch seit 1997 mit dem 259 Meter hohen »Commerzbank Tower« der höchste Wolkenkratzer Deutschlands.

213 | Wo kann man im ATOMKRAFTWERK KARUSSELL fahren?

Das »Wunderland Kalkar« am Niederrhein an der holländischen Grenze ist die einzige AKW-Anlage auf der Welt, die zum Freizeitpark umfunktioniert wurde – mit Spiel, Spaß und Fahrgeschäften. Ab 1973 war hier das berühmt-berüchtigte Kernkraftwerk Kalkar ans Rheinufer gesetzt worden. Der »Schnelle Brüter« war nach zwölf Jahren Bauzeit und einem Aufwand von sieben

Milliarden D-Mark fertig, ging er jedoch nie ans Netz – aufgrund sicherheitstechnischer Kontroversen, der wachsenden Anti-AKW-Bewegung sowie der Reaktorkatastrophe von Harrisburg 1979. Da sich der ursprüngliche Zweck der Bauten kaum verschleiern ließ, wurde bei der Konzeption des Vergnügungsparks die Flucht nach vorn angetreten: Die gewaltige Kühlturmfassade, die einzige Erhebung in der flachen Landschaft, wurde außen mit einem pastellfarbenen Bergpanorama verziert und zur Mega-Kletterwand umfunktioniert. Drinnen im Kühlturm sind die Betonwände zwar grau und kahl, wurden aber zur Attraktion »Echoland«: Jedes Flüstern ist zu hören, weil der Schall so stark reflektiert wird. Daneben das eigentliche Highlight: ein Kettenkarussell im Kühlturm, 58 Meter hoch. In voller Fahrt schwebt man über die Oberkante der Betonwand hinaus – mit Blick über den Kühlturmrand und Aussicht über die weite Flusslandschaft. Viele weitere Vergnügungen gibt es auf dem 19-Hektar-Areal und mehrere Hotels.

214 | Wo liegt das »LAND DER ZWILLINGE«?

Die Wahrscheinlichkeit, in Deutschland bei natürlich entstandenen Schwangerschaften Zwillinge zu bekommen, beträgt laut Statistik 1,2 Prozent. Darüber können die Bewohner von Igbo-Ora im Südwesten Nigerias nur lachen. Zwillingsgeburten sind hier so häufig wie in kaum einem anderen Ort der Welt: bei 50 von 1000 Geburten. Darum wird die Stadt auch »Heimat der Zwillinge« oder »Land der Zwillinge« genannt. Heutzutage gelten sie den dort heimischen Yoruba als Geschenke Gottes, ihre Geburt sei ein gutes Omen, heißt es. Die Yoruba glauben, dass Zwillinge über eine gemeinsame Seele verfügen. Stirbt ein Zwilling, wird dem überlebenden Kind eine Holzfigur zur Seite gestellt, in der die Seelenhälfte des Verstorbenen weiterleben soll. Warum es so oft zu Zwillingsgeburten kommt, ist noch nicht genau bekannt, möglicherweise spielen Ernährungsgewohnheiten der Mutter eine Rolle.

215 | Geht dem WINTERSPORT der Schnee aus?

Schnee, der vom Himmel fällt: In manchen Skigebieten der Alpen ist das fast schon ein Anachronismus. Für Liftbetreiber ist dieser »Naturschnee« oft sogar eher ein Ärgernis: Wann, in welcher Menge und Qualität er zur Verfügung steht, ist unberechenbar – und arbeitsintensiv. Deshalb gibt es seit etwa 25 Jahren den »technischen« Schnee. Auch er besteht allein aus Wasser und Luft, doch er kann mithilfe von Schneekanonen in beliebiger Menge produziert werden. In den großen Skiarenen hat sich der alpine Skisport von den Rahmenbedingungen der Natur fast entkoppelt. Kunstschnee ist mit rund 400 Kilo pro Kubikmeter viermal dichter und deswegen widerstandsfähiger als Naturschnee. Dafür aber benötigt die Produktion eine riesige Infrastruktur, von Speicherseen bis Rohrleitungen.

Die Auswirkungen auf die Natur sind beträchtlich. Zwischen Wien und Nizza wird die Hälfte der gesamten Pistenfläche mit etwa 280 Millionen Kubikmeter Wasser beschneit. Dieses Wasser steht dann der Natur lokal nicht zur Verfügung. Und Kunstschnee verändert die Böden, auf die er fällt, denn er ist mineral- und nährstoffreicher als natürlicher Schnee, was einige Pflanzenarten begünstigt, andere benachteiligt. Im Bereich von Skipisten blühen elf Prozent weniger Arten als auf vergleichbaren Wiesen. Die Pisten sehen im Sommer zwar grün aus, sind aber betonhart. Es steigt die Gefahr von Erosion, Erdrutschen und Muren.

Aber trotz allem spielt die Beschneiung in der Ökobilanz des alpinen Skisports nur eine zweitrangige Rolle. Das Hauptproblem: Immer noch fahren 86 Prozent der Skifahrer mit dem Auto in die Skigebiete – mit entsprechend hohen CO_2-Emissionen. So ist es derzeit eine Spirale: Weil die Winter trockener und wärmer werden, müssen Skigebiete mehr Schnee produzieren. Der lockt Autofahrer in die Berge, was zu weiteren trockenen Wintern führt.

216 | Wird der PERSISCHE GOLF zukünftig UNBEWOHNBAR?

Anfang August 2003 ächzte Europa unter einer Hitzewelle, die in Portugal für eine Rekord-Spitzentemperatur von 47,3 Grad Celsius sorgte. Über 40 000 Europäer fielen dem Jahrhundertsommer zum Opfer. Doch im Vergleich zu dem, was den arabischen Ländern am Persischen Golf infolge des Klimawandels droht, wäre das »wie eine Erfrischung«, warnt der Umweltforscher Jeremy Pal. Zwischen 2071 und 2100 wird in Städten wie Doha, Dubai und Abu Dhabi mitunter eine Hitzeschwelle überschritten werden, jenseits derer der Mensch nicht überleben kann – selbst in schattigen, gut durchlüfteten Arealen.

Entscheidend ist die sogenannte Feuchttemperatur, ein Wert, der Temperatur und Feuchte der Luft kombiniert. Im iranischen Bandar Mahschahr zum Beispiel wurden am 31. Juli 2015 46 Grad Celsius bei 49 Prozent relativer Luftfeuchte erreicht. Das entspricht 34,6 Grad Feuchttemperatur. Damit wurde beinahe erstmals die kritische Schwelle von 35 Grad auf dieser Skala erreicht. Jenseits dieses Wertes ist unser Organismus ohne technische Hilfe nicht mehr in der Lage, eine Körpertemperatur von rund 37 Grad zu halten, indem er die Hitze durch Schwitzen und die daraus resultierende Verdunstungskälte ausgleicht. Nach spätestens sechs Stunden versagen dann die Organe – auch wenn ein Mensch jung und fit ist. Wenn die globale Durchschnittstemperatur bis 2100 um vier Grad steigt, wird die 35-Grad-Schwelle in den Städten am Persischen Golf etwa alle zehn Jahre übertroffen, sagt die Studie des Forschers. Die Region ist besonders anfällig für Hitzewellen, denn es gibt kaum Berge, dafür aber klare Luft sowie einen großen, flachen Wasserkörper, der für viel Verdunstung und Luftfeuchte sorgt.

217 | Warum greifen ORCAS Boote an?

Seit 2020 gibt es Berichte, wonach an der Küste von Spanien und Portugal Segel- und Fischerboote immer wieder gezielt von Orcas attackiert werden. Dabei nähern sich mehrere Schwertwale einem Schiff vorwiegend von hinten, tauchen dann unter, rammen den Rumpf und beißen in die Ruder. Einige Boote sind anschließend nicht mehr manövrierfähig. Was steckt hinter diesen Überfällen, die bis zu zwei Stunden anhalten können? Eine Arbeitsgruppe von Forschenden versucht, der Sache auf den Grund zu gehen. In ihrer Studie werden zunächst neun Schwertwale identifiziert, die für die Attacken verantwortlich sind und zur sogenannten Gladis-Gruppe gehören. Die Tiere könnten die Schiffe als Konkurrenten sehen. Orcas leben in Familienverbänden aus Großmüttern, Müttern und deren Nachwuchs. Doch eine belastbare Erklärung, warum der Familienverband sich so verhält, hat auch die Arbeitsgruppe noch nicht, bislang gibt es nur Vermutungen. Die Schwertwale der Region gehören zu einer Population, die vom Aussterben bedroht ist, und scheinen unter starkem Stress zu stehen. Sie jagen Thunfisch und konkurrieren mit den Fischerbooten in ihren Gewässern um dieselbe Beute, wobei es immer wieder zu Konflikten kommt. Aber auch Whalewatching-Boote könnten die Tiere vermehrt unter Druck setzen. Mittlerweile sind die Forschenden der Ansicht, dass die Schwertwale mit ihren Angriffen tatsächlich versuchen, die Schiffe an der Weiterfahrt zu hindern. Denn offenbar verstehen sie die Funktion eines Ruders und attackieren es gezielt. Haben sie Erfolg, animiert das womöglich andere Familienmitglieder, es ihnen gleichzutun.

218 | WAS konnte man während des GOLDRAUSCHES in Australien in einem Laden KAUFEN?

Anscheinend tranken die Bewohner der australischen Stadt Melbourne lieber Kaffee als Tee – selbst als Australien noch aus britischen Kolonien bestand. Das zumindest legt der Fund eines kleinen Ladens nahe, der bei Voruntersuchungen zum Bau der Metrostation Town Hall zutage kam. Der »John Connell General Store« war in der Zeit des australischen Goldrausches in den

1850er-Jahren einem Feuer zum Opfer gefallen. Die Hitze hatte viele der Waren verkohlt und damit für die Archäologie erhalten. Neben den Kaffeebohnen füllten englische Kekse sowie Nudeln und Obst die Regale. Der Laden erzählt von einer spannenden Zeit in der Geschichte Australiens. Am 22. August 1851 wurde nordöstlich von Melbourne Gold entdeckt. Im dadurch ausgelösten Goldrausch kamen erstmals viele Einwanderer freiwillig nach Australien, das zuvor von den Briten als Strafkolonie genutzt worden war. Der Zustrom von freien Europäern führte letztendlich zur Unabhängigkeit Australiens von den Briten.

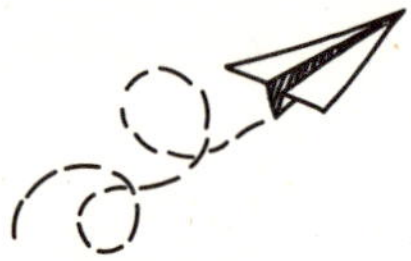

219 | An welchen **SEHENSWÜRDIGKEITEN** ist Fotografieren **VERBOTEN**?

Erinnerungsfotos sind oft die schönsten Urlaubssouvenirs. Doch im Zeitalter von Instagram und Co., in dem solche Fotos auch für die Öffentlichkeit sichtbar sind, rücken bestimmte rechtliche Aspekte in den Vordergrund. Zur Erinnerung: Ein Foto von unbekannten Dritten bedarf deren ausdrücklicher Zustimmung. Eine Ausnahme macht der Gesetzgeber nur, wenn die Personen »nur als Beiwerk (...) erscheinen«. Rechtliche Einschränkungen bei der Veröffentlichung von Bildern gelten auch bei Kunstwerken, etwa berühmten Gemälden. So erlischt beispielsweise das persönliche Verwertungsrecht generell erst 70 Jahre nach dem Tod des Künstlers. Unter diese EU-Regel fallen auch Inszenierungen, weshalb es – offiziell – verboten ist, Aufnahmen von der Lichtshow am Eiffelturm zu veröffentlichen. Ein Bild des Bauwerks an sich ist dagegen unproblematisch. An manchen Orten ist, unabhängig von einer Veröffentlichung, selbst das Fotografieren verboten: Dazu gehören etwa Militäranlagen, Höhlen mit empfindlichen Malereien oder das Innere vieler Moscheen. Aber auch touristische Top-Sehenswürdigkeiten: etwa die Sixtinische Kapelle im Vatikanstaat, das rekonstruierte Bernsteinzimmer in Sankt Petersburg, Westminster Abbey in London oder das Innere des Taj Mahal. Mal will man sensible Fresken vor Blitzlicht schützen, mal die sakrale und intime Atmosphäre eines Gebäudes. Und dann gibt es da noch Sehenswürdigkeiten, die nur mit Genehmigung abgelichtet werden dürfen.

Das gilt zum Beispiel für die »Wolkenmädchen« in Sri Lanka. Ohne offizielle Erlaubnis droht Knipsern der rund 1500 Jahre alten Felsfresken eine empfindliche Geldstrafe.

220 | Warum SCHRUMPFT der EIFFELTURM im Winter?

Als der Eiffelturm 1889 fertiggestellt wurde, maß er 312 Meter und galt damit als höchstes Bauwerk der Welt. Inzwischen ist das Pariser Wahrzeichen sogar noch einige Meter höher. Grund dafür sind verschiedene Radio- und Fernsehantennen, die auf ihm montiert wurden. Seit März 2022 kommt er auf 330 Meter: Ein Hubschrauber flog die neueste Antenne für die Übertragung des Digitalradios auf die Spitze. Die Höhe des Turms kann sich auch im Laufe eines Jahres verändern. Das liegt am Baumaterial Eisen. Mehr als 18 000 Eisenteile und rund 2,5 Millionen Eisennieten stecken in der Konstruktion. Wie andere Materialien auch, dehnt sich Eisen bei Hitze aus und zieht sich bei Kälte zusammen. In klirrend kalten Wintern schrumpft der Eiffelturm deshalb etwas, und in heißen Sommern wächst er entsprechend. Zwischen 15 und 30 Zentimeter kann die Schwankung der exakten Höhe betragen. Mit bloßem Auge ist das allerdings nicht zu erkennen.

221 | Warum gehört für Millionen JAPANER Fast-Food-Hühnchen zu WEIHNACHTEN?

Ein Weihnachtsmenü aus dem Schnellimbiss? Für die meisten Europäer ein gruseliger Gedanke. In Japan dagegen setzt zu Weihnachten ein Run auf die Filialen von Kentucky Fried Chicken (KFC) ein. Wer die »Party Box« nicht vorbestellt hat, könnte leer ausgehen. Der Inhalt: acht frittierte Hähnchenteile, eine kleine Mikrowellenlasagne, ein Schokoladenküchlein und ein

Deko-Sammelteller. Der Ursprung der seltsamen Sitte liegt in den 1970er-Jahren. Ende 1970 eröffnete die Fast-Food-Kette in Nagoya die erste Filiale in Japan. Das Geschäft lief schleppend. Wie es dann zum weihnachtlichen Hühner-Hype kam, dazu kursieren verschiedene Geschichten. Nach der von Filialleiter Takeshi Okawara erzählten Variante war er als Weihnachtsmann für einen Kindergarten engagiert, verteilte tanzend frittierte Hähnchenteile und sang dazu so etwas wie »Kentucky Christmas. Happy, happy!«. Offenbar mit sehr nachhaltigem Eindruck. Die andere Version: Okawara bemerkte, dass Amerikaner in Japan den traditionellen Truthahn vermissten. Mit Truthahn konnte er nicht dienen, also vermarktete er Hähnchen als Weihnachtsessen. Und da damals alles, was westlich war, in Japan auf fruchtbaren Boden fiel, wurde das als »amerikanische Tradition« schnell aufgenommen. Ohnehin ist Weihnachten in Japan zwar wegen des Schmucks und der Beleuchtung beliebt – als christlich bezeichnen sich aber nur weniger als ein Prozent der Bevölkerung. Die Festtagsbox wurde bereits 1974 japanweit beworben – mit dem Slogan »Kentucky is Christmas!«. Dem Firmenlogo »Colonel Sanders« wird ein entsprechendes Kostüm übergeworfen und prägt so das Weihnachtsmannbild vieler Japaner.

222 | Wo befindet sich die LÄNGSTE SEILBRÜCKE der Welt?

Spektakuläre Hängebrücken verheißen Nervenkitzel und unvergessliche Aussichten. Die Mischung aus familientauglichem Naturerlebnis und selfietauglichem Thrill kommt besonders gut an, wenn mit einem Superlativ geworben wird. Um den Titel der weltlängsten Fußgängerbrücke hat jedenfalls ein regelrechtes Wettrennen eingesetzt. 2020 noch kam der Spitzenreiter aus Nepal, 2021 aus dem portugiesischen Arouca, Anfang 2022 dann aus Vietnam. Im Mai 2022 eröffnete der derzeitige Rekordhalter im ostböhmischen Dolní Morava. Die »Sky Bridge 721« ist so lang, wie ihr Name sagt: Auf 721 Metern führt die nur in eine Richtung begehbare, kostenpflichtige Brücke über das Tal Mlýnické údolí und verbindet in einer Höhe von bis zu 95 Metern zwei Gebirgskämme. Zum Gesamterlebnis gehören auch der zwei Kilometer lange Naturlehrpfad »Brücke der Zeit«, ein im Gegensatz zur Seilbrücke rund ums Jahr geöffneter Aussichtsturm samt 100-Meter-Rutsche und eine Rodelbahn im Sommer sowie Skipisten im Winter.

223 | Wo SCHNEIT es in der SAHARA?

Die größte Trockenwüste der Welt ist als heißer und sandig-felsiger Ort bekannt: Tagsüber steigen die Temperaturen in der Sahara mitunter auf mehr als 50 Grad Celsius. Dennoch lag im Januar 2022 im algerischen Teil der Wüste mancherorts Schnee, Eiskristalle durchzogen die Dünen. Wie kam es dazu? Unter klarem Himmel wird es in der Wüste nachts schnell kalt, besonders dort, wo Berge aufragen: Bis zu 4167 Meter hoch sind etwa die Gipfel des Atlasgebirges, das sich auf 2500 Kilometern über Marokko, Algerien und Tunesien erstreckt. Hier können die Temperaturen sogar auf weniger als minus zehn Grad Celsius fallen. Das Atlasgebirge trennt die Küsten Nordwestafrikas von der Sahara. Im Winter zieht die kühle, feuchte Seeluft vom Mittelmeer und vom Atlantik in Richtung des Gebirges. Ist es an solchen Tagen frostig genug, schneit es an den Bergen. Und wenn dann auch noch die Erdoberfläche in der gebirgigen Wüste ausreichend kalt ist, bleiben die Eiskristalle als Schneedecke liegen. Besonders häufig dokumentiert ist dieses Phänomen in der Wüstenstadt Aïn Séfra. Ihr Spitzname: »Tor zur Wüste«. Sie liegt in den südlichen Ausläufern des Atlasgebirges, etwa 1000 Meter über dem Meeresspiegel. Lange war Schnee hier äußerst selten. Weiße Flocken sah man 1979 – und danach für fast 40 Jahre nicht mehr. Doch 2016 fiel erneut Schnee, fast einen Meter hoch. Seitdem schneite es hier beinahe jedes Jahr.

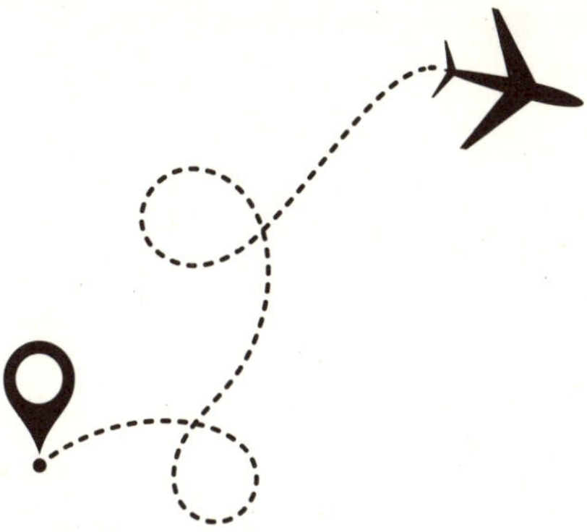

224 | HALF ein heute ausgetrockneter NILARM beim PYRAMIDENBAU?

Bis heute ist nicht genau bekannt, wie die schweren Steinblöcke im Jahr 2560 v. Chr. beim Bau der Großen Pyramide von Giseh vom Nil rund sieben Kilometer weit bis zum Bauplatz geschafft wurden. Zwar war die Distanz vor 4500 Jahren noch nicht ganz so groß wie heute, da das Flussbett des Nils mit der Zeit gewandert ist. Doch auch zur Bauzeit betrug die Strecke mehrere Kilometer. Die Forschung vermutete schon lange, dass es damals einen Seitenzweig des Nils gab, den sogenannten Cheops-Arm, der bis dicht an das Plateau heranführte und schiffbar war. Für den Rest der Strecke gab es einen Kanal, auf dem Lastschiffe die schweren Steinblöcke bis direkt an den Bauplatz bringen konnten. Die hydraulische Wirkung der jährlichen Nilschwemme half dabei zusätzlich auf natürliche Weise nach.

Die Existenz dieses Cheops-Arms konnte ein Forschungsteam inzwischen nachweisen, indem es Bereiche untersuchte, wo zu Zeiten des Pyramidenbaus noch Wasser geflossen sein müsste. Tatsächlich wurden im Sediment Pollen von Pflanzen gefunden, die zum Wachsen viel Wasser brauchen: Papyrus, Seggen, Datteln, Palmen, Getreide und Farne. Das Team konnte so für einen Zeitraum von über 8000 Jahren zeigen, wann welche Pflanzen gediehen – und wann das Wasser nicht mehr ausreichte. Die Ergebnisse passten zu Daten, die aus historischen Texten bekannt sind. Bis 3500 v. Chr. war es noch ziemlich feucht in Ägypten. Als Cheops mit dem Bau seines riesigen Grabmals begann, reichte der Seitenarm des Nils noch für die Speisung eines Kanals und zuverlässigen Schiffsverkehr. Erst um etwa 600 v. Chr. trocknete er dann vollständig aus.

225 | Wie könnte **ISLAND** vom Klimawandel **PROFITIEREN?**

Keine Region der Welt erwärmt sich so schnell wie die Arktis. Seit 1979 hat das arktische Eisvolumen etwa um die Hälfte abgenommen. Doch was Ökologen beunruhigt, weckt bei vielen Staaten auch neue Interessen. Arktis-Anrainer, allen voran Russland, erheben territoriale Ansprüche. Denn das Schmelzen der Eisflächen setzt neue Routen für die Schifffahrt frei – und Bodenschätze. Riesige Öl- und Gasvorräte werden in der Arktis vermutet. Zu den ökonomischen Profiteuren einer eisfreien Arktis könnte auch Island gehören. Im Finnafjord, dem nordöstlichen Zipfel des Landes, soll ein riesiger Industriehafen entstehen – das Tor neuer Polarmeerrouten zum Nordatlantik. Drei Routen führen durch den Arktischen Ozean: die Nordwestpassage vorbei an den kanadischen Inseln, die Nordostpassage entlang der russischen Küste und die transpolare Route. Sie ist die kürzeste Route, führt durch tiefere und vor allem internationale Gewässer und lässt so nationale Regulierungen und Transitgebühren außen vor. Noch ist sie wegen des Eises nicht profitabel befahrbar – doch das könnte sich schon in den nächsten Jahrzehnten ändern. Ein isländischer Großhafen könnte dann Container aus Asien auf Zubringerschiffe für europäische Häfen verladen. Auf andere Weise profitiert Island schon heute vom Klimawandel: So fliehen viele Fischarten vom wärmer werdenden Atlantik in die kälteren Gewässer des Nordens. Ein Geschenk für ein Land, das einen Großteil seiner Wirtschaftsleistung mit Fischexporten erzielt. Das mildere Klima trägt auch zum Boom des Tourismus bei, dem am schnellsten wachsenden Wirtschaftszweig Islands.

226 | Was ist ein **ALBERGO DIFFUSO?**

Der aus dem Italienischen stammende Begriff bedeutet »verstreutes Hotel«. Und darum geht es auch: Ein Albergo Diffuso ist ein Hotel, bei dem Geschäftsführung und Organisation zwar in einer Hand liegen, die zur Übernachtung angebotenen Gästezimmer aber über ein ganzes Dorf verteilt sind. Genutzt werden dafür meist Zimmer und Zweitwohnungen von Privatpersonen, separat zugänglich, aber oft mit Familienanschluss. Wie in einem normalen Hotel werden im Albergo Diffuso täglich die Zimmer gereinigt und auf Wunsch Frühstück und kleine Mahlzeiten serviert. Die zentral gelegene Rezeption ist von jedem der Zimmer in wenigen Gehminuten erreichbar. Neuankömmlinge bekommen hier Schlüssel, Lageplan und Tipps. Das Hotelkonzept wurde in den späten 1970er-Jahren in der Region Friaul-Julisch Venetien erfunden. Alberghi Diffusi bieten besonders in historischen Orten ohne Massenunterkünfte eine vergleichsweise authentische und nachhaltige Wohnform. Inzwischen gehören mehr als 80 Dörfer zur »Associazione Nazionale Alberghi Diffusi«, seit 2022 auch ein erstes außerhalb Italiens: das Zwölf-Seelen-Dörfchen Corippo im schweizerischen Verzascatal. Dort bieten fünf Häuser Zimmer mit insgesamt 26 Betten. Die Osteria dient als Rezeption und Treffpunkt mit Aussichtsterrasse. Ganz im Zeichen der Nachhaltigkeit bewahrt die Umsetzung des Hotelprojekts die historische Architektur des Tessiner Dorfs mit seinen typischen Rustico-Landhäuschen und schafft gleichzeitig eine touristische Einnahmequelle, die für den Fortbestand des winzigen Ortes sorgt – ein Hauptziel aller Alberghi Diffusi.

227 | Helfen zukünftig DROHNEN bei der BERGRETTUNG?

Wenn Wanderer oder Kletterer in den Schweizer Alpen vermisst werden, macht sich die Rettungsflugwacht (Rega) auf die Suche. Doch bei schlechter Sicht können die Helikopter nicht fliegen. Darum wird nun eine neue Hightech-Drohne erprobt, ein unbemannter Minihubschrauber. Der kann mithilfe des Satellitennavigationssystems GNSS metergenau auf einer vordefinierten Route über sein Einsatzgebiet fliegen. Er folgt in rund 80 bis 100 Metern Höhe dem Gelände, erkennt Hindernisse und weicht ihnen autonom aus. Zur Personensuche nutzt die Drohne eine Wärmebildkamera. Künstliche Intelligenz durchsucht deren Bilder nach typischen Körperformen und der Wärmestrahlung von Menschen. Vermutet die Software auf einem Bild eine Person, sendet die Drohne es zur Prüfung an die Bergretter im Kontrollzentrum. Zudem ortet das Fluggerät Menschen auch über ihr Smartphone – selbst in Gebieten ohne Handyempfang. Dazu simuliert die Drohne eine Mobilfunkantenne. Trägt die vermisste Person ein eingeschaltetes Smartphone bei sich, verbindet es sich automatisch mit der vorbeifliegenden Drohne. Bewähren sich die Geräte, wollen die Bergretter sie zukünftig flächendeckend in der Schweiz einsetzen.

228 | WO steigt das größte LITERATURFESTIVAL Asiens?

Indien ist seit 2023 bevölkerungsreichster Staat der Welt. Es ist zudem die fünftgrößte Wirtschaftsmacht, aber es versteht sich vor allem auch als Kulturnation. So beheimatet Indien das wohl größte Literaturfestival Asiens: das Jaipur Literature Festival (JLF). 2006 hatten der schottische Historiker William Dalrymple und die indische Autorin Namita Gokhale die Idee zu einem Forum für die indische Bücherwelt – zu der auch englischsprachige Literatur gehört. Zahlreiche Autorinnen, Wissenschaftler und Künstlerinnen sind seither in Jaipur aufgetreten, 2022 standen gleich vier Nobelpreisträger auf dem Programm. Inzwischen sind Ableger des JLF auf der ganzen Welt entstanden: in New York, London, Toronto und Seattle. Die Originalversion aber gibt es nur in der Drei-Millionen-Metropole Jaipur, genannt »Pink City« wegen der vielen rosaroten Fassaden. Hier gelingt der unnachahmliche Mix aus Shakespeare und Bollywood – in einem Land mit einer Alphabetisierungsquote von knapp über 70 Prozent.

229 | WEN darf ich FILMEN oder FOTOGRAFIEREN?

Ein Porträt, auf dem die abgebildete Person eindeutig zu erkennen ist: So etwas konnten sich einst nur Reiche und Mächtige leisten. Im Zeitalter der Fotografie sind solche Bilder alltäglich geworden. Dennoch stellt der Mensch ein besonderes Fotomotiv dar, weshalb hier auch besondere Regeln gelten. Bereits das Grundgesetz liefert wichtige Voraussetzungen: Aus der Garantie der Menschenwürde mit Freiheits- und Persönlichkeitsrechten lässt sich auch ableiten, dass kein Mensch gegen seinen Willen fotografiert oder gefilmt werden sollte. Natürlich muss aber nicht für jedes Foto extra ein Vertrag aufgesetzt werden. Ein freundliches Lächeln in Richtung Kamera reicht als Zustimmung meist aus.

Wer mit Bildern allerdings in die Privatsphäre oder die Würde anderer Menschen eingreift, begeht eine Straftat: Das Strafgesetzbuch behandelt in Paragraf 201a (»Paparazzi-Paragraf«) die »Verletzung des höchstpersönlichen Lebensbereichs und von Persönlichkeitsrechten durch Bildaufnahmen«. Wer andere also in geschützten Räumen oder im Zustand der Hilflosigkeit filmt oder fotografiert, riskiert eine zweijährige Gefängnisstrafe. Peinliche Handyfotos und -filme sind kein Kavaliersdelikt, und auch Privatfotos aus Beziehungen müssen unter Verschluss bleiben. Das gilt erst recht, wenn Fotos geteilt oder verbreitet werden. Dann greift Paragraf 22 des Kunsturhebergesetzes: »Bildnisse dürfen nur mit Einwilligung des Abgebildeten verbreitet oder öffentlich zur Schau gestellt werden« – und das bis zehn Jahre nach dessen Tod. Wenige Ausnahmen gelten für Personen des öffentlichen Lebens wie etwa Politiker – und für Menschen, die zufällig als »Beiwerk« anderer Motive, etwa einer Sehenswürdigkeit, ins Bild geraten.

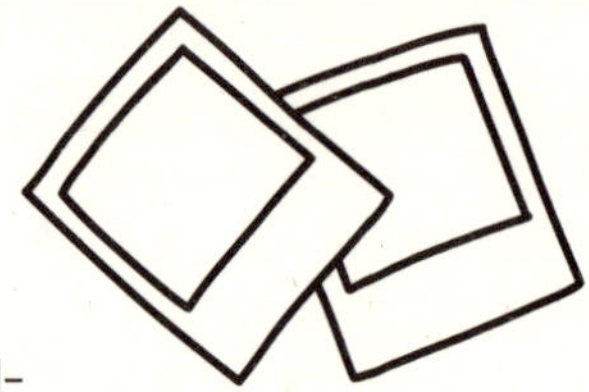

230 | WIE können Flugzeuge *klimafreundlich* werden?

2023 wurden weltweit rund 348 Milliarden Liter Kerosin verflogen. Und es wird immer mehr, was den Klimawandel befeuert. Es muss sich also Grundlegendes ändern: Gesucht wird ein klimafreundlicher Antrieb. Bei Stromantrieben stellt das Gewicht der riesigen Batterien ein großes Problem dar. Energie ließe sich auch in klimaneutralem Wasserstoff speichern. Der hat zwar wenig Gewicht, dafür aber das Vierfache an Volumen. Nötig ist also ein Speicher, der viel Energie auf wenig Raum und Gewicht vereint. Auch sollten sich bestehende Flugzeuge darauf nachrüsten lassen.

Als realistische Lösung gilt daher Sustainable Aviation Fuel (SAF): fossilfrei und nachhaltig hergestellter Kraftstoff. Zurzeit werden die Dichtungssysteme deutscher Passagierflugzeuge ausgetauscht, damit sie spätestens ab 2030 mit SAF fliegen könnten. Die größte Hoffnung liegt bei der Herstellung derzeit auf dem »Direct Air Capture Power-to-Liquid (PtL)«-Verfahren, bei dem Kohlendioxid aus der Luft gefiltert und dann zu Kohlenmonoxid umgewandelt wird. Das wird dann zusammen mit grünem Wasserstoff unter hohem Druck durch einen Katalysator gepresst, dabei bilden sich die gewünschten Kohlenwasserstoffe. Bis 2030 sollen 200 000 Tonnen PtL-Kerosin in Deutschland produziert werden, das entspricht allerdings nur zwei Prozent des Kerosinabsatzes derzeit. Der gesamte deutsche Flugverkehr lässt sich also nicht innerhalb weniger Jahre damit versorgen. Die Herstellung ist aufwendig und teuer. Mit staatlicher Unterstützung wäre im Idealfall 2050 bis zu 100 Prozent Versorgung mit synthetischem Treibstoff möglich. Doch für Reisende würde dies teuer: Ein Flug würde etwa 25 Prozent mehr kosten als heute.

231 | Warum wachsen die **RENTIERBESTÄNDE** auf Spitzbergen?

Im hohen Norden vollzieht sich die Erderwärmung im Zeitraffer. Spitzbergen wird mittlerweile als »Klima-Hotspot« bezeichnet. Steigende Temperaturen verändern auch die Vegetation, und das wiederum hat Folgen für die Tierwelt. Daher wurden Rentiere vor rund 20 Jahren zu den potenziellen Verlierern der Klimakrise gezählt. Denn wo mehr Regen anstelle von Schnee fällt, überzieht Eis die Moose und Flechten. Das lässt sich – anders als eine Schneedecke – mit den Hufen nicht aufscharren, und die Tiere verhungern. Aber: Seit 1996 haben sich die Rentierpopulationen auf Spitzbergen mehr als verdoppelt. Zwar tritt im Zuge der Erderwärmung genau der Effekt auf: Es fällt mehr Regen, und dadurch bildet sich verstärkt Eis. Aber auch die Vegetation verändert sich und mit ihr die Ernährungsgewohnheiten der Rentiere. Inzwischen wächst auf Spitzbergen vermehrt Gras. Es ist nicht nur nahrhaft, es ragt auch aus den Eisschichten hervor und lässt sich so weiterhin abweiden. Ob diese Umstellung beim Futter aber nun wirklich der Grund für das Erstarken des Bestandes ist, lässt sich noch nicht mit Gewissheit sagen. Zumindest aber sind die düsteren Prognosen für die Rentiere nicht eingetreten.

232 | Kehren **SEEPFERDCHEN** in die **NORDSEE** zurück?

Seepferdchen kommen in der Nordsee eigentlich nicht mehr vor. Sie leben im Ärmelkanal, im Atlantik und im Mittelmeer. Zwar gab es sie vor 1930 auch in den Seegraswiesen der Nordsee. Doch aufgrund einer Pilzinfektion verschwanden die Unterwasserweiden und mit ihnen die kleinen Fische. Nun aber tauchen sie vermehrt wieder auf und werden an die Küsten gespült, vor allem an die der Ostfriesischen Inseln. Forschende rätseln: Sind es Rückkehrer, die wieder in der Nordsee leben, oder kommen sie als blinde Passagiere von Frachtschiffen? Sind Strömungen für ihr Auftauchen verantwortlich? Citizen-Science nennt sich die Forschungsmethode, die diese Fragen klären soll und dabei auf die Mithilfe von Bürgern und Urlaubern setzt. »Wanted! Seepferdchen gesucht!«, heißt es etwa auf der Homepage des Thünen-Instituts. Wer eines am Strand entdeckt, soll es fotografieren und zum Größenvergleich eine Münze danebenlegen. Sollten die Seepferdchen am Strand noch am Leben sein, bittet der WWF darum, sie ins Meer zurückzusetzen.

233 | Gab es in der **TÜRKEI** ein **ZWEITES POMPEJI**?

Einen Vulkanausbruch wie den des Vesuvs am Golf von Neapel, der Pompeji unter sich begrub, gab es in der Türkei nicht. Doch Archäologen und Archäologinnen entdeckten ein hervorragend erhaltenes frühbyzantinisches Geschäfts- und Lokalviertel in der Stadt Ephesos. Die Straßenzüge wurden im Jahr 614/615 n. Chr. offenbar sehr plötzlich zerstört. Schäden, die auf Erdbeben oder ähnliche Katastrophen hindeuten, wurden nicht gefunden. Dafür aber Pfeil- und Lanzenspitzen, die für einen kriegerischen Überfall durch die persischen Sasaniden sprechen. Dabei brannten die Häuser des Stadtviertels komplett ab. Der Brandschutt, der so entstand, versiegelte die Räume – ähnlich der Vulkanasche in Pompeji. Der Hausrat in den Räumen blieb dadurch für die Nachwelt erhalten. Ganze Speisekammern fand man unter den Trümmern, darunter Schüsseln mit Resten von Meeresfrüchten. Auch Pfirsiche, Mandeln, Oliven und Erbsen entdeckte man auf Tischen und in Regalen. Ein Kaufmann hatte nicht einmal mehr Zeit, seine Kasse mit über 700 Kupfermünzen darin zu retten. Zu den ausgegrabenen Geschäften gehören ein Imbiss, ein Lampengeschäft, eine Werkstatt sowie ein Laden für christliche Pilgerandenken. Dort lagen rund 600 kleine Fläschchen für Weihwasser, die Gläubige sich um den Hals hängen konnten. Ephesos war schon früh ein bedeutendes christliches Zentrum, die Gemeinde ist eine der ältesten christlichen Gemeinschaften überhaupt. Der Apostel Paulus verbrachte einige Jahre in der Stadt. Auch Maria, die Mutter Jesu, und der Apostel Johannes, der als sein Lieblingsjünger galt, sollen in unmittelbarer Nähe gelebt haben.

234 | Verbirgt sich in SPANIEN ein MEGA-STONEHENGE?

Steinkreise erbauten die Menschen der Jungsteinzeit üblicherweise auf den Britischen Inseln. Doch nun haben Archäologen an der Grenze Spaniens zu Portugal nahe dem Fluss Guadiana eine ganze Landschaft aus riesigen Steinen gefunden. Insgesamt 526 Megalithen – von altgriechisch »megas« (groß) und »lithos« (Stein). Viele von ihnen liegen noch tief unter der Erdoberfläche. Die meisten sind in 26 Reihen und zwei Kreisen auf Hügelkuppen so angeordnet, dass ihre Ausrichtung mit den Sonnenaufgängen der Winter- und Sommersonnenwende sowie zu den Tagundnachtgleichen zusammenfällt. Die Steinreihen bilden Gruppen, die längsten sind bis zu 250 Meter lang. Die Steine sind zwischen einem und dreieinhalb Meter hoch, oft poliert und mit Symbolen verziert. Auch Grabhügel, -kammern und Steinkistengräber wurden entdeckt. Vermutlich wurden die ältesten Steine in der zweiten Hälfte des 6. Jahrtausends v. Chr. errichtet und sind damit deutlich älter als Stonehenge, dessen erste Steine um etwa 2400 v. Chr. aufgestellt wurden.

235 | Seit wann gibt es PAUSCHALREISEN?

Der Brite Thomas Cook (1808– 1892) war nicht nur ein baptistischer Geistlicher, sondern auch ein entschiedener Gegner des Alkohols. Für mehr als 500 Abstinenzler organisierte er am 5. Juli 1841 einen Sonderzug von Leicester ins 16 Kilometer entfernte Loughborough – zu einem Treffen mit Gleichgesinnten. Im Preis inbegriffen waren neben dem Zugticket auch Live-Blasmusik während der Fahrt sowie Tee und Schinkenbrote. Besonders komfortabel ging es nicht zu, man reiste stehend in offenen Waggons. Dieser Tagesausflug mit Zusatzleistungen gilt als direkter Vorläufer unserer All-inclusive-Reisen. Cook organisierte zunächst weitere Gemeinschaftsbahnfahrten innerhalb Großbritanniens. Und am 17. Mai 1861 dann die erste Pauschalreise nach heutigem Maßstab, bei der neben dem Transport und der Verpflegung auch die Unterkunft zum Komplettpaket gehörte: Eine Gruppe von Arbeitern fuhr per Bahn und Schiff nach Paris. Schnell nahm Cook weitere Länder ins Programm und erfand das Reisebüro, Reiseschecks und Hotelgutscheine.

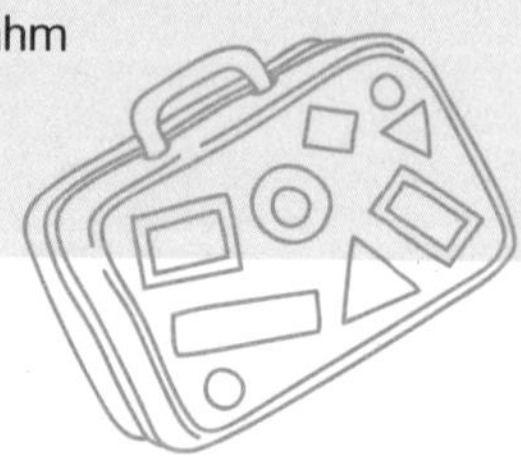

236 | Wo treffen sich Tausende zum ANGELN auf dem EIS?

Die Vorbereitungen sind beachtlich: Mindestens 20 000 Löcher bohren die Veranstalter in die Eisfläche des Gull Lake im US-Bundesstaat Minnesota, bevor jedes Jahr Ende Januar die »Brainerd Jaycees Ice Fishing Extravaganza« beginnt – das »größte wohltätige Eisangelturnier der Welt«. Dann konkurrieren rund 10 000 Menschen um die besten Plätze auf dem See und versuchen, innerhalb von drei Stunden den schwersten Fisch zu angeln. Dafür winken Preise im Wert von insgesamt mehr als 200 000 US-Dollar. Wer seinen Fang in die Wertung einbringen will, muss den Fisch lebendig in einem Wasserbehälter zum Abwiegen bringen. Später werden die Tiere zurück in den See gesetzt. Alle stimmen außerdem zu, von der Jury im Zweifelsfall mithilfe eines Lügendetektors befragt zu werden, denn bei Angelturnieren um Preisgeld wird mitunter geschummelt. Die eingenommenen Gelder werden an soziale Organisationen gestiftet – seit Bestehen des Wettbewerbs wurden so mehr als vier Millionen US-Dollar verteilt.

237 | WELCHES LAND hat die längste NATIONALHYMNE?

Zumindest die erste Strophe kennt wohl jeder Grieche: »Ich erkenn dich an der Klinge deines Schwerts, der furchtbaren. Ich erkenn dich an dem Blicke, der mit Kraft die Erde misst«: So beginnt der griechische »Ymnos is tin Eleftherian« (»Hymne an die Freiheit«). Und dann geht er noch 157 Strophen lang weiter, jeweils vierzeilig und über Kreuz gereimt. Keine andere Nationalhymne der Welt ist länger. Geschrieben hat die 632 Zeilen Dionysios Solomos im Jahr 1823, als die Griechen um ihre Unabhängigkeit vom Osmanischen Reich kämpften. In den Versen beschrieb er die rund 400 Jahre währende Herrschaft der Besatzer und feierte das 1821 einsetzende Ringen um Eigenständigkeit. 1830 waren die Griechen am Ziel: Das Osmanische Reich erkannte ihre Souveränität an. Doch erst 1865 wurde die Hymne zum »nationalen Lied« erklärt. Zuvor war die dazu komponierte Melodie von Nikolaos Mantzaros durchgefallen. Erst als der Musiker dem Stück einen Marschrhythmus gab, war König Georg zufrieden.

238 | Gibt es in *Venedig* auch *weibliche Gondolieri*?

Venedig, Stadt der Kanäle, Stadt der Gondeln. Die mühsam von Hand gesteuerten Traditionsboote gehören zur Lagunenstadt wie die gelben Taxis zu New York. Eine ähnliche Einigkeit herrschte lange Zeit auch darüber, dass der – ebenso anstrengende wie gewinnträchtige – Beruf des Gondoliere ausschließlich Männern vorbehalten sei. Rund 900 Jahre lang befand er sich fest in Männerhand. Bis 2010 das Unvorstellbare geschah: Giorgia Boscolo bestand die anspruchsvolle Gondoliere-Prüfung und wurde als erste Gondelfahrerin der Stadt ausgezeichnet. Die Bewunderung war groß, noch größer jedoch die Empörung mancher Männer – nicht wenige prophezeiten, dass Boscolo den Beruf wohl schon nach kurzer Zeit wieder aufgeben würde. Der Wind, die Wellen, die bis zu 14 Stunden langen harten Arbeitstage – für Frauen viel zu anstrengend, so das Vorurteil. Doch Boscolo ist nach wie vor am Ruder und bekam sogar weibliche Unterstützung. Mit der 22-jährigen Sara Pilla gondelt seit 2022 die zweite Frau serienmäßig durch Venedigs Kanäle.

Wie bei ihren rund 400 männlichen Amtskollegen stand vor dem Berufsstart eine harte Ausbildung. Zu Beginn müssen ein 150-stündiger Theoriekurs sowie eine mehrmonatige Lehrzeit auf einem der Traghetti, wie die Fähren über den Canal Grande heißen, absolviert werden. Die Praxisausbildung danach gestaltet sich ungleich schwerer. Hier wird gelehrt, wie man mit nur einem Ruder, links stehend, die 500 Kilo schwere, kiellose Barke steuert – vorwärts und rückwärts, vom Bug aus und vom Heck. Pilla ließ sich nicht beirren, bestand die Abschlussprüfung und wurde in die ehrwürdige Associazione Gondolieri aufgenommen.

239 | Gibt es noch UNENTDECKTE KORALLENRIFFE?

Noch immer birgt die Unterwasserwelt zahlreiche Überraschungen: So entdeckte ein internationales Tauchteam kürzlich vor der Küste Tahitis eines der größten Korallenriffe, die je verzeichnet wurden, mit riesigen, wunderschönen Korallen. Begeistert waren auch Meeresforscher. Denn der unberührte Zustand des Riffs macht die Entdeckung besonders wertvoll. Und auch die große Fläche, die von den rosenförmigen Korallen bedeckt ist, ist beeindruckend. Das Riff ist etwa drei Kilometer lang und bis zu 60 Meter breit, und die größten Korallen haben einen Durchmesser von zwei Metern. Ganz besonders aufregend ist der Fundort, denn das Riff liegt zwischen 30 und 65 Meter tief. Das ist ungewöhnlich, weil sich die überwiegende Mehrheit der weltweit bekannten Korallenriffe in deutlich geringeren Tiefen von bis zu 25 Metern befindet.
Die Entdeckung deutet also darauf hin, dass es noch weitere Riffe in größeren Tiefen geben könnte – in der sogenannten Dämmerzone des Ozeans, von der die Wissenschaft nur wenig weiß.

240 | WARUM findet man im Wald KEINE TANNENZAPFEN?

Kaum ein heimischer Baum ist so beliebt und gleichzeitig so unbekannt wie die Weißtanne (*Abies alba*). In der Romantik überhöht, beim Weihnachtsfest besungen, von der Forstwirtschaft verdrängt, scheint sie es dem Laien nicht leicht zu machen, sie zwischen all den anderen immergrünen und Zapfen tragenden Nadelgewächsen zu erkennen. Jedenfalls wird sie landläufig mit der Rotfichte verwechselt, die als Allerweltsbaum flächendeckend in unseren Wäldern angepflanzt wurde. Dabei ist es gar nicht so kompliziert, die beiden botanisch zu unterscheiden. Denn die Zapfen der Weißtanne stehen aufrecht auf den Zweigen und hängen nicht herab; ihre Nadeln sind weich und flach, nicht vierkantig und stachelig wie die der Fichte. Wie hartnäckig sich das Unwissen über die Weißtanne hält, zeigt sich etwa darin, dass Autoren von Kinderbüchern ihre Leserschaft zum Sammeln von Tannenzapfen in den Winterwald schicken. Oder dass Schwarzwald-Reiseführer dazu ermuntern, »Burgen aus Tannenzapfen« zu bauen. Undenkbar! Denn Tannenzapfen liegen nicht einfach auf dem Waldboden herum. Vielmehr zerfallen sie auf dem Zweig. Ihre Samenschuppen lösen sich nach der Samenreife und hinterlassen nur eine gerupfte

Spindel, die nichts mehr mit einem Zapfen gemeinsam hat. Und nicht einmal diese Spindeln fallen vom Baum, sie zersetzen sich allmählich am Zweig – was ein wesentliches Unterscheidungsmerkmal aller Tannen ist.

241 | Was haben VÖGEL in den USA mit SHAKESPEARE zu tun?

Es war ein frischer Morgen am 6. März 1890, als Eugene Schieffelin und seine Diener den Central Park in New York betraten, mit Käfigen in den Händen. Darin: laute schwarze Vögel, die in Nordamerika bislang noch nie jemand gesehen hatte. Einen Käfig nach dem anderen öffneten sie, und 60 Stare flogen in den Himmel. Im folgenden Jahr ließ Schieffelin weitere 40 Stare in den USA frei, die er mit großem Aufwand aus Europa importiert hatte. Warum? Er war der Vorsitzende der »American Acclimatization Society«. Die Gesellschaft hatte das Ziel, Tiere aus Europa nach Nordamerika zu bringen, um sie dort anzusiedeln. Und nicht nur das: Schieffelin hatte es sich in den Kopf gesetzt, alle Vögel, die in den Werken Shakespeares vorkamen, in den USA zu akklimatisieren. Das gelang ihm nicht nur bei den Staren, doch die verbreiteten sich besonders erfolgreich: In den Jahrzehnten nach ihrer Freilassung besiedelten die Vögel den Kontinent und erreichten 1942 schließlich seine Westküste. In den 1950er-Jahren gab es bereits 50 Millionen Stare in den USA – heute sind es sogar geschätzt rund 300 Millionen. Sie gelten als Schädlinge, die in riesigen Schwärmen von bis zu 100 000 Vögeln auf Feldern niedergehen und dort jährlich Getreide im Wert von mehr als 800 Millionen Dollar wegpicken. Bei Shakespeare kommen sie übrigens nur einmal vor, im ersten Teil von »König Heinrich IV.«. Eugen Schieffelin hat später auch andere Shakespeare-Vögel in die USA gebracht, darunter die Nachtigall, die Singdrossel und den Buchfink – aber so einen großen Erfolg wie bei den Staren hatte er nicht mehr. Heute sind nach ihm eine Straße und ein Platz in der New Yorker Bronx benannt.

242 | Warum sind UNTER DEN STRAßEN SAN FRANCISCOS SCHIFFE BEGRABEN?

Am 24. Januar 1848 entdeckt der Zimmermann James W. Marshall in einem seichten Fluss in Kalifornien ein Goldnugget. Bald fällt das ganze Land in einen Goldrausch. Von überallher strömen Glücksritter und Geschäftsleute an die Westküste der USA: Die Einwohnerzahl der jungen Stadt San Francisco wächst innerhalb kürzester Zeit von 1000 auf 25 000. Viele erreichen die Stadt mit dem Schiff. Und die meisten wollen bleiben. Das heißt: Die Schiffe braucht niemand mehr. Absurderweise kommt den Kapitänen der Goldsucherschiffe das Gesetz zu Hilfe: Sie brauchen ihre Gefährte nur im flachen Meerwasser der Bucht auf Grund zu setzen, und schon sind sie Landbesitzer! Das damalige Immobilienrecht besagte nämlich, dass sie den Boden unter ihrem »Wrack« für sich beanspruchen können. Manche der daher absichtlich auf Land gesetzten Schiffe werden bald als Lager, Saloon oder Hotel genutzt. Viele fallen dem großen Brand von 1851 zum Opfer. Die Bucht wird schließlich mit Sand und Schutt aufgefüllt. Aber die Schiffe werden nie vergessen, sogar auf Stadtplänen aus den 1960er-Jahren finden sich die Positionen der Wracks – und immer wieder kommt die Vergangenheit in der Stadt zum Vorschein. Der Dreimaster »Rome« wird 1994 bei Bauarbeiten entdeckt. Wer heute die richtige Metrolinie nimmt, fährt im Tunnel mitten durch den Vorderrumpf des Schiffs.

243 | Welcher Inselstaat **GRÜNDET** sich als **DIGITALE NATION** neu?

Tuvalu wirkt auf den ersten Blick paradiesisch: türkis schimmerndes Wasser, Sandstrände, Palmen. Der kleine Inselstaat mit 12 000 Bewohnern liegt im Pazifik, zwischen Australien und Hawaii – und ist massiv bedroht. Durch den Klimawandel steigt der Meeresspiegel an. Für die neun Atolle und Inseln, die nur wenige Meter aus dem Meer ragen, wird das wohl bedeuten, dass sie bald im Ozean versinken, Schätzungen zufolge schon bis 2050. Tuvalu will sich daher als erste digitale Nation der Welt neu gründen. »Unser Land, unser Ozean, unsere Kultur sind die wertvollsten Güter unseres Volkes. Und um sie vor Schaden zu bewahren, egal was in der physischen Welt passiert, werden wir sie in die Cloud verlagern«, sagte Außenminister Kofe. Stück für Stück soll das Land nachgebaut werden und so erhalten bleiben, zumindest virtuell. Die digitale Kopie soll zudem den Menschen auf den Inseln Trost spenden und als Erinnerung an die einstige Heimat dienen.

244 | Wo fuhr der **LÄNGSTE REISEZUG** der Welt?

Knapp 400 Meter misst der unter dem Ärmelkanal verkehrende Eurostar-Zug – und gilt damit als der längste regelmäßig verkehrende Hochgeschwindigkeitszug der Welt. Das ist aber nur ein Klacks gegen den fast fünfmal so langen Zug, den die Rhätische Bahn am 29. Oktober 2022 auf die Schiene setzte, zum 175-Jahr-Jubiläum der Schweizerischen Bundesbahnen (SBB). Exakt 1906 Meter maß das aus 25 aneinandergekoppelten vierteiligen Capricorn-Triebzügen bestehende Gefährt, das damit den Weltrekord als längster Passagierzug der Bahngeschichte einfuhr. Er startete in der Schweiz und benötigte rund eine Stunde für eine 25 Kilometer lange Fahrt von Preda nach Filisur. Die Strecke, Teil der als UNESCO-Welterbe geadelten Albulalinie, sorgte für den zweiten Rekord. Denn niemals zuvor hatte ein Zug mit Überlänge das Hochgebirge durchquert. Die 2990 Tonnen schwere Schmalspurbahn jedoch meisterte die rund 790 Meter Höhenunterschied, dazu enge Kurven, 22 Tunnel und 48 Viadukte und Brücken inklusive des berühmten Landwasserviadukts.

245 | Wo gibt es den Sport »OHRFEIGEN«?

Schallende Schläge auf die Wange des Gegenübers, mit voller Kraft: In den USA ist das seit einigen Jahren eine offiziell eingetragene Sportart. »Slapfighting« heißt der Ohrfeigensport, und die dazugehörigen Wettbewerbe laufen auch im Fernsehen. Das fragwürdige Alleinstellungsmerkmal: Weder Abwehr noch Verteidigung sind erlaubt, im Gegenteil, wer zurückzuckt, riskiert Strafpunkte. Auch in Russland und Polen klatschen Muskelmänner vor Publikum einander abwechselnd mit der flachen Hand ins Gesicht. In der Hoffnung auf hohe Preisgelder. Ein Regelkatalog soll die größtmögliche Sicherheit der Akteure garantieren, mit Gewichtsklassen, medizinischen Vorschriften und Tests. Aus medizinischer Sicht scheint aber zumindest fraglich, ob der »Sport« durch Ohrwatte und Zahnschutz wirklich sicherer wird. Wenn eine Hauptregel lautet, dass man sein Gesicht für die Schläge stoisch hinhalten muss, geht es offenbar primär um aufsehenerregende Bilder. In sozialen Medien erzielen die Kämpfe beeindruckende Klickzahlen.

246 | Was ist CHAMPING?

Vor dem Einschlafen noch ein paar Takte auf der Kirchenorgel spielen? Träumen unter mittelalterlichen Gewölbebögen? Für Champing-Urlauber ist das ganz normal. Der Begriff leitet sich von »church« und »Camping« ab. Derzeit bieten 22 Kirchen in England die Möglichkeit zum Übernachten zwischen Gebetsbänken, Altar und Orgel. Gebucht wird die gesamte Kirche. Der Komfort in den alten Gemäuern ist natürlich reduziert: Die Betten sind oft nur einfache Liegen, fließendes Wasser gibt es nicht, stattdessen Wasserspender und Komposttoiletten. Auch auf WLAN muss man dort verzichten. Weil es auch keine Heizung gibt, lassen sich die nicht mehr ganz so heiligen Hallen nur von März bis Oktober buchen. Die Idee entstand, als abenteuerlustige Pfadfinder beim Churches Conservation Trust anfragten, ob sie in einer Kirche übernachten dürften. Dieser Verein hat es sich zur Aufgabe gemacht, leer stehende Kirchen vor dem Verfall zu bewahren. Und sah die Möglichkeit, über Champing zusätzliche Einnahmen zu generieren. Eine Übernachtung kostet umgerechnet ab etwa 56 Euro pro Person. Schlafsack und Kissen sowie ein Frühstück können oft dazugebucht werden.

247 | Wo läuft das **HÄRTESTE SCHLITTENHUNDERENNEN** der Welt?

1700 bis 1800 Kilometer weit führt das Iditarod-Rennen durch Alaska, durch Gebirgszüge und dichte Wälder, über Flüsse und eisige offene Küstengebiete, begleitet von Schneestürmen und extremen Minustemperaturen. Etwa 50 Schlittenhundeführer und -führerinnen, Musher genannt, starten seit 1973 immer Anfang März mit ihren Gespannen von bis zu 16 Hunden in Anchorage. Acht bis zehn Tage später kommen sie in Nome an der Beringsee an – vorausgesetzt, die Route ist befahrbar. Der Streckenrekord liegt bei 8 Tagen, 3 Stunden, 40 Minuten und 13 Sekunden, aufgestellt von Mitch Seavey im Jahr 2017. Seinen Namen verdankt das Rennen einem alten Versorgungspfad, der entlegene Goldgräber- und Hafenorte miteinander verband. Berühmt wurde die Strecke, als 1925 eine Diphterie-Epidemie herrschte und mehrere Teams mit Hundeschlitten den Impfstoff rechtzeitig nach Nome transportierten. Tierschützer kritisieren das Rennen wegen Todesfällen und Verletzungen bei den Hunden.

248 | Gibt es **REGENWÄLDER** in Großbritannien?

Auch wenn die Tropen sehr weit entfernt sind: Selbst im Vereinigten Königreich wachsen Regenwälder. Allerdings als Variante, die man »gemäßigte Regenwälder« nennt. In ihnen herrscht wie bei ihren tropischen Pendants ein ganzjährig feuchtes Klima mit Niederschlagsmengen von 1400 Millimetern pro Jahr und mehr. Flechten, Moose, Farne und Pflanzen, die in den Baumkronen wachsen, schaffen ein immergrünes Biotop, das vor Artenreichtum nur so strotzt. Solche gemäßigten Regenwälder sind inzwischen selten, sie bedecken weniger als ein Prozent der Erdoberfläche. Dabei wuchsen sie vor Jahrtausenden noch großflächig an der europäischen Atlantikküste, bis sie der Entwaldung zum Opfer fielen. Vor allem die Briten schlugen jede Menge Holz für den Schiffbau. Heute existieren auf der Insel nur noch vereinzelte Restbestände: in Schottland, Wales oder Südwestengland. Insgesamt umfassen die britischen Regenwälder etwa 130 000 Hektar, das ist knapp die anderthalbfache Größe von Rügen. Dabei bilden sie keine zusammenhängenden Waldgebiete, sondern nur

noch kleine, isolierte Parzellen. Zum Beispiel auf der schottischen Insel Taynish, wo bereits seit mehr als 7000 Jahren ein Regenwald aus Eichen wächst. Oder Wistman's Wood im südenglischen Dartmoor, ebenfalls ein Eichenwald, mit einer Größe von nur 3,5 Hektar.

249 | Welches ist die GRÖSSTE UNBEWOHNTE Insel?

Die größte Insel unseres Planeten ist Grönland – mit 2,166 Millionen Quadratkilometern mehr als zehnmal so groß wie Großbritannien. Hier leben rund 56 000 Menschen – etwa so viele, wie in Baden-Baden oder Hameln. Die größte Insel dagegen, auf der niemand permanent lebt, ist Devon Island im nördlichen Kanada. Mit 55 247 Quadratkilometer Fläche ist es immerhin so groß wie Kroatien. Auch Devon Island liegt in der Arktis und ist zu weiten Teilen von Eis bedeckt. Die Durchschnittstemperatur liegt bei minus 16 Grad Celsius. Immerhin leben an der Nordostküste Moschusochsen und einige kleinere Säugetiere wie etwa Lemminge. Die Vegetationsperiode im Sommer dauert 50 Tage, sodass dort Flechten und Moose wachsen. Seit vor 4500 Jahren nachweislich die ersten Inuit dort jagen gingen, kommen Menschen nur vorübergehend auf die Insel. Zwischen 1923 und 1951 gab es einen Außenposten der kanadischen Polizei in Dundas Harbour, um die Waljagd zu kontrollieren. Mitte der 1930er-Jahre nutzte die Hudson Bay Company den Hafen für ihren Handel. In jener Zeit wurden auch einige Inuitfamilien angesiedelt, die den Ort aber nach wenigen Jahren wieder verließen, weil die Lebensbedingungen zu hart waren. Heutzutage wird Devon Island vor allem von Wissenschaftlern aufgesucht.

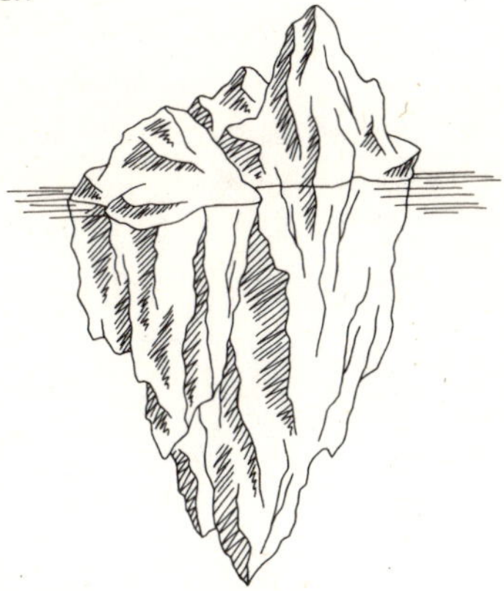

250 | Wo verläuft die GEFÄHRLICHSTE STRASSE der Welt?

Man ahnt erst mal nichts Böses: Am Anfang ist die Schnellstraße D915 noch gut asphaltiert. Doch diese Straße, die im Küstenort Of an der türkischen Schwarzmeerküste beginnt und von dort aus schnurstracks nach Süden führt, gilt als eine der gefährlichsten weltweit. Es warten 29 Haarnadelkurven, und von den insgesamt 106 Kilometern präsentieren sich rund 20 als enge, unbefestigte Schlamm- und Schotterpiste. Dazu kommen Passagen entlang steiler Abgründe ohne Seitenschutz. Gegenverkehr kann zum echten Problem werden. Besonders dramatisch wird die Fahrt bei den »Derebasi Virajlari«, den inzwischen schon legendären 13 Biegungen von Derebasi am Steilhang des Soganli-Bergs. Auf fünf Kilometern werden hier 300 Höhenmeter überwunden, mit bis zu 17 Prozent Steigung. Das spezielle Mikroklima vor Ort sorgt außerdem oft für schlechte Sicht, Nebel und Niederschläge sind an der Tagesordnung. Denn zwischen Küstenstreifen und Landesinnerem türmt sich das Pontische Gebirge.

Die D915 verbindet Of mit dem etwa 100 Kilometer südlich gelegenen Bayburt. Dieser Straßenabschnitt entstand während des Ersten Weltkriegs, als russische Truppen die osmanischen Schwarzmeerhäfen besetzt hielten. Die Russen starteten ein Straßenbauprojekt, das sich offenbar an der Luftlinie orientieren sollte – trotz einer dabei zu überwindenden Höhendifferenz von mehr als 2000 Metern. Mit der Zeit wurde die gewundene Bergstraße zu einem Ziel für Abenteurer aus der ganzen Welt. Bekannt ist die Strecke aber nicht nur für ihre Gefahren, sondern auch für die Aussichten über bewaldete Abhänge und idyllische Täler, Flüsse und Seen – vorausgesetzt, es herrscht klare Sicht.

251 | Wo fliegen **BLÜTEN** durch die Luft?

Jedes Jahr Anfang Mai wird in Córdoba der breite Paseo de la Victoria gesperrt: für die »Batalla de las Flores«, den Auftakt der berühmten Maifeierlichkeiten. Um zwölf Uhr mittags setzen sich etwa 15 mit Blumen geschmückte Wagen in Bewegung, darauf Frauen in bunter andalusischer Tracht. Zu lauter Musik lassen sie Tausende von roten, weißen, gelben und pinkfarbenen Nelken auf die Menschen am Straßenrand niederprasseln. Die sammeln die Blüten auf – und werfen sie zurück. Ist die Promenade mit ihren anderthalb Kilometern einmal durchmessen, geht es in die zweite Runde. Etwa zwei Stunden dauert das Spektakel. Solche »Blumenschlachten« haben in Andalusien eine lange Tradition. Die »Batalla de las Flores« fand 1915 das erste Mal statt, seit 1988 wird sie regelmäßig ausgetragen. Zu den Feierlichkeiten gehört auch das Aufstellen von »Cruces de Mayo«, aufwendig mit Blüten und Früchten dekorierten Maikreuzen. An den prächtigsten Kreuzen wird zu Bier und Tapas bis spät in die Nacht gefeiert, die schönsten Exemplare werden prämiert.

252 | **WER** hat den »**HOLLYWOOD**«-Schriftzug aufgestellt?

Das bekannteste Glanz-und-Glamour-Symbol der Welt feierte 2023 seinen 100. Geburtstag: 1923 kam eine Gruppe von Bauinvestoren auf die Idee, kantige weiße Riesenlettern auf einen Hügel im Norden der Boomtown Los Angeles zu pflanzen, in Hollywood. Allerdings stand da ursprünglich »Hollywoodland«. Mit der Film- und Traumfabrik hatte die Aktion gar nichts zu tun – die steckte noch in den Kinderschuhen. Vielmehr ging es einfach darum, eine entlegene Gegend vor den Toren der City weithin sichtbar als attraktives Bauland zu bewerben. Der Schriftzug, der sich inzwischen ins kulturelle Gedächtnis der Menschheit eingebrannt hat, war also ursprünglich reine Reklame.

Doch schon damals vollzog sich die Konstruktion dieser Werbetafel gemäß dem späteren hollywoodtypischen Prinzip »Nicht kleckern, sondern klotzen«. Für 21000 US-Dollar ließ man

die überdimensionierten Blockbuchstaben im Format von jeweils rund 15 mal 9 Metern bauen, wobei das Bauholz mithilfe von Maultieren auf den Hügel geschleppt werden musste. Jeder Buchstabe bekam zudem einen Kranz aus Glühlampen, insgesamt 3700 Stück. Damit leuchteten in schönster »Roaring Twenties«-Ästhetik die Wortbestandteile im Viervierteltakt auf: Erst »HOLLY«, dann »WOOD«, dann »LAND« und zuletzt noch das komplette Wort. Ende der 1940er-Jahre waren die Buchstaben dann so verfallen, dass sie abgerissen werden sollten. Doch da trat die Handelskammer der Stadt Los Angeles mit einem Restaurierungsangebot auf den Plan. Bedingung: Die letzten vier Buchstaben sollten weg. Die heutige weltberühmte Version des »Hollywood«-Schriftzugs stammt somit aus dem Jahr 1949.

253 | Welcher ist der JÜNGSTE NATIONALPARK Deutschlands?

Auf leisen Pfoten schleichen sie fast unsichtbar durch das Dickicht: Rund 100 Wildkatzen leben im Nationalpark Hunsrück-Hochwald, dem jüngsten – und 16. – deutschen Nationalpark. Erst seit 2015 hat er diesen Schutzstatus inne. Doch er bietet einer so großen Zahl unterschiedlicher Tiere und Pflanzen eine Heimat, dass ihn das Bundesamt für Naturschutz als Hotspot-Region für biologische Vielfalt wertet. Entstehen soll hier ein Urwald von morgen. Dazu ist das Gebiet in drei Zonen eingeteilt. In einer Zone überlassen Ranger den Wald sich selbst, dort ist bereits fast die Hälfte verwildert, bis 2045 sollen es 75 Prozent sein. In anderen Bereichen hilft man nach: Alte Entwässerungskanäle werden zugeschüttet, der Wald darf wieder vermooren. Morsche Fichten werden nach und nach gerodet, um Buchen Platz zu machen. Der Hunsrück enthält aber auch Erinnerungen an eine Zeit, in der in deutschen Wäldern noch echte Räuber hausten. Im 18. Jahrhundert raubte und mordete hier der Schinderhannes. Wer sich heute einer der Ranger-Touren anschließt, kann aber ganz beruhigt bis in die verborgensten Winkel des Waldes vordringen.

254 | Warum tragen manche Muslime einen **TURBAN**?

An Kopftuch tragenden Muslimas scheiden sich die Geister: Für die einen ist das Tuch Zeichen der Unterdrückung, andere tragen es freiwillig und mit Stolz. Kein Thema ist dagegen, weil weniger bekannt, dass auch viele muslimische Männer ihr Haupt bedecken – und zwar mit einem Turban. Sie wickeln dafür einen bis zu elf Meter langen Baumwollschal um ihren Kopf. Dafür gibt es, je nach islamischer Gruppierung, verschiedene Gründe. Bei den Schiiten, etwa im Iran, tragen Geistliche eine weiße oder schwarze Kopfbedeckung. Die schwarze ist dabei Nachfahren des Propheten Mohammed vorbehalten. Auch unter den Angehörigen des Naqschbandi-Ordens, der zur mystischen Richtung des Sufismus zählt, sind Turbane weit verbreitet. In beiden Glaubensrichtungen gilt der Turban als Krone und Zeichen der Religiosität. Er verweise darauf, dass Allah den Menschen als Krone der Schöpfung geschaffen habe. Außerdem habe der Begründer ihres Glaubens, der Prophet Mohammed, sein Haus nie ohne ein Tuch um den Kopf verlassen. Anders sieht es bei den Sikhs aus. Der Sikhismus gilt als Mischung von Hinduismus und Islam. Der Turban ist für seine Angehörigen nicht nur ein Identitätsmerkmal, sondern seit dem frühen 17. Jahrhundert auch ein Zeichen des Widerstands und der Freiheit. Damals sollten sie zwangsweise zum reinen Islam bekehrt werden. Deshalb wurde ihnen das Tragen ihrer traditionellen Kopfbedeckung verboten. Von da an setzten die Sikhs umso bewusster ihre Turbane auf. Bei den Sufis und Sikhs tun das übrigens auch einige Frauen, zumindest zu besonderen Anlässen. Beide Geschlechter sind dabei frei in der Wahl der Farbe.

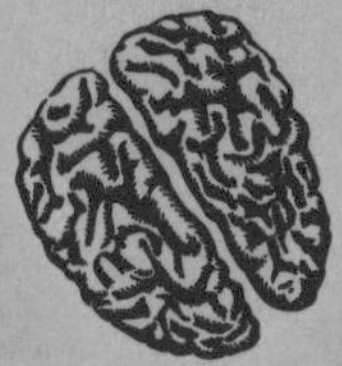

255 | Woher kommt der Begriff URLAUB?

Beim Stichwort Urlaub geht vielen das Herz auf – Sommer, Sonne, gute Laune sind die Assoziationen. Aber streng genommen verweist dieser Begriff auf historische Strukturen von Macht und Autorität. Frei übersetzt heißt Urlaub nämlich so viel wie »Erlaubnis von höherer Stelle«. Das Wort stammt aus dem Alt- und Mittelhochdeutschen. Damals bedeutete »urloup« beziehungsweise »urloub« einfach: »Erlaubnis«. Im Lauf der Zeit bezog sich diese Urlaubs-Erlaubnis dann immer stärker auf eine Frage, die man heute noch ganz gut kennt: »Kann ich jetzt gehen?« Der »urloub« war also die Voraussetzung dafür, dass sich jemand entfernen durfte – der Ritter aus königlichen Landen, der Knecht vom Hof, der Lehrling aus der Handwerksstube. Als dann zur Kaiserzeit der »neue Mittelstand« mit Beamten und Angestellten zahlenmäßig explodierte, gab es erstmalig geregelte und bezahlte Erholungszeit – für Staatsdiener. Die Arbeiterschaft konnte davon erst einmal nur träumen, die Maschinen liefen schließlich auch pausenlos, und so war bis 1895 nicht einmal die Sonntagsruhe garantiert. Dass die komplette arbeitende Bevölkerung Urlaub verdient haben könnte – das war zunächst eine ungeheuerliche Idee. Formuliert wurde sie erstmals in der Zeit der Weimarer Republik, nachdem die Gewerkschaften an Einfluss gewonnen hatten. Den heute üblichen Urlaubsanspruch regelt ein Gesetz aus dem Jahr 1963: Das »Bundesurlaubsgesetz« (kurz: BurlG) spricht dem Personenkreis der vertraglich abgesicherten Arbeitnehmerinnen und Arbeitnehmer einen mindestens 24-tägigen bezahlten Erholungsurlaub zu, ausgehend von einer Sechstagewoche.

256 | WARUM wurde Mexikos Regenwald GETEILT?

Eine bis zu 90 Meter breite Schneise zieht sich durch den Regenwald in Mexiko. Denn auf der Halbinsel Yucatán wurde eine Bahnstrecke gebaut: Der »Tren Maya« soll Touristen von den Stränden der Karibik zu den Mayastätten im Binnenland bringen – auf 1500 Kilometer Schiene. Das klingt nach Investitionen und wirtschaftlichem Aufschwung. Und nach einem besseren Zugang der Bevölkerung im Hinterland zu Schulen und Krankenhäusern. Genau das versprach der damalige Präsident Mexikos, Andrés Manuel López Obrador, mit Verweis auf die drei Millionen Touristen im Jahr, die seit Dezember 2024 mit 160 Kilometern pro Stunde durch den Regenwald zu den Mayastätten fahren können. Doch die Kritik an dem Projekt war groß. Riesige Waldflächen und mehr als 20 Naturschutzgebiete sind dem Zug zum Opfer gefallen, beklagen Umweltschützer. Vertreter von indigenen Gemeinschaften kritisieren, dass Bäume gefällt wurden, die den Maya heilig seien. Und mehr noch: Der Mayatourismus bedrohe die historischen Stätten. Ende 2024 wurde auch das letzte Teilstück des »Tren Maya« freigegeben. Ob die Zugverbindung den von der einstigen Regierung erhofften Aufschwung bringt, bleibt abzuwarten.

257 | Wer meldete das ERSTE PATENT auf ein E-BIKE an?

Der Weg zum kommerziell erfolgreichen E-Bike war lang: Schon vor 150 Jahren beschäftigten sich Erfinder mit der Kombination von Zweirad und Motor. So stattete der US-Amerikaner Sylvester H. Roper um 1869 ein Laufrad mit einer Dampfmaschine aus und trat damit im Zirkus auf, später starb er bei einer Testfahrt. Auch die Franzosen Pierre Michaux und Louis-Guillaume Perreaux entwickelten zu der Zeit ein Dampfrad. Als Inhaber des ersten Patents auf ein E-Bike gilt aber Ogden Bolton, Jr.: Er ließ sich am 19. September 1895 in den USA ein »electrical bicycle« mit Radnabenmotor patentieren. Es war eher ein Motorrad als ein Fahrrad, weil es gar keine Pedale hatte. Die kamen dann vier Jahre später beim Patent des Deutschen Albert Hänsel hinzu. Er kombinierte Elektromotor und Pedalantrieb, um auch etwas weitere Strecken zurücklegen zu können. Dennoch blieb das E-Bike im 20. Jahrhundert immer ein Nischenprodukt, zu schwer waren die Modelle, zu gering die Reichweiten. Für den heutigen Boom benötigte es noch eine weitere entscheidende Entwicklung: den Lithium-Ionen-Akku. Durch ihn wurden die Batterien leistungsfähiger, die Fahrräder leichter – und damit erfolgreich.

258 | Wie heißt die STREET-ART-HAUPTSTADT der Welt?

Knapp 21,7 Millionen Menschen im Einzugsgebiet: Die brasilianische Metropole São Paulo ist ein Ort der Extreme. Vor allem sozial: Sie ist berüchtigt für ungleiche Verhältnisse. Die Einwohner der ärmsten Viertel leben im Durchschnitt 23 Jahre weniger als die im nobelsten Reichenviertel. Dieser soziale Sprengstoff hat sich in Kunst verwandelt: São Paolo zählt mit allgegenwärtigen bunten, gern politisch-kritischen Wandmalereien im Riesenformat zu den wichtigsten Graffiti-Hotspots der Welt. Subversiv ist die Graffiti-Kunst allerdings schon länger nicht mehr, eher schon Touristenattraktion und Exportschlager. Ohne sie wäre die Betonwüste São Paulo eine extrem graue Angelegenheit. So aber leuchten hohe Fassaden oder ganze Straßenzüge in schillernden Farben. Berühmt dafür ist zum Beispiel das Ausgehviertel Vila Madalena mit der Batman-Gasse (Beco de Batman), die sogar nach einem – längst übermalten – aufgesprayten Motiv benannt wurde. Kein freier Quadratzentimeter Hauswand ist hier zu finden.

Einige Sprayer der ersten Stunde haben es aus den Armenvierteln auf die internationale Kunstbühne geschafft – Eduardo Kobra zum Beispiel, Francisco Rodrigues da Silva, alias Nunca, oder die Zwillingsbrüder Os Gêmenos. Ende der 1970er kam noch ein neuer, unverwechselbarer São-Paolo-Stil auf: »Pichação« (oder »Pixação«), zackige pechschwarze Zeichen säumen die Straßenzüge. Die frühen »Pichadores« nahmen sich die martialische Ästhetik von Metal-Bands wie Kiss und Metallica zum Vorbild. Inzwischen bedecken die Zeichen selbst unerreichbare Stellen in schwindelnden Höhen – außer ihrem Leben haben die Pichadores nichts zu verlieren, Wut und Ausdruckswille sind stärker als Todesangst.

259 | Ab welcher **HÖHE** ist ein **SPRUNG** ins Wasser **GEFÄHRLICH?**

Ein Bauchklatscher tut ziemlich weh. Selbst aus niedriger Höhe kann sich die Wasseroberfläche dabei außergewöhnlich hart anfühlen. Ab welcher Höhe aber Springende auch bei besseren Körperhaltungen Verletzungen durch den Aufprall aufs Wasser riskieren, das haben nun Forscher herausgefunden: Bei den Kopf-voran-Sprüngen wird es für Rückenmark und Nacken ab einer Sprunghöhe von acht Metern gefährlich. Tauchen die Hände zuerst ein, ist die Höhe von zwölf Metern kritisch. Dann kann es zu Verletzungen des Schlüsselbeins kommen. Knieverletzungen sind möglich bei geraden Sprüngen mit den Füßen voran ab einer Höhe von 15 Metern. Professionelle Turm- oder Klippenspringer wagen jedoch Sprünge aus weit größeren Höhen und überstehen diese auch meist unverletzt. Das liegt an ihrer Sprungtechnik. Sie spannen vor dem Eintauchen ins Wasser die richtigen Muskeln an, weshalb der Körper steifer wird. Auch die Eintauchposition spielt eine wichtige Rolle, um das Vergnügen nicht mit Schmerzen zu beenden.

260 | Wem verdanken wir den **SICHERHEITSGURT?**

Den hat der Schwede Nils Bohlin erfunden. Der Ingenieur arbeitete Ende der 1930er-Jahre an Flugzeugen – und dort an besseren Schleudersitzen. 1958 landete er bei Volvo und wurde Sicherheitsingenieur. Bohlin kannte die Schwachstellen bisheriger Sicherheitsgurte: Wenn sie lediglich quer über die Schulter zur Hüfte führten, bestand die Gefahr, bei einem Unfall herauszurutschen. Außerdem befand sich die Schnalle oft auf Höhe des Brustkorbs, was zu Verletzungen führte. Wenn man die Gurte aber nur über das Becken schnallte, schützten sie den Oberkörper nicht. Auch die Bequemlichkeit beim Anlegen und beim Tragen spielte eine Rolle. All das hatte Bohlin im Kopf, als er 1959 den Dreipunkt-Sicherheitsgurt erfand und zum Patent anmeldete. Doch als Volvo die Erfindung einbaute, fühlten sich viele Fahrer beengt. Sie schwitzten. Kleidung knitterte. Die Statistiken sagten jedoch: Der Gurt rettet Leben und reduziert Verletzungen. Bis heute könnten sich wohl Millionen Menschen bei dem Schweden bedanken. Der Gurt ist in der Bundesrepublik seit 1976 Pflicht, seit 1984 muss man Strafe zahlen, wenn er nicht angelegt ist. Volvo hätte mit dem Gurt ein Vermögen machen können. Stattdessen hat der Konzern das Patent verschenkt – juristisch gesprochen: geöffnet –, weil es den Eignern zu wichtig schien, um es für sich zu behalten. So konnte jeder Hersteller den Gurt in seinen Autos verwenden. 1995 erhielt Nils Bohlin eine Goldmedaille von der Königlich Schwedischen Akademie der Ingenieurwissenschaften.

261 | WARUM wurden 2023 in SÜDKOREA alle Menschen JÜNGER?

Alle Südkoreanerinnen und Südkoreaner wurden im Jahr 2023 ein oder sogar zwei Jahre jünger. Denn die bisherige Methode der Altersberechnung wurde abgeschafft. Bis dahin gab es drei Methoden, das amtliche Alter zu bestimmen. So war ein Kind laut dem traditionellen »koreanischen Alter« bei der Geburt bereits ein Jahr alt. Denn gerechnet wurde ab der Zeugung – und etwas aufgerundet. Immer an Neujahr – nicht am Geburtstag – gewann das Kind dann ein Lebensjahr dazu. Ein Baby, das am 31. Dezember geboren wurde, war einen Tag später schon zwei Jahre alt. Eine andere Methode kam zum Einsatz, wenn das gesetzliche Alter für Alkoholkonsum berechnet wurde: Hier galt ein Neugeborenes als null Jahre alt und wurde ebenfalls jeweils an Neujahr ein Jahr älter. Manche Behörden nutzten aber die internationale Zählweise für das Alter, die sich am Geburtstag orientiert. So kam es vor, dass einige Koreaner in verschiedenen Dokumenten unterschiedlich alt waren. Doch wann wird ein Kind eingeschult? Ab wann die Rente ausgezahlt? All das sorgte oft für Verwirrung und Verwaltungskosten. 2023 wurden die Systeme per Gesetz vereinheitlicht und international übliche Methode nach dem Geburtsdatum eingeführt. Dadurch wurden einige Menschen schlagartig bis zu zwei Jahre jünger.

262 | Wo gehen DELFINE und MENSCHEN gemeinsam auf FISCHFANG?

Am Strand der südbrasilianischen Stadt Laguna spielt sich immer wieder eine merkwürdige Szene ab. Bis zum Bauch stehen dort Fischer mit Netzen im Wasser oder warten in Booten, in einer langen Reihe nebeneinander. Sie warten auf ein Signal. Eines, das von den Delfinen kommt, die in einiger Entfernung schwimmen. Zwischen ihnen und den Fischern ballt sich ein Schwarm Meeräschen zusammen. Die Großen Tümmler treiben ihn in Richtung Strand, auf die Fischer zu. Dann tauchen die Delfine unvermittelt ab – das Signal. Sofort werfen die Männer ihre Netze aus. Und darin zappelt nun ein ansehnlicher Fang: Die Fischer erbeuten fast viermal so viele Tiere, wie es ihnen ohne die Delfine gelungen wäre. Das hat ein Forschungsteam nach mehr als 15 Jahren Beobachtung herausgefunden.

Doch worin besteht der Vorteil für die Delfine? Und koordinieren sie ihr Verhalten tatsächlich mit dem der Fischer? Fazit der Forscher: Ja, die Delfine gehen planvoll vor und stimmen ihre Aktionen mit denen der Männer ab. Von der Zusammenarbeit profitieren sie ebenfalls. Sie holen sich ihren Anteil an der Beute und jagen zudem in einem Gebiet, in dem sie, anders als viele ihrer weiter draußen schwimmenden Artgenossen, nicht als Beifang enden. Ihre Überlebensrate liegt um etwa 13 Prozent höher als die von Delfinen, die nicht an der Jagdgemeinschaft teilnehmen. Die ungewöhnliche Jagdgemeinschaft ist rund 140 Jahre alt. Doch nun könnte die Tradition aussterben, denn immer weniger Fischer interessieren sich dafür. Auch gehen die Bestände der Meeräschen zurück, was dazu führen könnte, dass die Delfine anderswo Beute suchen.

263 | Wo findet das größte DRACHENFESTIVAL statt?

Im nördlichen Teil der Nordseeküste gehört der Westwind ebenso zum Standard-Strandprogramm wie Ebbe und Flut. Kein Wunder also, dass an den breiten Sandstränden Dänemarks regelmäßig jede Menge Einseil- und Lenkdrachen in die Luft steigen. Im Laufe der Jahre haben sich dort regelrechte Großtreffen etabliert. Massenhaft »Leinen los« heißt es an bestimmten Wochenenden etwa auf den Inseln Møn (wenngleich an der Ostsee) oder Fanø nördlich von Sylt. Dort flitzen beim seit 1985 ausgetragenen Fanø International Kite Fliers Meeting mehr als 5000 Drachen in allen Farben und Größen über den 15 Kilometer langen Strand von Rindby. Mit am Start: riesige Schweine, Einhörner, Pokémons und viele andere fabelhafte Wesen, die bis zu 250 Meter hoch steigen dürfen. Die Teilnahme ist kostenlos und ohne Voranmeldung möglich. Daher können die Organisatoren die Besucherzahlen nur schätzen, sprechen aber vom größten Lenkdrachenfest der Welt. Diesen Rekord beanspruchen aber auch andere. Zum einen das Internationale Drachenfest, das regelmäßig am ersten Septemberwochenende auf der Nachbarinsel Rømø ausgetragen wird. Und zum anderen das zweijährlich stattfindende Festival in Dieppe (das nächste 2025) an der französischen Atlantikküste. Einen eindeutigen Weltrekord belegt hingegen das Emirat Katar, und zwar bei der Drachengröße. Dort stieg Ende 2018 der Al-Majd-Drachen auf: Mit einer Fläche von 2673 Quadratmetern blieb der Riesendrache bis heute unerreicht.

264 | In welchem Restaurant ist SCHLECHTER SERVICE Absicht?

Wer den Gastraum betritt, wird angepöbelt. Studieren Besucher die Speisekarte zu gründlich, lamentiert das Personal. Das Essen wird genervt auf den Tisch geknallt. Was in anderen Restaurants ein Grund zur Beschwerde wäre, ist in »Karen's Diner« ganz normaler Service – und gehört zum Konzept. Und das besagt, dass die Angestellten die Kundschaft anmeckern. Als das Projekt 2021 in Sydney begann, waren die beiden Gründer noch skeptisch, ob derart unfreundliche Kellner nicht doch zu Konflikten mit den Gästen führen würden. Doch die Idee kam so gut an, dass es inzwischen auch Filialen in den USA, Großbritannien, Irland, Indonesien und Neuseeland gibt. Der Name »Karen« steht in den USA sinnbildlich für nörgelnde, fordernde Menschen, aufgrund eines negativen Social-Media-Stereotyps von weißen Mittelschichts-Frauen. Kundinnen, die tatsächlich Karen heißen, bekommen, wenn sie ihren Ausweis vorzeigen, ein Gratisgetränk.

265 | Warum gibt es in Dänemark KEINE BANKÜBERFÄLLE mehr?

Dänemark verzeichnet immer weniger Banküberfälle. Zählte das Land im Jahr 2000 noch 221 derartige Straftaten, fiel die Quote seit 2017 auf unter 10 pro Jahr. Und 2023 traf es erstmals keine einzige Bank mehr. Das teilte die dänische Bankenvereinigung mit. Eine Ursache dafür ist Mangel an Gelegenheit: Die Zahl der Bankfilialen in Dänemark nimmt stetig ab – und die verbliebenen werden immer besser überwacht. Viel wichtiger ist aber ein anderer Grund: Die schleichende Abschaffung des Bargelds in Dänemark macht Bankräubern die Arbeit madig. In den skandinavischen Ländern spielen Münzen und Geldscheine im Alltag kaum mehr eine Rolle. Sogar Kinder und Jugendliche nutzen vorwiegend Bankkarten und zahlen selbst die Zimtschnecke beim Bäcker bargeldlos. Folglich schaffen die Geldhäuser schrittweise ihre Bargeldbestände ab. Auch Deutschland verzeichnet kaum noch Banküberfälle: Um fast 90 Prozent ist die Zahl dieser Verbrechen in den letzten zehn Jahren gesunken – von 254 im Jahr 2011 auf 28 im Jahr 2021.

266 | Wo liegt der erste **WILDFLUSS-NATIONALPARK** Europas?

Bis zu 46 Staudämme sollten im Tal der Vjosa, des mit 272 Kilometern zweitlängsten albanischen Flusses, errichtet werden. An einigen Stellen war bereits gerodet und Natur zerstört worden. Die Vjosa entspringt im griechischen Pindosgebirge und fließt durch tiefe Schluchten und weite Auenlandschaften bis zur Adria, bislang weder begradigt noch sonst gelenkt. Und fast wäre sie ihr ursprüngliches Antlitz los gewesen. In den vergangenen zehn Jahren formierte sich jedoch immer größerer Widerstand gegen die Pläne, von lokalen Umweltgruppen bis zu internationalen Öko-Schwergewichten – und Hollywoodstar Leonardo DiCaprio. Im Frühjahr 2023 schuf die albanische Regierung vergleichsweise überraschend Fakten und erklärte das Tal der Vjosa zum 127 Quadratkilometer großen Nationalpark. Genauer: zum »Wildfluss-Nationalpark«, dem ersten seiner Art in Europa. Unter Schutz stehen nun die gesamte Wasserfläche, die Ufer, das Tal sowie die nahen Zuflusstäler. Darunter befinden sich Kies- und Sandbänke, die sich der wilde Fluss immer wieder neu schafft, unzugängliche Canyons und Ufer mit dichter Begrünung. 1100 Pflanzen- und Tierarten zählten Biologen bislang in und um die Vjosa, darunter Flamingos, Otter und 13 Arten, die international bedroht sind, wie etwa der Europäische Aal. Zu Rangern ausgebildete Einheimische bringen Urlaubern – darunter viele Kajaker – die Schönheit des Tals näher.

267 | Warum haben MÖWEN graue Flügel?

Es mag kurios klingen, aber die Flügelfarbe hat einen Einfluss auf das Flugvermögen von Seevögeln. Dunkel fliegt offenbar effizienter. Denn dunkle Schwingen erwärmen sich in der Sonne stärker als helle, was ihnen mehr Auftrieb verschafft. Zugleich nimmt durch die Erwärmung der Luftwiderstand ab und die Vögel verbrauchen weniger Energie. Das trifft vor allem auf die Dauersegler zu, etwa Albatrosse oder Fregattvögel. Und Möwen? Da gibt es schneeweiße Tiere und solche mit auffallend dunklen Schwingen. Dazwischen kommen alle möglichen Schattierungen vor. Auch die Körpergröße und das Gewicht der Arten unterscheiden sich teils stark.

Die Verhaltensforscherin Madeleine Goumas hat nun untersucht, ob es zwischen dem Wuchs einer Möwe und ihrer Flügelfarbe einen Zusammenhang gibt. Mit steigender Körpergröße nimmt die Masse eines Vogels schneller zu als die Fläche seiner Flügel, was auf Kosten der Flugeffizienz geht. Die schwereren Arten haben nun aber zugleich tatsächlich dunklere Schwingen und einen dunkleren Rücken. Das kommt ihnen auch noch in anderer Hinsicht zugute: Möwen halten sich viel häufiger an Land auf als Dauersegler. Sie müssen schnell starten und landen, und dabei wären die langen Schwingen eines Albatros hinderlich. Was für die Möwen ein anatomischer Nachteil ist – die kürzeren Flügel –, hat die Natur bei ihnen offenbar mit dem Farbtrick ausgeglichen.

268 | Welches ist das **ÄLTESTE PARLAMENT** eines **UNABHÄNGIGEN STAATES?**

Griechenland gilt als Wiege der Demokratie, England als älteste parlamentarische Variante dieser Staatsform. Doch das älteste nationale Parlament der Welt ist das Althing in Islands Hauptstadt Reykjavík. Es traf sich erstmals im Jahr 930 in Thingvellir, einer rauen Landschaft im Südwesten des Landes. Hierher kamen jedes Jahr Mitte Juni für zwei Wochen Bürger aus allen Regionen Islands, um Gesetze zu beschließen. Das höchste Amt hatte dabei der »Lögsögumadur«, der Gesetzessprecher, inne. Nachdem sich die isländischen Anführer 1262 dem norwegischen König unterstellt hatten, wandelte sich das Althing zu einem Berufungsgericht. Unter dänischer Herrschaft wurde es im Jahr 1800 aufgelöst, doch 43 Jahre später mit beratender Funktion wiederhergestellt. Seine volle Macht als Volksvertretung erhielt es 1944 zurück, als Island sich von Dänemark unabhängig erklärte. Das Althing hat 63 Mitglieder. Seit Dezember 2024 regiert hier eine Koalition unter Premierministerin Kristún Frostadóttir.

269 | Welcher Staat hat die **MEISTEN ZEITZONEN?**

Die Erde dreht sich, und deshalb beginnt ein neuer Tag im Osten der Welt früher als im Westen. Um die Uhrzeit an die jeweiligen Tag- und Nachtperioden anzupassen, wurde die Welt in 24 Zeitzonen eingeteilt – für jede Stunde des Tages eine. Daneben gibt es noch regionale Zeitzonen, weshalb sogar 38 existieren. In kleineren Ländern wie Deutschland gilt nur eine Uhrzeit, weil hier die Sonne überall zu ähnlichen Tageszeiten auf- und untergeht. Doch Riesen wie Russland und die USA überspannen mehrere Zeitzonen mit den entsprechenden Uhrzeiten. Trotzdem liegen die beiden gemeinsam nur auf Platz zwei. Überboten werden sie – von Frankreich. Zwar hat

unser Nachbar im Kern nur eine Zeitzone. Doch es besitzt Überseegebiete und kommt so auf zwölf Zeitzonen. Im französischen Staatsgebiet beginnt der Tag zuerst über den Inseln Wallis und Futuna im Pazifik (plus zwölf Stunden), später in Réunion im Indischen Ozean (plus vier Stunden) und zuletzt über Französisch-Polynesien, ebenfalls im Pazifik, aber auf der anderen Seite der Datumsgrenze (minus zehn Stunden).

270 | Was ist **BLIND BOOKING?**

Der Begriff verrät es schon: Wer Lust auf einen Kurztrip hat, bucht beim Blind Booking die Katze im Sack. Wohin die Reise geht, erfährt er oder sie erst nach Vertragsschluss. Das birgt jede Menge Nervenkitzel, und die Reise ist, so das Versprechen der Anbieter, deutlich billiger als eine normal gebuchte. Buchungen sind meistens 1 bis 42 Tage vor Reisebeginn möglich. So völlig ins Blaue geht's dann aber doch nicht: Niemand, der eigentlich an den Strand will, wird zum Städte-Sightseeing gezwungen. Da wird in grobe Kategorien unterteilt, zum Beispiel in »Kunst und Kultur«, »Abenteuer Stadt« oder »Sonnenziele« bei »Lufthansa Surprise«. Blookery unterteilt die Städteziele in Regionen. und hat auch Hotelangebote mit eigener Autoanreise im Repertoire, hier lässt sich die gewünschte ungefähre Fahrzeit aussuchen. Generell gilt jedoch: Je mehr Wünsche oder Ausschlüsse man anklickt, desto teurer wird die Reise. Die Spielregeln sind ähnlich wie bei Last Minute: Wer flexibel ist, hat bessere Chancen auf ein ordentliches Schnäppchen.

271 | Welches ist Deutschlands **PÜNKTLICHSTER BAHNHOF?**

Die Deutsche Bahn kämpft seit Jahren mit einem schlechten Image. Auch wenn es angesichts von vielen Baustellen sowie unverschuldeten Zwischenfällen wie Personenschäden oder der Sabotage von Infrastruktur nachvollziehbare Gründe gibt, ist das Gesamtbild ernüchternd: Laut Statistik kamen 2024 nur 60,6 Prozent der IC/ICE-Züge pünktlich an. Dafür muss man zweierlei wissen: Erstens wird bereits jede Verzögerung von mehr als sechs Minuten als Verspätung gewertet. Und zweitens bestehen große regionale, gar lokale Unterschiede. Am wenigsten zu beanstanden gab es 2024 in Köln-Deutz. Mit einem Pünktlichkeitswert von 86 Prozent sicherte es sich Platz eins im landesweiten Bahnhofsranking. Schon gleich nebenan sah es anders aus: In Bonn waren es nur 41 Prozent. Deutschland belegt europaweit einen der hinteren Plätze mit insgesamt 64 Prozent pünktlicher Züge. Unangefochten ganz vorn liegt die Schweiz. Dort kommen 98 Prozent aller Fernzüge pünktlich an.

272 | Wo gibt es Busse NUR für FRAUEN?

Pakistan will die Situation vieler Bürgerinnen verbessern: In Karatschi und Islamabad wurden daher Busse eingerichtet, in die ausschließlich Frauen und Mädchen einsteigen dürfen. Sie sind schon von fern an ihrer neonpinken Farbe zu erkennen und sollen Frauen mehr Selbstbestimmung und einen besseren Zugang zu Bildung ermöglichen. Kaum ein Land schneidet in Sachen Gleichberechtigung schlechter ab als Pakistan: Im Gender-Gap-Ranking des Weltwirtschaftsforums liegt das Land auf dem vorletzten Platz. Gerade einmal knapp 20 Prozent der pakistanischen Frauen sind erwerbstätig. Einer der Gründe: Die öffentlichen Verkehrsmitteln sind für sie nicht sicher. Dabei sind viele darauf angewiesen, um zur Schule oder Arbeit zu kommen. In den Metrolinien großer Städte gibt es schon länger Frauenabteile – doch oft sitzen dort auch Männer. Die Frauenbusse sollen das nun ändern. Neben den Fahrgästen ist auch das Buspersonal weiblich. Mit Ausnahme des Fahrers: Am Lenkrad sitzt nach wie vor ein Mann.

273 | Was passiert bei der PASSKONTROLLE an der Grenze?

Wer als EU-Bürger innerhalb der Union reist, kann Ländergrenzen in der Regel ohne Ausweis- oder Passkontrolle überschreiten. An Flughäfen wird manchmal der Identitätsnachweis mit dem Ticket verglichen. Anders sieht das bei Reisen ins Nicht-EU-Ausland aus. Mitunter überprüft das Grenzpersonal dort nicht nur die Gültigkeit des Ausweises, sondern guckt zusätzlich im Computer nach, wer da ein- oder ausreisen will. Wird die jeweilige Person vielleicht wegen des Verdachts auf eine Straftat gesucht? Liegt ein Ein- oder Ausreiseverbot vor? Manchmal wird bei Nicht-Schengen-Reisenden auch geprüft, ob der Einreisende den eigenen Lebensunterhalt im Zielland finanzieren kann. Bei Minderjährigen fragt das Sicherheitspersonal zudem nach einer Reiseerlaubnis der Erziehungsberechtigten, um zum Beispiel zu verhindern, dass ein Kind gegen den Willen eines Elternteils ins Ausland gebracht wird. Liegt ein solches Dokument nicht vor, können Kinder oder Jugendliche bis zur Abklärung polizeilich festgehalten werden.

274 | Warum **RAUSCHT** das Meer?

Das sanfte Brausen der Wellen vor dem Strand – wer denkt da nicht an entspannte Urlaubstage und Salzwasser auf der Haut? Physiker! Sie erklären das Phänomen ganz nüchtern: Was wir da hören, ist das millionenfache Zerplatzen kleiner Luftblasen. Die geraten bei starkem Seegang unter die Wasseroberfläche, ihr Strudeln lässt Schallwellen entstehen – und so das Rauschen des Ozeans. Zu hören ist die maritime Symphonie auch auf offener See, sobald dort Wellen brechen. Das Brausen setzt sich aus verschiedenen Tonhöhen zusammen, denn die Unterwasserbläschen sind unterschiedlich groß. Baut sich eine Welle auf, entstehen meist Luftblasen, die mindestens einen Millimeter groß sind. Bricht die Welle dann, bilden sich ganz kleine Bläschen. Durch Wasserströmungen werden sie verformt, was sie zum Schwingen bringt – je nach Größe in einer anderen Frequenz. Die so entstehenden Schallwellen breiten sich sowohl im Meer als auch in der Luft darüber aus. Am Strand kommt dazu noch die Reibung der Sandkörner. All diese Töne überlagern sich zum typischen Meeresrauschen – ein Naturhörspiel, das bis zu 100 Dezibel laut werden kann.

275 | Welches ist das ÄLTESTE BAUWERK Nordamerikas?

Das früheste bekannte menschliche Bauwerk in Nordamerika ist vor allem eins: unscheinbar. Es besteht aus zwei etwa fünfeinhalb Meter hohen, mit grünem Gras überwachsenen Hügeln auf dem Campus der Louisiana State University (LSU) in der Stadt Baton Rouge, eingeklemmt zwischen einem Parkplatz und einem Studentenwohnheim. Vor 11 000 Jahren begannen Menschen, diese Hügel aufzuschichten – und damit sind sie mehr als doppelt so alt wie Stonehenge, dessen erste Steine vor etwa 4400 Jahren aufgestellt wurden. Die als »Campus Mounds« bekannten Hügel bestehen nicht einfach nur aus Erde, sondern aus abwechselnden Schichten von Lehm, Erde und Asche. Besonders interessant sind dabei die Ascheschichten, denn sie enthalten organisches Material. In ihnen fand ein Forschungsteam Phytolithen – brennbares Gestein, das vorwiegend aus Pflanzenresten besteht. Auch Osteone, eine Art Bausteine für Röhrenknochen von Säugetieren, waren in der Asche verteilt. Die Phytolithen stammten von Schilf- und Rohrpflanzen, bei deren Verbrennung sehr hohe Temperaturen entstehen. Was auf den Hügeln brannte, war folglich kein gemütliches Kochfeuer, sondern ein loderndes Inferno. Es entstand entweder für Zeremonien oder als Scheiterhaufen. Und noch etwas weist auf die rituelle Nutzung der beiden Hügel hin: Ihre Kuppen liegen auf einer Linie, die etwa acht Grad nach Osten vom Norden abweicht. Und genau dort, so wurde errechnet, ging vor 6000 Jahren Arktur auf, Hauptstern im Sternbild des Bärenhüters und hellster Stern am Nordhimmel.

276 | Sind **MONSTERWELLEN** für Kreuzfahrtschiffe eine **GEFAHR**?

Am 1. Dezember 2022 kracht eine gewaltige Welle gegen das 200 Meter lange Kreuzfahrtschiff »Viking Polaris«. Fenster splittern, Wasser schießt hinein, vier Personen werden verletzt, eine stirbt. Kreuzfahrtschiffe sind in den letzten Jahren immer sicherer geworden. Normaler Seegang mit Wellen von fünf, sechs Metern bringt niemanden aus der Ruhe. Erreichen die Wellen dann um die 15 Meter, kann es allerdings schon sehr, sehr ungemütlich und auch gefährlich werden. Kentern wird das Hotelschiff nicht, allein die Größe und Masse sorgt für Sicherheit. Außerdem steuern Sensoren die Ballastverteilung: Wenn sich das Gefährt zur Seite neigt, entsteht sofort ein Gegengewicht. Eine extreme Seitenneigung von bis zu 60 Grad kann mit dieser »Stehaufmännchen«-Funktion ausgeglichen werden. Trotzdem: Ein Restrisiko bleibt immer. Ist die See ohnehin schon sehr rau, können sich im Extremfall Wellen von 25, 30 oder mehr Metern bilden. So wurden etwa 2001 im Zeitraum von drei Wochen zehn Riesenwellen von über 25 Meter Höhe per Satellit aufgespürt. Die Wahrscheinlichkeit, so einer XXL-Monsterwelle zu begegnen, ist sehr gering, aber nicht null. Kreuzfahrtcrews versuchen, entsprechende Gefahrengebiete zu meiden – aber wo genau solche Wellen entstehen, bleibt schwer vorherzusagen.

277 | Wo gibt es einen **AUWALD** mitten in der Stadt?

Mitten in Leipzig leben rund 100 Vogelarten. 13 der 19 Fledermausarten, die in Sachsen vorkommen, sind hier zu finden. Mehr als 40 wilde Säugetierarten. 32 Libellenarten. Kammmolche, Knoblauchkröten, Kiemenfußkrebse. Denn: Im Stadtgebiet liegt der Leipziger Auwald, ein unschätzbar artenreiches Biotop. Er ist einer der größten Auwälder in Mitteleuropa. Und einer der letzten. In solchen Gebieten mit einem hohen Grundwasserstand wachsen Pflanzen, die sich an die Dynamik des Wassers angepasst haben. In Leipzig sind es die Flussauen der Weißen Elster, der Pleiße, der Parthe und der Luppe. Auf kleinem Raum finden sich dort die unterschiedlichsten Bedingungen, von sumpfig beschattet bis eher trocken und sonnig. Die Biodiversität ist deshalb so hoch wie in kaum einem anderen Naturraum. Von jeher haben auch Menschen gern an Ufern gesiedelt, haben Häuser gebaut, Flüsse begradigt und Bäume gefällt. Mit Folgen: Aus Mitteleuropa sind die naturnahen Auwälder nahezu verschwunden. In Deutschland zählt man sie zu den gefährdeten Biotop-Typen.

278 | Wo regnet es **EHEMÄNNER?**

Wenn es richtig schüttet, fallen in Kolumbien Ehemänner vom Himmel. So heißt dort die Redensart. Bei uns und in vielen anderen Ländern regnet es eher Katzen und Hunde. Woher diese aus dem Englischen stammende Redensart kommt, ist unklar. Wahrscheinlich stammt sie aus Zeiten, als bei Starkregen tote Tiere durch die Gassen geschwemmt wurden. Diese These würde auch auf ähnliche Redensarten passen: Im Persischen regnet es Schakale, in Brasilien Schlangen und Eidechsen. Auch Gegenstände sind beliebt: In Frankreich regnet es Hellebarden, in Portugal Taschenmesser, in Griechenland Stuhlbeine, in Bosnien Brechstangen (wie bei uns Bindfäden). »Wie aus Eimern« schüttet es international. In Deutschland regnet es mitunter auch Schusterjungen: Damit gemeint ist ein Berliner Gebäck. Wahrscheinlich heißt es so, wenn die Regentropfen besonders groß sind. In Dänemark sagt man das ebenfalls: »Det regner skomagerdrenge«. Zum Ursprung kursiert dort allerdings auch eine weniger lustige Theorie. Sie geht zurück auf ein Ereignis in Kopenhagen im Jahr 1758: Der Schuhmacher Carl Jepsen soll seine Lehrlinge tatsächlich aus dem Fenster geworfen haben, als sie einen Fehler gemacht hatten.
Eine weitere Theorie steht in einem historischen Wörterbuch der dänischen Sprache: Bei Regen sah man viele Schusterjungen auf der Straße, weil gerade dann gute Schuhe benötigt wurden und die Jungen vermehrt losgeschickt wurden, um sie auszuliefern.

279 | WIE VERLÄUFT eigentlich eine BALLONFAHRT?

Ein großer Ventilator bläst zunächst Unmengen kalte Luft in die schlaffe Ballonhülle, dann füllt sie der Pilot mit einem Propangasbrenner, bis sich der Ballon aufrichtet. Die Reise kann beginnen. Der Ballon bewegt sich meist 200 bis 300 Meter über der Erde. Aber auch 2000 Meter sind möglich, wenn der Pilot manövriert, um bestimmte Luftschichten zu erreichen. Am Erdboden begleitet den Ballon ein Verfolgerfahrzeug, beide sind über Funkkontakt verbunden, denn über die Flugrichtung entscheiden nur Wind, Temperatur und Witterung, und der Landeplatz lässt sich kaum vorhersagen. Der wird in der Regel nach ein- bis zweistündigem Flug erreicht, ideal dafür ist eine große Wiese. Helfer am Boden sichern den Ballon, wenn er ruckelnd aufsetzt und eventuell »nachfährt«. Am Ende des Abenteuers steht die traditionelle Ballonfahrertaufe: Die Mitfahrer werden in den »Hochadel« aufgenommen. Ein Brauch, der an die Anfänge der europäischen Ballonfahrt erinnert. Nur Adlige konnten damals über den Dingen und den Köpfen der Leute schweben.

280 | Wo steigt die WELTMEISTERSCHAFT im STEINEHÜPFEN?

Wer Strand liebt, für den gilt Kies als zweite Wahl, aber: Es kann auch Vorteile haben, als Kind die Sommerferien regelmäßig an unbequemen Ufern zu verbringen. Die Britin Christina Bowen Bravery wurde mit so einer Vorgeschichte zur Weltmeisterin – im Steinehüpfen. Steine übers Wasser flitschen lassen, möglichst weit: Damit vertreiben sich Menschen seit Langem die Zeit. Schon in der Antike frönten sie dem meditativen Hobby. Seit 1983 gibt es sogar eine Steinehüpf-Weltmeisterschaft. Abgehalten wird sie auf einer winzigen Insel der Inneren Hebriden: Easdale, einst Zentrum des britischen Schieferabbaus. Das 70-Einwohner-Eiland ist übersät mit perfekten Flitsch-Steinen. Überflutete Steinbrüche ergänzen den Standortvorteil durch große, ruhige Wasserflächen. Bei den alljährlichen »World Stone Skimming Championships« wird um die Wette geschleudert. Jung und Alt, Profis und Amateure: Alle können mitmachen. Es gibt Wettbewerbe für Kinder, Jugendliche, Erwachsene und »Alte Werfer«, jeweils unterteilt in männlich und weiblich. Dazu gibt es einen Teamwettkampf sowie den Sonderpreis »The Bertie« für einheimische Easdaler. Die wichtigste WM-Regel gilt dem Wurfmaterial: Ausschließlich natürlich geformte Steine aus Easdale-Schiefer mit einem Maximaldurchmesser von drei Zoll (7,62 Zentimeter) sind erlaubt. Beim Event stehen sie eimerweise bereit. Die aktuelle Weltmeisterin Christina Bowen Bravery empfiehlt, den Stein so zu werfen, dass er die Wasseroberfläche beim ersten Kontakt im 40-Grad-Winkel berührt. 2019 hüpfte ihr Stein ganze 41 Meter weit. Forschende aus Frankreich haben das Hüpfverhalten von Steinen allerdings per Hochgeschwindigkeitskamera analysiert und kamen dabei auf einen »magischen Winkel« von 20 Grad. So oder so: Ab einem Winkel von 45 Grad ist der Stein in jedem Fall dem Untergang geweiht.

281 | Kommt bald das EMISSIONSFREIE Kreuzfahrtschiff?

Kreuzfahrten sind beliebt: Fast drei Millionen Deutsche haben 2023 eine Hochseekreuzfahrt unternommen, Tendenz steigend. Das mag für die Branche gut sein, ist aber schlecht für das Klima. Denn bei einer Woche Mittelmeerkreuzfahrt fallen pro Person rund 1,9 Tonnen CO_2-Äquivalent an – mehr als eine Person in Deutschland mit Auto, Bus und Bahn im ganzen Jahr verursacht. Viele Kreuzfahrtschiffe tanken zudem giftiges Schweröl. Und selbst wenn ein Schiff nur im Hafen liegt, verbraucht es noch so viel Energie wie eine Kleinstadt.

Einige Reedereien versuchen inzwischen, mit hybridem oder LNG-Antrieb, Kreuzfahrten etwas umweltbewusster zu gestalten. Hurtigruten hat vor einiger Zeit Pläne für ein erstes emissionsfreies Schiff vorgestellt. Die »Sea Zero« soll komplett elektrisch betrieben werden und auch Wind als Antrieb nutzen, etwa durch ausfahrbare Segel mit Sonnenkollektoren. Dazu kommen weitere technische Neuerungen wie eine bessere Manövrierbarkeit mithilfe von künstlicher Intelligenz. Auch für den Hotelbetrieb werden neue Technologien erprobt, denn der macht einen Großteil des Gesamtenergieverbrauchs eines Schiffes aus. 2030 soll die erste »Sea Zero« im Einsatz sein, mit Platz für 500 Gäste und 99 Besatzungsmitglieder. Die Entwicklung dieses Schiffs ist wohl auch eine Folge der rigiden norwegischen Umweltpolitik: Bestimmte Fjorde dürfen zukünftig nur noch mit Null-Emissions-Schiffen befahren werden.

282 | Wann ENTSCHÄDIGT die Bahn bei VERSPÄTUNGEN?

Bis vor Kurzem musste die Bahn bei großen Verspätungen immer Teile des Ticketpreises ersetzen. Die Ursache einer Verspätung war dabei irrelevant. Doch seit Juni 2023 gelten veränderte Regeln. Seitdem haftet das Bahnunternehmen nur noch für selbst verschuldete Verzögerungen (wozu auch Streiks des Bahnpersonals zählen), aber nicht mehr bei außergewöhnlichen Umständen wie Kabeldiebstählen, Notfällen im Zug, Personen im Gleis und Naturereignissen. Was nun alles in die Kategorie »außergewöhnliche Umstände« fällt, ist natürlich bis zu einem gewissen Grad Definitionsfrage. Bei gewöhnlichen Unwettern verspricht die Bahn, weiterhin zu entschädigen. Außerdem gilt nach wie vor, dass die Bahn auf jeden Fall die Weiterreise organisieren, sich um Erfrischungen und gegebenenfalls eine Hotelunterkunft kümmern muss. Und während man früher bei einer Verspätung von mehr als 20 Minuten in einen teureren Zug umsteigen durfte, ohne die Preisdifferenz tragen zu müssen, gilt jetzt für alle, die mit dem »Deutschlandticket« unterwegs sind: Sie müssen im ÖPNV bleiben, dürfen ihre Reise also nicht mit einem IC oder ICE fortsetzen. Nur wer ein einzelnes Nahverkehrsticket gelöst hat, kann wie gewohnt in einen schnelleren Zug umsteigen. Den Zuschlag muss der Fahrgast zunächst zahlen, bekommt ihn aber nach der Reise erstattet. Ein Entschädigungsanspruch ist innerhalb von drei Monaten geltend zu machen statt wie früher innerhalb von zwölf.

283 | Wo liegt das **STONEHENGE** der Niederlande?

Die Steinkreise von Stonehenge im Süden Englands dienten in der Jungsteinzeit als Begräbnisplatz, Tempel und zur Bestimmung der Jahreszeiten. Ein vergleichbares Monument entdeckten Archäologen 2023 nahe der niederländischen Stadt Tiel, rund 50 Kilometer südöstlich von Utrecht. Auf einem heutigen Industriegelände errichteten bronzezeitliche Bauern zwischen 2500 und 1200 v. Chr. drei Hügel. Allein in dem größten davon, mit einem Durchmesser von 20 Metern, bestatteten sie rund 60 Erwachsene und Kinder. In dem Ensemble, zu dem außerdem ein flacher Graben, Wassergruben sowie ein Wegenetz gehörten, markierten die Sonnenstrahlen an den Tagen der Winter- sowie der Sommersonnenwende vorbestimmte Punkte. Wo sie auf die Erde trafen, fand man kostbare Artefakte vergraben, wie zum Beispiel eine Speerspitze aus Bronze. Diese »Jahreszeitenuhr« ermöglichte es den Menschen, die Termine für Aussaat und Ernte abzulesen. Aufrechte Steinpfeiler wie in Stonehenge gab es in Tiel nicht. Vermutlich standen dort jedoch kreisförmig angeordnete Holzpfeiler. Solche sogenannten Kreisgrabenanlagen gehen auf gemeinsame religiöse Vorstellungen der frühen Ackerbaukulturen zurück. Wie weit die kulturellen Kontakte zu jener Zeit reichten, zeigt ein weiterer Fund aus Tiel: Dort wurde eine Glasperle gefunden, die rund 5000 Kilometer weit entfernt im Gebiet des heutigen Iraks hergestellt wurde.

284 | Was bietet **FERROPOLIS**?

Es war einmal ein Riesenloch. Mit rabenschwarzem Boden aus Braunkohle. »Golpa-Nord« wurde es genannt, vor mehr als 30 Jahren. Dann verwandelte sich das dreckige Loch in eine imposante »Stadt aus Eisen«, auch als »Geisterstadt der Bagger« tituliert: eine Halbinsel, auf der riesige ausrangierte Schaufelradbagger stehen. Inzwischen ist Ferropolis, östlich von Dessau in Sachsen-Anhalt gelegen, ein beliebtes Ziel für Technikfreaks, Heavy-Metal-Fans und wegen der Seen ringsum auch für Naturliebhaber geworden. Die Technikfans interessieren sich vor allem für die fünf Riesenbagger aus Stahl. Der schwerste von ihnen, »Gemini«, wiegt knapp 2000 Tonnen, ist 30 Meter hoch und 125 Meter lang. Zu Braunkohlezeiten füllte er mit dem Abraum die entstandenen Löcher wieder auf. Heute ist »Gemini« als Touristenattraktion auf Stegen begehbar und bietet einen Ausblick auf die etwa 25 000 Menschen fassende, Y-förmige Arena, die von den Baggern eingerahmt wird. Darin finden Konzerte statt (Metallica und Herbert Grönemeyer waren schon da) und große Musikfestivals. Im angegliederten Industriemuseum erfahren Besucher mehr über die Vergangenheit, als Ferropolis noch Golpa-Nord hieß. 1991 war Schluss mit der Förderung. Insgesamt wurden knapp 70 Millionen Tonnen Rohbraunkohle gefördert. Heute muss der Tourismus die Kohle bringen. Darum gibt es auch Freizeitangebote wie Skiken (eine Mischung aus Skilanglauf und Inlineskaten), Crossgolfen und Quadtouren.

285 | Was ist ein STEALTH-CAMPER?

In den vergangenen Jahren wurden so viele Wohnmobile verkauft wie nie zuvor. Die Folge: Campingplätze sind oft voll. Einen Stellplatz zu reservieren widerspricht aber für viele dem Camper-Ethos. Doch im Wohnmobil einfach irgendwo am Straßenrand zu übernachten, ist meist verboten. Mancher wünscht sich daher ein unauffälliges Gefährt, das von außen nicht als Reisevan oder Wohnmobil erkennbar ist. Und genau das sind Stealth-Camper: diskrete »Tarnkappenfahrzeuge«. Das kann ein ausrangiertes Postauto ein, der Van eines Handwerksbetriebs (am besten noch mit Aufdruck), ein umgebauter Krankentransporter. Hauptsache keine Wohnwagenoptik. Heckträger fürs Fahrrad und Dachträger fürs Boot wären da natürlich verräterisch, also gar nicht erst montieren! Größter Pluspunkt der Fahrzeuge: Man kann auf Plätzen, die sonst für Wohnmobile tabu sind, übernachten. Andererseits, so der Tenor der User, ist man mit einem Stealth-Camper »immer ein bisschen auf der Flucht«. Entspannt Tische und Stühle vor dem Fahrzeug aufzubauen, fällt meist leider aus. Man bewegt sich in einer rechtlichen Grauzone: Wildes Campen ist verboten. Sich bei Übermüdung ein paar Stunden auszuruhen jedoch nicht.

286 | Wo fand die erste WM der MÜLLSAMMLER statt?

Das Logo des Wettbewerbs zeigte die wichtigsten Sportgeräte der Teilnehmenden: eine Grillzange und einen Müllbeutel. Im November 2023 trafen sich in Tokio 201 Teams zum Kampf um den ersten Weltmeistertitel im Spogomi, dem Müllsammeln. Das Wort setzt sich zusammen aus »Sport« und dem japanischen Wort »Gomi« für »Abfall«. Bei der WM hatten die dreiköpfigen Teams eine Stunde Zeit, um eine Fläche von einem Quadratkilometer zu säubern. Mit der Zange, aber auch per Hand schnappten sie dabei nach Abfällen. Reste aus Mülleimern zu greifen ist verboten, auch dürfen sich die Mitglieder eines Teams nie weiter als zehn Meter voneinander entfernen. Danach bleiben ihnen noch einmal 20 Minuten, um den Müll zu sortieren. Sieger war das Team aus Großbritannien. In Japan ist Spogomi ein Trendsport, landesweit finden rund 100 Turniere pro Jahr statt – obwohl japanische Städte im internationalen Vergleich als besonders sauber gelten. Ziel der Weltmeisterschaft ist es, das weltweite Müllproblem in den Griff zu bekommen. Sie soll alle zwei Jahre stattfinden.

287 | Wo befindet sich die »GEFÄHRLICHSTE KIRCHE DER WELT«?

Der Boden ist heilig. Wenn die Schuhe deshalb ausgezogen sind, fängt das Klettern erst an. Gut eine Stunde Aufstieg liegt schon hinter Kiday Yohannes auf dem Weg zur Felsenkirche Abuna Yemata im äthiopischen Tigray-Gebiet. Nun ragt eine Felswand vor ihm auf, die nur per halsbrecherischer Kletterei zu überwinden ist. Immerhin sind Handgriffe und Fußmulden in den Fels geschlagen. Yohannes ist orthodoxer Priester, verantwortlich für Gottesdienste und Besucherbetreuung. Das Gotteshaus wurde aus dem Felsen gehauen, mit Säulen, zwei angedeuteten Kuppeln und romanischen Gewölbebögen. Innen birgt es wunderschöne alte Fresken. Nach der Felswand kommt man auf einen Kamm in etwa 2600 Meter Höhe. Zu beiden Seiten geht es Hunderte von Metern in die Tiefe. Und doch steht dort oben ein kleines Haus: der Tauf- und Empfangsraum der Kirche. Kein Wunder also, dass Abuna Yemata als gefährlichste Kirche der Welt bezeichnet wird. Doch Yohannes beruhigt: In der etwa 1500-jährigen Geschichte der Kirche sei noch nie jemand abgestürzt. Gott passe auf seine Gläubigen auf.

288 | Verstärkt der **KLIMAWANDEL** die **LUFTTURBULENZEN** beim Fliegen?

Forschende vermuten schon lange, dass nicht nur der Flugverkehr schlecht fürs Klima ist, sondern umgekehrt auch der Klimawandel für die Fliegerei. Denn wenn sich die Atmosphäre durch Treibhausgase erwärmt, fördert dies die Bildung von Scherwinden in den Jetstreams – jenen großen Windgürteln, die die Erde in hohen Luftschichten stetig umwehen. Und diese Scherwinde lösen Turbulenzen bei völlig klarem Himmel aus. Das wurde nun anhand meteorologischer Daten überprüft. Ergebnis: Über dem Nordatlantik zum Beispiel haben auf einer der meistgeflogenen Routen zwischen 1979 und 2020 starke Turbulenzen um 55 Prozent zugenommen, von 17,7 Stunden auf 27,4 Stunden pro Jahr. Moderate und leichte Luftverwirbelungen nahmen um 37 Prozent auf 96,1 Stunden beziehungsweise um 17 Prozent auf 546,8 Stunden zu. Das sorgt nicht nur häufiger für unangenehmes Ruckeln im Flugzeug. Es erhöht auch die Kosten, weil die Maschinen öfter gewartet werden müssen.

289 | Was darf man bei **FLUGVERSPÄTUNG** auf Kosten der Airline **KONSUMIEREN**?

Sein Flug hatte deutliche Verspätung, also kaufte ein Passagier an einem Londoner Flughafen zwei Aperol Spritz für 15 Pfund. Doch die Fluggesellschaft weigerte sich, die Getränke zu übernehmen, der Fluggast klagte – und verlor. Zwar besteht laut EU-Fluggastrechteverordnung, Artikel 9, ein Anspruch auf »Mahlzeiten und Erfrischungen in angemessenem Verhältnis zur Wartezeit«. Doch das Gericht ließ Aperol Spritz nicht als »Erfrischung« gelten. Für eine Mahlzeit werden zehn Euro pro Person allgemein als angemessen angesehen. Bei den Preisen an den Airports kommt man damit aber nicht weit. Gut zu wissen: In Artikel 14 der EU-Fluggastrechteverordnung ist Folgendes festgehalten: »Das (...) Luftfahrtunternehmen stellt sicher, dass bei der Abfertigung ein klar lesbarer Hinweis mit folgendem Wortlaut für die Fluggäste deutlich sichtbar angebracht wird: ›Wenn Ihnen die Beförderung verweigert wird oder wenn Ihr Flug annulliert wird oder um mindestens zwei Stunden verspätet ist, verlangen Sie am Abfertigungsschalter oder am Flugsteig schriftliche Auskunft über Ihre Rechte, insbesondere über Ausgleichs- und Unterstützungsleistungen.‹« Verteilt die Airline nicht selbst Essen und Getränke, wird sie in der Regel entsprechende Gutscheine ausgeben, die am Flughafen eingelöst werden können. Erst wenn auch das ausbleibt, können sich die Passagiere selbst versorgen und die Quittung einreichen.

290 | WO auf der Welt scheint DIE SONNE am STÄRKSTEN?

Kleiner Ausflug auf die Venus gefällig? Das geht auch ganz ohne »Odyssee im Weltraum«. Denn auf der Erde gibt es eine Region, die mit dem lebensfeindlichen Planeten gleichzieht – zumindest hinsichtlich der Intensität der Sonneneinstrahlung. Auf einem Hochplateau in der chilenischen Atacama-Wüste – dem Chajnantor-Plateau – entwickelt die Strahlung eine ungeheure Kraft, mehr als auf dem Mount Everest. Sie kann sogar so stark werden wie auf der Venus. Seit einigen Jahren misst ein Forschungsteam die Intensität der Sonne hier mit Pyranometern, Geräten, die die Sonnenleistung in Watt angeben. Im Durchschnitt beträgt die Sonneneinstrahlung auf dem Plateau pro Quadratmeter etwa 308 Watt. Aber es gibt auch Ausbrüche mit extremer Strahlung. So zeigten die Messgeräte im Januar 2017 einen Wert von 2177 Watt an, was tatsächlich der Sonneneinstrahlung auf der Venus entspricht. Wie kann es dazu kommen? Dünne, durchbrochene Wolken hoch in der Atmosphäre streuen das Sonnenlicht Richtung Boden, statt es zurück ins All zu reflektieren. So wird die Strahlungsintensität verstärkt. Solche Extremereignisse könnten Stunden andauern, so die Forscher. Das Chajnantor-Plateau lasse sich dadurch aber auch ganz praktisch nutzen: als Testgelände für schwankungssichere Fotovoltaik-Kraftwerke.

291 | Wo steht das größte PARLAMENTSGEBÄUDE der Welt?

Viele Jahre war der Parlamentspalast in Bukarest der weltweit größte. Seit 2021 hält jedoch das neue thailändische Parlament in Bangkok den Titel: mit 424 000 Quadratmetern Geschossfläche. »Sappaya-Sapasathan« heißt das Gebäude, was so viel bedeutet wie »Versammlungsort für gute Taten«. Mittelpunkt ist die goldene Pagode mit der Sonnenhalle des Repräsentantenhauses (800 Sitze) und der Mondhalle für den Senat (300 Sitze). Das Holz von mehr als 5000 Teakbäumen wurde verbaut, um die »DNA Thailands« zu repräsentieren, was zu Protesten in Medien und bei der Bevölkerung führte. Mehr als 5000 Menschen und 2000 Autos finden in dem Gebäude Platz. Kritische Stimmen bemängeln die Architektur des Kolosses mit seiner Pagode, die eher die Macht der Religion repräsentiere statt den Willen des Volkes. Und tatsächlich ist es mit der Demokratie in Thailand, wo der König und mächtige Generäle das Sagen haben, nicht so weit her, wie der neue Prachtbau fürs Parlament vermuten lässt.

292 | Welche AUTOSTRASSE steht täglich UNTER WASSER?

Auf sein Navi sollte sich hier niemand verlassen, denn diese Straße verschwindet zweimal am Tag: Die 4,2 Kilometer lange Passage du Gois verbindet die Île de Noirmoutier und die Gemeinde Beauvoir-sur-Mer an der Westküste Frankreichs und ist nur gezeitenabhängig befahrbar. Wobei das Wasser je nach Art der Flut einen Meter bis 4,50 Meter über der Fahrbahn stehen kann. Auf einer Website informiert die Gemeinde über die Passierbarkeit. Für jede Flut wird ein »Gezeitenkoeffizient« ermittelt. Je niedriger er ausfällt, desto weniger Zeit bleibt, die Straße zu befahren, je höher, desto größer ist das Zeitfenster: im Maximalfall 1,5 Stunden vor und nach dem tiefsten Stand der Ebbe. Wer bei der Überfahrt liegen bleibt, muss aber nicht in Panik geraten. Dann kann man auf eine der höher gelegenen Rettungsinseln entlang der Fahrbahn flüchten. Seit 1987 findet jeden Sommer der Lauf »Foulées du Gois« statt, bei dem etwa 1500 Teilnehmende hier um die Wette rennen, natürlich bei Ebbe. Sobald das Meer sich anschickt, die Straße zu überschwemmen, starten 30 Profiathleten ihren Wettlauf gegen die Flut. Die letzten erreichen das Ziel oft nur schwimmend.

293 | Warum sind die MEISTEN Flugzeuge weiß?

Ob Lufthansa oder Air China: Fast alle Airlines schicken Flugzeuge in die Luft, die primär weiß sind. Dafür gibt es mehrere Gründe. Der wohl wichtigste: Weiß spart Sprit. Denn die helle Flugzeug-Außenhaut reflektiert einen Teil der Sonneneinstrahlung wieder zurück in die Luft. Weiße Maschinen heizen sich daher weniger auf als dunkle. Der Innenraum, die vielen Aggregate und auch die Körpertemperatur der Passagiere müssen weniger stark gekühlt werden, das spart Kerosin. Außerdem gilt: je mehr Farben, desto mehr Farbschichten. Und die haben ein Gewicht, bis zu 540 Kilo kann so eine Lackierung schwer sein. Schon beim Kauf der Maschinen sparen die Gesellschaften mit rein weißer Farbe Geld: Die Standardfarbe ist preiswerter als jede Sonderlackierung. Wechselt ein Flugzeug seinen Besitzer, erhält es auch eine neue Lackierung – im Normalfall. Es gibt aber auch Charterverträge über sehr kurze Zeiträume, dann werden oft nur Folien mit dem Logo des neuen Betreibers aufgeklebt. Und auch da erweist sich eine einfache Lackierung in Weiß als Vorteil. Schließlich nennen die Airlines auch einen Grund, der nicht mit Geld zu tun hat: Auf einem weißen Flugzeug sind Verschmutzungen oder Verfärbungen leichter zu entdecken. Und es ist natürlich im Sinne der Sicherheit, wenn man verlässlich kontrollieren kann, ob am Rumpf Öllecks oder Beschädigungen durch die Witterung auftreten.

294 | Wieso gibt es ein **MUSEUM** voller Eier mit **CLOWN-MAKE-UP**?

Um Zirkusclown zu werden, braucht man nicht nur ein buntes Kostüm und ein Arsenal lustiger Tricks – ein essenzieller Bestandteil ist auch das spezielle Make-up. Um sicherzustellen, dass kein Clown dem anderen gleicht, wurde 1946 eine ganz besondere Sammlung begonnen: Im britischen »Clown Egg Register« sind die Gesichtsbemalungen aller registrierten Clowns auf Eierschalen festgehalten. Das Clowns' Gallery-Museum in London bewahrt über 240 Keramikeier mit kleinen Gesichtern darauf, zusätzlich verziert mit angeklebten Nasen, Hüten und Haar sowie einem Namensschild des betreffenden Clowns. Erdacht wurde das Projekt von Stan Bult, dem Gründer des International Circus Clown Club (heute: Clowns International), der noch auf echte Hühnereier malte und dafür sorgen wollte, dass niemand in der Branche dreist den Schminkstil der berühmten Kollegen kopiert. 24 der Eier in der Galerie sind noch Originale von Bult. Das Museum befindet sich in der Holy Trinity Church in Dalston, in der noch heute ein Schrein an den Clown Grimaldi erinnert, der bis zu seinem Tod 1837 mit dafür sorgte, dass Clowns zu weltweiter Berühmtheit kamen. Auch sein Markenzeichen mit roten Dreiecken und Büscheln roter Haare ist natürlich auf einem der Eier verewigt. Heutzutage gehört ein Eiporträt offiziell zum Aufnahmeprozess des internationalen Clownverbands.

295 | **WELCHER PAPST** ist **NICHT** in der **KATHOLISCHEN KIRCHE?**

Nicht nur die römisch-katholische, sondern auch die koptisch-orthodoxe christliche Kirche in Ägypten hat einen Papst als Oberhaupt: Derzeit ist dies Tawadros II. Interessanterweise gibt es aber auch in Asien einen Papst. Oder vielmehr: Die vietnamesische Religion der Caodaisten hat ebenfalls ein Papstamt. Allerdings ist es seit dem Tod des ersten Inhabers, Papst Le Van Trung, im Jahr 1934 vakant. Der in Südvietnam entstandene Caodaismus vereint Züge des Konfuzianismus, Buddhismus und Taoismus und hat viele Gemeinsamkeiten mit Islam und Christentum. Organisiert wurde er nach dem Vorbild der katholischen Kirche mit Laien, Priestern, Bischöfen,

Kardinälen und eben einem Papst. Eine weitere Gemeinsamkeit ist die lange Liste von Heiligen und Propheten. Neben Moses, Jesus und Mohammed gehört dazu aber auch der französische Schriftsteller Victor Hugo, der in Tempeln mit Bildern verehrt wird. Hugo setzte sich im 19. Jahrhundert für den Weltfrieden ein, der auch das Ziel der Caodaisten ist. Sie wollen ihn durch eine Versöhnung der Religionen erreichen. Entstanden ist die heute drittgrößte vietnamesische Glaubensgemeinschaft 1926 während der französischen Kolonialzeit. Die Zahl der Mitglieder wird auf vier bis sechs Millionen geschätzt. Auswanderinnen und Auswanderer brachten den Caodaismus, der Armut, Nächstenliebe und Selbstlosigkeit als moralische Pflichten predigt, auch nach Australien, Kanada, Deutschland und in die USA.

296 | Wo überall liegt das »VENEDIG DES NORDENS«?

In Venedig sorgen mehr als 150 Wasserstraßen und über 400 Brücken für jene unvergleichliche Atmosphäre, die Straßenschluchten einfach nicht bieten können. Deshalb schmücken sich auch andere Städte gern mit dem Namen. Wo immer pittoreske Kanäle und Brücken das Stadtbild prägen, ist schnell vom »Venedig des Nordens«die Rede. Amsterdam etwa wird traditionell so bezeichnet. Hamburg hat zwar mehr Brücken als Amsterdam und Venedig zusammen, nämlich fast 2500, nutzt aber trotzdem das Venedig-Etikett gern – so wie Brügge, Kopenhagen, Stockholm und Sankt Petersburg. Sogar Birmingham und Manchester, die sich eher schwer mit Gondel-Charme in Verbindung bringen lassen. Deutschlands weitere »Venedigs« heißen Lübeck, Friedrichstadt und auch Emden, Papenburg, Passau. Oder Bad Bramstedt: Die Kleinstadt hat 20 Brücken – das muss reichen, um sich mit dem Namen zu schmücken. Noch inflationärer wird der Titel »Klein-Venedig« eingesetzt, meist für Stadtteile: Das gibt es etwa in London, in Bamberg, in Straßburg und auf Mykonos. Venedig selbst trägt übrigens einen sehr alten Beinamen: »la Serenissima«, »die Durchlauchtigste« oder auch »die Heiterste«. Dieser Name immerhin ist ein Alleinstellungsmerkmal.

297 | Was ist der **BOSTON MOVING DAY**?

Alle Jahre wieder herrscht am Monatswechsel von August zu September Chaos auf den Straßen von Boston. Traditionell enden um den 31. August herum die meisten Mietverträge in der Stadt – das Datum gilt daher als »Moving Day«, als »Umzugstag«. Der dann anstehende Semesterbeginn an den Universitäten sorgt zusätzlich für jede Menge Studierende, die neu nach Boston kommen. Innerhalb weniger Tage finden deshalb die meisten Umzüge des Jahres statt, sodass Umzugsunternehmen mit ihren Lastwagen die Straßen verstopfen und so viel Sperrmüll wie nie auf die Straßen liegt. Wegen der Studierenden wird der 1. September auch als »Allston Christmas« bezeichnet, denn im Stadtviertel Allston leben vorwiegend Studierende, die an diesem Tag gebrauchte Möbeln und andere Schätze am Straßenrand finden. Trotz all der Unannehmlichkeiten hat sich der Boston Moving Day als Tradition etabliert, und der Termin soll auch so erhalten bleiben.

298 | **WO** gibt es das größte **SCHNEESCHUHRENNEN** der Welt?

Am 6. Januar 2024 hatte das Schneeschuhrennen 50-jähriges Jubiläum. Etwas mehr als 6000 mit Schneeschuhen besohlte Läuferinnen und Läufer rannten, wanderten oder spazierten im Südtiroler Val di Non im Trentino auf der »Ciaspolada«. Von 18 Teilnehmenden bei der Premiere 1973 ist es laut Eigenwerbung zum größten Wettlauf dieser Art in der Welt geworden. Dort laufen nicht nur Topathleten und -athletinnen, auch Eltern, die ihre Kinder im Plastikbob ziehen, Lederhosen und Federhüte tragende Gebirgsjäger, Hexen mit ihrem Besen, und sogar ganz Unerschrockene mit freiem Oberkörper und Wikingerhelm auf dem Kopf treffen sich hier. Je nach Schneefall ist die Route jedes Jahr anders, sie wird einige Tage vorher festgelegt. In der Regel ist sie etwa sieben Kilometer lang, bei flachem Gelände mit nur leichten Anstiegen. Das Wettkampfrennen wird um 10:30 Uhr gestartet, das Spaßrennen erst fünf Minuten später um 10:35 Uhr. Jeder und jede kann sich im Internet unter www.ciaspolada.it anmelden.

299 | WO steht der größte LED-BILDSCHIRM der Welt?

Der mit Abstand größte LED-Bildschirm steht in der amerikanischen Glücksspielmetropole Las Vegas. Und er ist wirklich nicht zu übersehen: Wie ein gigantischer Wassertropfen liegt die »Sphere« hinter den Hotels »Venetian« und »Wynn«. Die »Kugel« hat einen Durchmesser von 157 Metern, und 54 000 Quadratmeter ihrer Außenfläche sind mit 57,6 Millionen Leuchtdioden bestückt, die zusammen 1,2 Millionen individuell steuerbare Bildpunkte liefern – mehr als jeder andere Bildschirm der Welt. Die »Sphere« kann ihr Aussehen dadurch nach Belieben ändern. Mal erscheint sie nachts wie der Planet Mars, rot und voller Krater. Mal sieht sie morgens aus wie ein gigantisches gelbes Emoji. Mehr als zwei Milliarden US-Dollar hat der Bau seit dem ersten Spatenstich 2018 gekostet, damit ist die »Sphere« gleichzeitig das teuerste Bauprojekt in der Geschichte von Las Vegas. Und der Protz geht innen weiter: Die »Sphere« ist Konzerthaus, Sportarena und Kino zugleich – um die Bühne wölbt sich eine Weltrekord-Leinwand: Auf etwa 15 000 Quadratmetern der Innenwand erstreckt sich das weltweit erste 16K-LED-Display. Den Sound liefern rund 164 000 Lautsprecher. Die Halle bietet Platz für 5000 stehende und 18 600 sitzende Gäste. 10 000 Sitzplätze sind sogar per Motor beweglich und mit Duft- sowie Windfunktionen ausgestattet, die passend zum Film aktiviert werden können – für ein Kinoerlebnis mit allen Sinnen. Begrüßt werden die Gäste von humanoiden Robotern. Die Kehrseite der Medaille: Die Mehrzweckhalle verbraucht im Jahr rund 98 Gigawattstunden Strom – so viel wie eine ganze Kleinstadt.

300 | Gibt es GEYSIRE mit kaltem Wasser?

Geysire kennen wir als Naturschauspiel in Island oder Nordamerika. Sie werden von heißen Wasserquellen gespeist, die übersprudeln, wenn der Druck zu hoch wird. Doch viele von ihnen sind auch menschengemacht, wenn Arbeiter etwa nach Rohstoffen bohren und dabei ein Grundwasservorkommen treffen, das unter Druck steht. So schoss in Wallenborn in der Eifel eine Fontäne in die Höhe, als bei Erdarbeiten 1933 ein Wasservorkommen geöffnet wurde. Auch der Geysir in Andernach entstand auf diese Weise. Doch noch etwas ist an den beiden in der Eifel besonders: Es sind Kaltwassergeysire. Sie sind viel seltener als die heißen Exemplare. Bei ihnen lässt Kohlendioxid, das durch vulkanische Aktivität in tiefen Bodenschichten entsteht, darüber liegendes Wasser in die Höhe schießen. Auch in anderen Ländern gibt es Kaltwassergeysire, aber der in Andernach ist der höchste der Welt. 50 bis 60 Meter schießt die Fontäne gen Himmel – wenn die Klappe, die dies kontrolliert, geöffnet ist.

301 | Wofür braucht man den INTERNATIONALEN FÜHRERSCHEIN?

Leichter zu beantworten ist die Frage, wofür man ihn nicht braucht: EU-weit reicht der deutsche Führerschein, egal ob als alter Lappen aus Papier oder moderne Plastikkarte. Dasselbe gilt für Island, Liechtenstein und Norwegen, weil diese Länder zum Europäischen Wirtschaftsraum gehören. Auch eine Türkeireise ist kein Grund für Extra-Behördengänge. Darüber hinaus wird es schwammig, denn: Es existieren zwar zwischenstaatliche Abkommen für entsprechende Rechtssicherheit. Aber leider gibt es da gleich mehrere: das Abkommen von Paris (1926), von Genf (1949) und von Wien (1968), jeweils mit eigenen Führerschein-Formaten. Hinzu kommen nationale Sonderregeln und historische Veränderungen. Deshalb kann es sein, dass die Suche nach der richtigen Variante zur Detektivarbeit wird. Darum: Man sollte sich selbst über das Zielland schlau machen. Fürs Nicht-EU-Ausland gilt aber die Faustregel: Mit Internationalem Führerschein ist man besser beraten als ohne, auch wenn deutsche Behörden nur die Ausfertigungen nach 1968er- oder 1926er-Abkommen ausstellen. Erstere ist die üblichere, gilt aber in zahlreichen Ländern nicht – auch nicht in den USA. Trotzdem wird dort ein von einer deutschen Behörde ausgestellter Internationaler Führerschein anerkannt – aus Kulanz. Mancherorts wird dagegen kein Auge zugedrückt: In Japan wird von Ausländern der Genfer Führerschein verlangt. Wer den nicht hat, muss eine extra angefertigte japanische Übersetzung des nationalen Führerscheins mitbringen.

302 | Was tun REISEZIELE gegen OVERTOURISM?

Weltweit kriselt es zwischen beliebten Reisezielen und ihren Gästen: Zu groß ist der Ansturm der Besucher. Waren 2003 weltweit knapp 700 Millionen Menschen pro Jahr auf Reisen, sind es heute 1,5 Milliarden, die Hälfte davon in Europa. Tendenz steigend. Die Reaktionen gegen den Overtourismus mit seinen negativen Auswirkungen für Einheimische und Natur wirken oft verzweifelt: Die Urlaubsinsel Bali etwa tackert ihren Gästen seit 2023 eine Seite mit Benimmregeln in den Pass – gleich bei Ankunft am Flughafen. Das italienische Hafenstädtchen Portofino verbietet Touristen, an der malerischen Hafenpromenade auch nur stehenzubleiben, um blockierte Gehwege verhindern. Amsterdam geht mittlerweile rigoros gegen Partytouristen vor: Reisende, die sich danebenbenehmen, werden hinter Gitter gebracht.

Tourismusexperten sind überzeugt: Beliebte Ziele müssen den Besucherzufluss regeln und notfalls auch Verbote erlassen. Weit verbreitet sind Kontingentlösungen: Nur eine gewisse Anzahl an Urlaubern wird dann in ein Museum, an einen Strand oder auf einen Wanderweg gelassen. Besonders konsequent hat das Südtirol umgesetzt: Die Region sperrt in den Sommermonaten die Zufahrtsstraßen zu beliebten Orten und verhängte zusätzlich einen Bettenstopp. In deutschen Wäldern installieren Ranger versuchsweise Mikrofone: Sie zeichnen den Lautstärkepegel auf Wanderwegen auf und registrieren, ob sich Vögel dadurch langfristig verschrecken lassen. Dann müssten Strecken gesperrt werden. Da Outdoorplattformen wie Komoot nicht prüfen, ob Routen Schutzgebiete illegal queren, schlagen Naturparks auf ihren Plattformen selbst schöne Wanderwege vor, die Pflanzen und Tiere nicht gefährden. Als wenig vielversprechend gilt bei alldem jedoch das Eintrittsgeld. Denn Reisende sind bereit, für Attraktionen von Weltrang fast jeden Betrag zu zahlen. Experten fürchten sogar, dass beliebte Ziele durch beschränkten Zutritt nur noch attraktiver werden.

303 | Wo wurden einst in **ENGLAND** die meisten **MORDE** verübt?

Das Leben in der Großstadt London war im 14. Jahrhundert vergleichsweise beschaulich und sicher – zumindest im Vergleich zur kleinen Universitätsstadt Oxford. Eine Forschungsgruppe verglich mehr als 350 Mordfälle in London, Oxford und York. Mit 60 bis 75 Mordopfern auf 100 000 Einwohner lag die Rate in Oxford vier- bis fünfmal höher als in den beiden anderen Städten – und sogar 50-mal höher als in heutigen britischen Großstädten. Das Problem war offenbar das Milieu: In Oxford waren 75 Prozent der Täter Studenten oder andere Mitglieder der Hochschule. 72 Prozent der Mordopfer stammen ebenfalls aus diesem Umfeld. Die hohe Mordrate erklärt sich durch die soziale Zusammensetzung der Studentenschaft, die in der Regel männlich, zwischen 14 und 21 Jahre alt und zum ersten Mal im Leben von der strengen Kontrolle durch Familie, Gemeinde oder Gilde befreit war. In York wurde hingegen hauptsächlich unter konkurrierenden Handwerkern gemordet. Das Tragen von Waffen in der Öffentlichkeit war damals üblich.

304 | Was sind »**ALPINE PERLEN**«?

Was haben Bad Reichenhall in Oberbayern, Weissensee in Österreich, Bled in Slowenien und Ratschings in Italien gemein? Sie sind traditionelle Ferienorte, liegen in den Bergen und gehören wie 15 weitere Kandidaten in diesen vier Ländern zum 2006 gegründeten Verbund »Alpine Pearls«. Diese »alpinen Perlen« setzen sowohl bei Einheimischen als auch bei Touristen auf Umweltschutz und Nachhaltigkeit. Dafür wurde das Netzwerk bereits mit mehreren Preisen belohnt. Das Credo: Mülltrennung und ein paar E-Bikes machen noch lange keinen umweltfreundlichen Urlaubsort. Vielmehr muss das Engagement an allen erdenklichen Stellen stattfinden – von der Energieversorgung bis zu Freizeitangeboten, im Hotel, im Restaurant, auf und neben der Skipiste. Ferienorte, die sich mit dem Label schmücken wollen, müssen eine Reihe strenger Auflagen erfüllen, zum Beispiel eine gute Energiebilanz der Schneekanonen oder das Verbannen von Einweggeschirr. Die wichtigste Rolle aber spielt die Mobilität. So können etwa in Werfenweng im Salzburger Land die Wochengäste, die ihren Autoschlüssel an der Hotelrezeption abgeben, kostenlos Shuttlebusse in Anspruch nehmen oder sich von einem Chauffeur fahren lassen. Sommers wie winters stehen ihnen Elektroautos zur Verfügung – ebenfalls gratis. Im Sommer komplettieren Segways und Pedelecs das Angebot, im Winter Pferdekutschen sowie ein Langlauf- und Schneeschuhverleih.

305 | Wo fliegen GLÜHENDE HOLZSTÜCKE ins Tal?

Wenn Funken sprühen und glühende Holzscheiben eine Lichtschnur in den Abendhimmel malen, geht in der Schwarzwaldregion so langsam die Fastnachtszeit zu Ende und die Fastenzeit fängt an. In Bernau werden dann ab Fastnachtssonntag eine Woche lang (außer Aschermittwoch) solche Scheiben von Berghöhen aus über eine Rampe ins Tal hinausgeschlagen und drehen sich wie ein Diskus. Um sie zu entzünden, werden in sieben hoch gelegenen Ortsteilen Feuer entfacht. Auch andere Orte des Schwarzwalds, in Südvorarlberg und in Tirol pflegen diesen Brauch. Das »Scheibenschlagen« gehört fest zur schwäbisch-alemannischen Fastnacht und soll den Winter vertreiben. Wenn die Scheibe wie eine Sternschnuppe den Nachthimmel erleuchtet, also nicht schräg herunterfällt, sondern einen hohen Bogen beschreibt, dann »glüht die Luft«, sagen die Schwarzwälder. Als perfekter Schlag gilt, wenn die Scheibe 300 Meter weit fliegt. Dazu ist mehr Technik als Kraft erforderlich, das behaupten jedenfalls die Profis. Auch Spaß und flotte Sprüche seien wichtig beim Schlagen.

306 | Wo steht das GRÖSSTE BÜROGEBÄUDE der Welt?

Im indischen Surat, etwa 150 Kilometer nördlich von Mumbai, steht das weltgrößte Bürogebäude. Und es ist nicht etwa ein Verwaltungskomplex, sondern eine neu eröffnete Diamantenbörse. Die Geschossfläche liegt bei rund 650 000 Quadratmetern – Weltrekord.

Surat hat knapp sieben Millionen Einwohner. Rund 90 Prozent aller Diamanten weltweit werden hier geschliffen. Es ist also ein zentraler Knotenpunkt im Handel mit den teuren Steinen: Die meisten Rohdiamanten stammen aus Russland oder Afrika, die belgische Stadt Antwerpen gilt als wichtigste Drehscheibe des weltweiten Handels mit fertigen Diamanten – und dazwischen liegt Surat. In den rund 4700 Büros der »Diamond Bourse« arbeiten mehr als 65 000 Menschen im Handel und der Verarbeitung der Edelsteine. Der 15-stöckige Komplex besteht aus neun Gebäuden mit insgesamt mehr als 130 Aufzügen. Neben Büros und Werkstätten enthält er auch Restaurants und Supermärkte. Das umgerechnet 350 Millionen Euro teure Projekt soll auch der Hauptstadt Mumbai Konkurrenz machen und Menschen sowie Firmen nach Surat locken.

307 | Wie gefährlich ist das DENGUEFIEBER?

Vom Gardasee kamen im August 2023 erste Warnmeldungen. Im September zogen vermummte Gestalten durch die Straßen von Paris und setzten wuchtige Begasungskanonen ein, um ihren winzigen Gegner zu bekämpfen: die Tigermücke. Dem schwarz-weiß gestreiften Insekt aus den Tropen und Subtropen sollte der Garaus gemacht werden, um zu verhindern, dass sich Menschen hier vor Ort mit dem Denguevirus infizieren. Bislang galt es als eine Tropenkrankeit, doch nun kommen auch direkte Infektionen in Europa vor. Die Klimaerwärmung macht das Überleben der Tigermücke auch bei uns möglich. Meist verläuft die Erkrankung relativ harmlos, wenn auch mit Fieber und Schüttelfrost, Übelkeit und Erbrechen. Selten kommt es jedoch zu einem schweren Verlauf bis hin zum Kreislaufschock. Eine gezielte Therapie gibt es nicht, vor allem Medikamente gegen Schmerzen und Fieber kommen zum Einsatz. Infizieren kann man sich nur durch den Stich einer Tiger- oder Gelbfiebermücke. Und auch nur dann, wenn diese selbst vorher ein Lebewesen mit Denguefieber gestochen und mit dessen Blut die Viren aufgenommen hat. Genau das war in Paris und am Gardasee geschehen.

308 | Kann Vogelkot Korallenriffe retten?

Der Chagos-Archipel im Indischen Ozean ist Gegenstand zahlreicher Forschungsarbeiten, denn er hat etwas, das es sonst nirgends gibt: für vergleichende Untersuchungen geeignete Ratten- und Vogelinseln. Auf einigen der rund 60 Inseln des Archipels leben eingeschleppte Ratten. Sie dezimieren die Seevögel, indem sie deren Eier auffressen. Doch elf Inseln sind gänzlich rattenfrei. Dort konnten sich die Seevögel ausbreiten. Für die Forschung ist das ein Volltreffer. Denn dadurch lässt sich nicht nur der Einfluss invasiver Tierarten auf einheimische Spezies untersuchen, sondern auch, wie sich der Kot der Seevögel auf küstennahe Korallen auswirkt.

Eine britisch-australische Forschungsgruppe hatte Steinkorallen vor Ratteninseln entfernt und sie in die Gewässer vor Vogelinseln verpflanzt. Ergebnis: Die verpflanzten Korallen wuchsen dort doppelt so schnell wie an ihrem alten Standort. Der Vogelkot wirkt für die Korallen wie ein Dünger, da er Riffe mit Nährstoffen versorgt. Das führt offenbar auch zu einer höheren Widerstandskraft gegen die gefürchtete Korallenbleiche. Sie tritt vor allem dann auf, wenn sich das Meer übermäßig erwärmt, und führt zu einem großflächigen Absterben der Riffe. Eine solche Korallenbleiche war in den Gewässern des Chagos-Archipels im Untersuchungszeitraum aufgetreten. Nun zeigte sich ein ähnlich heilsamer Effekt wie bei den Verpflanzungen: Befanden sich die Steinkorallen vor Vogelinseln, konnten sie sich etwa zehn Monate früher von der Bleiche erholen als die Stöcke vor Ratteninseln.

309 | Welches ist der SCHNEEREICHSTE ORT der Welt?

Geografische und klimatologische Extreme sind eher eine Sache exotischer Regionen, könnte man meinen. Aber: Das schneereichste Dorf der Welt liegt direkt vor der Haustüre. Es ist das österreichische Damüls im Bregenzerwald. Messreihen über viele Jahre haben dort eine durchschnittliche Schneemenge von 9,30 Meter pro Jahr ergeben – so viel wie in keiner anderen Siedlung der Welt. Zwar wurde etwa am amerikanischen Mount Baker südöstlich von Vancouver im Winter 2003 mit knapp 29 Metern Schnee ein deutlich höherer Wert ermittelt, der als Weltrekord gilt. Doch das war nur der Wert eines Jahres, kein langjähriger Durchschnitt. Der Grund für den Schneereichtum von Damüls liegt in seiner exponierten Staulage am Nordrand der Alpen, die auch in anderen Orten der nördlichen Alpen, wie etwa Braunwald in der Schweiz, für besonders viel Schnee sorgt: Die von Nordwest kommenden Wolken steigen an den Berghängen der Alpen hoch und schneien ihre Feuchte ab, die sie auch bei den großen Seen nördlich des Gebirges wie Bodensee und Zürichsee aufgenommen haben.

310 | Wie SCHLÄFT es sich im TIEFSTEN HOTEL der Welt?

Das »Deep Sleep Hotel« in Wales liegt 419 Meter unter der Erde – derzeitiger Rekord als tiefstgelegenes Hotel der Welt. Wobei man sich dabei kein normales Hotel vorstellen darf, eher eine Art Abenteuercamp fernab des Tageslichts. Allein die Anreise verlangt den bis zu zehn Übernachtungsgästen einiges ab: Die Unterkunft liegt in der stillgelegten Cwmorthin-Schiefermine im Nationalpark Snowdonia und ist erst nach einer rund 45-minütigen Wanderung über viele Treppen und Schächte zu erreichen. Zum Teil geht es recht steil bergab. Mutige können das Angebot von »Go Below Underground Adventures« rund ums Jahr ausprobieren. Einmal pro Woche macht sich die Gruppe unter Anleitung eines Guides auf den Weg. Am Ziel erwarten sie in einer Art Höhlenraum vier kleine, mit Lichterketten geschmückte Holzhütten samt frisch bezogenen Betten. Mit allzu viel Privatsphäre sollte man aber ebenso wenig rechnen wie mit fließend Wasser und einem hohen Sanitärstandard – es gibt eine Komposttoilette –, passiert doch fast alles in der Gruppe. Gut zu wissen: Selbst wenn Handyempfang herrscht, bleiben der Ausgang und mit ihm das Tageslicht weit entfernt. Es gibt keine Abkürzung und keinen Notausgang. Klaustrophobisch Veranlagten liefert das eher Stoff für Albträume.

311 | Wo lauert der GEHEIMNISVOLLE MAHLSTROM?

Zwischen den Lofoten-Inseln Moskenesøy und Værøy im Norden Norwegens tritt der Moskenstraumen auf: einer der stärksten Gezeitenstrudel weltweit. Als »Mahlstrom« wurde er im Deutschen zum Synonym für gefährliche Wasserwirbel schlechthin – und zum Symbol für die abgründige Kraft der Natur. Alte Wikingersagen ranken sich um ihn, Schiller lässt seinen »Taucher« dort hinabstürzen, auch Edgar Allan Poe und Jules Verne beschreiben den »schrecklichen Trichter«, wie es in Poes Erzählung »Hinab in den Maelström« von 1841 heißt. Eher wenig ist dagegen über reale Unglücke zu erfahren. Trotzdem stellt der Moskenstraumen seit jeher eine Herausforderung für die Schifffahrt dar – besonders für Fischerboote. Davon waren hier stets viele unterwegs, schon im Mittelalter lockten üppige Fischgründe die Menschen in Strudelnähe. Nur 100 Kilometer Luftlinie weiter Richtung Südosten befindet sich ein noch stärkerer Gezeitenstrom: der berüchtigte Saltstraumen. Dieser verläuft durch die engen Fjorde an der zerklüfteten Küste, während der Moskenstraumen aufs offene Meer geht. Beide Mahlströme bilden ein Strudelsystem, das vor allem durch die Gezeiten angetrieben wird: Zweimal täglich zwischen Ebbe und Flut ändert die Strömung ihre Richtung, und daraufhin bilden sich die Strudel. Mit bis zu 27,8 Kilometer pro Stunde fließt das Wasser des Saltstraumen besonders schnell. Daneben existieren noch zwei weitere berühmte Mahlströme: der Corryvreckan-Strudel in einer schottischen Meerenge und der Old Sow vor der Küste des US-Bundesstaats Maine. Er gilt als größter Gezeitenstrudel der westlichen Hemisphäre.

312 | Kann **KÜNSTLICHE INTELLIGENZ** Schiffe vor Riesenwellen **WARNEN**?

Sie sind der Schrecken der Seefahrt: mehr als 20 Meter hohe Riesenwellen. Gerät ein Schiff in ihre Nähe, kann es lebensgefährlich werden. 1995 traf es die norwegische Ölbohrinsel Draupner: Ein 26 Meter hoher Wasser-Koloss schlug auf das Bauwerk ein. Er hinterließ nur geringe Schäden, dafür jedoch ausreichend Messdaten, um die Existenz von Riesenwellen ein für alle Mal zu beweisen. Seitdem versucht man in der Ozeanografie, das Auftreten der Ungetüme vorherzusagen. Eine Theorie besagt, dass Riesenwellen durch »lineare Superposition« hervorgerufen werden. Das bedeutet: Zwei Wellensysteme treffen aufeinander und verstärken sich für einen kurzen Moment gegenseitig. Auch bei der Draupner-Riesenwelle wurde im Nachhinein solch eine Überlagerung von Wellensystemen vermutet. Die Forscher stützen sich unter anderem auch auf die Hilfe künstlicher Intelligenz. Damit analysierten sie alle verfügbaren Daten, sodass sie einen Algorithmus finden konnten, der alle benötigten Faktoren für das Auftreten von Riesenwellen enthielt und der so auch deren Vorhersage ermöglicht. Der Algorithmus könnte zukünftig verwendet werden, um die Schifffahrt sicherer zu machen. Denn auch das gab der Datensatz der Forscher aus: Riesenwellen sind kein Ausnahmephänomen; sie treten jeden Tag einmal irgendwo auf den Weltmeeren auf.

313 | WO LEBT EINE GANZE STADT UNTER EINEM DACH?

Rund 300 Menschen wohnen in Whittier im US-Bundesstaat Alaska. Das Städtchen ist beschaulich, es hat einen schönen Hafen, es ist eingerahmt von Bergen und Wäldern. Es liegt zwar kaum 100 Kilometer entfernt von Anchorage, mit dem Auto kommt man aber nur durch einen vier Kilometer langen Straßentunnel dorthin – und das nur tagsüber. Während des Klondike-Goldrauschs war viel los hier, später haben russische Fellhändler Rast gemacht, im Zweiten Weltkrieg kam die Eisenbahn und mit ihr die Soldaten. Als die gingen, kam das Erdbeben. Das »Karfreitagsbeben« von 1964 gilt noch bis heute als schlimmstes Erdbeben in der Geschichte der USA. Heute kommen Touristen in Kreuzfahrtschiffen wegen der Natur, wegen der Elche.

Und die Bewohner von Whittier? Die wohnen fast alle in einem Haus. Eine ehemalige Kaserne wurde in den 1970er-Jahren zu einem Appartementhaus umgebaut und »Begich Towers« benannt, nach einem Kongressabgeordneten. Heute gibt es in dem 14-stöckigen Gebäude nicht nur Wohnungen, sondern alles, was man zum Leben braucht: Supermärkte, ein Krankenhaus und einen Waschsalon, die Post und eine Bank, eine Kirche, eine (auch über einen Tunnel erreichbare) Schule und sogar ein Schwimmbad. Ganz oben gibt es ein kleines Hotel, und die Verwaltung und die Behörden des Ortes finden hier ebenfalls Platz. »Ich habe das Gefühl, dass dieses enge Zusammenleben uns zu besseren Menschen macht«, sagt Anna Dickason, die in der Schule arbeitet. »Es spielt keine Rolle, woher du kommst oder wie viel Geld du hast – wir alle arbeiten mit, dass die Stadt funktioniert.« Dem könnte nur der Barry-Gletscher einen Strich durch die Rechnung machen. Der schmilzt nämlich ab. Und es besteht die Gefahr, dass Whittier durch einen Bergrutsch verwüstet wird.

314 | Schadet TIEFSEEBERGBAU den QUALLEN im Meer?

Das Ökosystem der Tiefsee ist nach wie vor so gut wie unerforscht. Es gibt noch nicht einmal eine Antwort auf die Frage, wo die Tiefsee eigentlich beginnt. Dieser riesige unbekannte Lebensraum gerät nun zunehmend in den Fokus wirtschaftlicher Interessen. Denn auf dem Meeresgrund lagern Bodenschätze wie Manganknollen, metallhaltige Klumpen, die neben Mangan weitere Metalle wie Kobalt, Kupfer, Eisen und Seltene Erden enthalten. Rohstoffe, die weltweit begehrt sind. Wie aber wird sich deren Abbau auf die Unterwasserwelt auswirken? Erst seit Kurzem ist bekannt, dass die Manganknollenfelder, so unbelebt sie auch aussehen mögen, enorm artenreich sind. Der Tiefseebergbau würde Sedimente vom Meeresboden aufsaugen und anschließend wieder ins Wasser zurückspülen. Die Folge wäre eine kilometerweite Ausbreitung von Sedimentwolken.

Was das für die Tierwelt bedeuten könnte, hat nun ein Forschungsteam erkundet. Es sammelte insgesamt 64 Helmquallen ein, die bis zu einer Meerestiefe von 4000 Metern vorkommen, und setzte sie in Versuchstanks. Einige der Tiere wurden mit Sedimentwolken konfrontiert, mit Schwebstoffen also, die auf ihren gallertartigen Körpern haften blieben. Um diese wieder loszuwerden, produzierten die Quallen übermäßig viel Schleim – ein Indikator für Stress. Denn die Schleimproduktion raubt den Tieren enorm viel Energie, ist aber unerlässlich, um die empfindlichen Körper intakt zu halten. Auf lange Sicht könnten sie wegen des Verlusts an Kraftreserven sogar verhungern, befürchtet das Team. Gallertartige Lebewesen machen einen großen Teil der Tierwelt in der Tiefsee aus. Der Stress der Helmquallen wäre womöglich auch ihr Stress.

315 | Wie viel CO_2 nehmen DIE MEERE auf?

Elf Gigatonnen: So viel Kohlendioxid können die Weltmeere pro Jahr aufnehmen – zusätzlich zu den darin ohnehin schon gespeicherten rund 38 000 Tonnen Kohlenstoff. Der Weltausstoß von CO_2 pro Jahr beträgt allerdings rund 38 Gigatonnen. Und auch wenn die Vegetation auf den Landflächen davon noch einige Gigatonnen zusätzlich binden kann: Ein guter Teil der menschlichen Emissionen bleibt in der Atmosphäre. Doch ein internationales Forschungsteam hat eine gute Neuigkeit: Die Fähigkeit der Ozeane zur weiteren Aufnahme von CO_2 wurde offenbar erheblich unterschätzt. Tatsächlich hätten die Meere das Potenzial, noch 15 statt »nur« 11 Gigatonnen des Klimagases im Jahr aufzunehmen. Der entscheidende Faktor dabei ist Plankton: Die Mikroorganismen nehmen an der Meeresoberfläche das Kohlendioxid als Nährstoff auf – und verstoffwechseln es durch Fotosynthese zu organischem Material. Sterben sie, so sinkt dieses kohlenstoffhaltige Material als sogenannter mariner Schnee auf den Meeresboden, wo er verbleibt oder anderen Lebewesen als Nahrung dient. Dennoch lösen die Meere nicht unser Klimaproblem. Denn die Speicherung von CO_2 im Meer sei ein Prozess, der Jahrtausende dauere. Also nichts, was unmittelbar dabei hilft, die vom Menschen im Lauf der letzten 100 Jahre verursachten Treibhausgase aus der Atmosphäre zu verbannen.

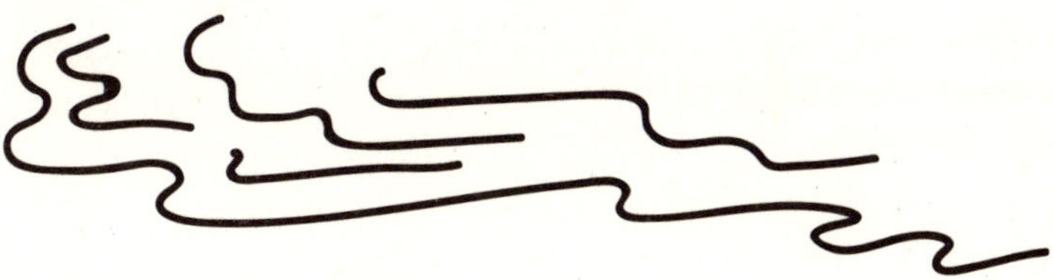

316 | WANN wurden die ERSTEN VERKEHRSREGELN erfunden?

William Phelps Eno wurde im Jahr 1858 in New York City geboren und wuchs mit den ersten, noch mit Dampf betriebenen Automobilen auf. Damals brauchte es noch keine Verkehrsregeln, es gab einfach zu wenig Autos. Und doch war Eno nur neun Jahre alt, als er seinen ersten Stau sah: Ein Dutzend Pferdekutschen stand hintereinander, nichts ging mehr – und der kleine William dachte sich: Regeln würden das Reisen für alle leichter und sicherer machen. Enos Familie war mit Immobilien reich geworden. Als sein Vater starb, war Eno plötzlich Multimillionär – und kam zurück auf seine Kindheitsidee. Der Verkehr soll flüssig laufen, das war seine Prämisse.

Im Jahr 1903 verfasste er eine Verkehrsordnung für die Stadt New York. Sie war die erste weltweit und beinhaltete bis heute bekannte Innovationen: Eno erfand unter anderem das Stoppschild, den Kreisverkehr, den Mittelstreifen, Einbahnstraßen, Taxistände und die Verkehrsinsel. Er legte Regeln für Überholen, Abbiegen, Vorfahrt, Parken und Rückwärtsfahren fest. Eno wurde international bekannt, auf seinem Konzept basiert unter anderem der Kreisverkehr um den Arc de Triomphe in Paris. Viele seiner Ideen wurden mit der Zeit verfeinert, zum Beispiel das Stoppschild. 1915 wurde in der Autostadt Detroit das erste aufgestellt, ein rechteckiges Blech mit schwarzer Schrift auf weißem Grund. Dabei blieb es, bis sich eine Kommission im Jahr 1923 grundlegende Gedanken zu Verkehrsschildern machte. Ihre Idee: Je mehr Seiten ein Schild hat, desto größer ist die Gefahr, die es anzeigt. Und ein Achteck schrie: große Gefahr! Weiß und rot ist das Stoppschild erst seit 1954. Davor gab es noch keine reflektierende rote Farbe, die Wind und Wetter standhielt. Da war William Phelps Eno bereits neun Jahre tot. Er war immer ein leidenschaftlicher Reiter gewesen, einen Führerschein besaß er nie.

317 | Wann gab es die ersten VERKEHRSTOTEN?

Bridget Driscoll kam gerade ganz entspannt aus dem Hyde Park in London und überquerte die Straße – da raste ein Automobil mit sechs Kilometern pro Stunde auf sie zu. Das war am 17. August 1896. »Hilfe«, rief sie noch erschrocken, doch dann traf sie auch schon der rechte Kotflügel. Die Mittvierzigerin wurde auf die Straße geschleudert und erlitt eine so schwere Kopfverletzung, dass sie bereits nach wenigen Minuten starb. An diesem Montag vor rund 130 Jahren ging Bridget Driscoll auf traurige Weise in die Geschichte ein: als erstes Todesopfer eines Autounfalls. Es gab so wenige Autos zu dieser Zeit, dass die Wahrscheinlichkeit eines Unfalls mit einer Kutsche eigentlich viel höher war – aber das Zeitalter der pferdelosen Fortbewegung war nicht mehr unschuldig. Es hatte bereits Leben gekostet, und das erste namentlich bekannte Todesopfer bei einem Unfall mit einem Dampfwagen war ebenfalls eine Frau gewesen: Mary Ward wurde 1869 aus einem experimentellen Wagen geschleudert, geriet unter die Räder und starb sofort. Danach stieg mit anwachsendem Verkehr auch die Zahl der Verkehrsopfer lange Zeit stetig an. Im Jahr 1910 starben allein in Preußen 223 Menschen im Straßenverkehr, 1927 waren es bereits 2376. Die meisten Verkehrstoten in Deutschland gab es im Jahr 1970: 21 332 Personen verunglückten tödlich in Ost und West. Seitdem griffen Gesetze zum Schutz der Verkehrsteilnehmer (etwa die Gurtpflicht, Promillegrenzen oder Geschwindigkeitsbeschränkungen) und technische Entwicklungen wie das Antiblockiersystem (ABS). Inzwischen sind die Zahlen zwar erfreulicherweise deutlich rückläufig, aber immer noch zu hoch: 2023 wurden 2839 Tote auf Deutschlands Straßen verzeichnet.

318 | Warum gehört PUERTO RICO zu den USA?

Der Inselstaat in der Karibik war rund 400 Jahre lang eine spanische Kolonie. Dann besetzten 1898 Soldaten der USA während des Spanisch-Amerikanischen Kriegs die Insel – und annektierten sie. Deshalb besitzen heute alle der mehr als drei Millionen Bewohner die US-amerikanische Staatsbürgerschaft. Puerto Rico ist ein sogenanntes Außengebiet der Vereinigten Staaten und verwaltet sich administrativ selbst. In der Hauptstadt San Juan tagt ein Parlament mit zwei Kammern, Oberhaupt der Regierung ist der Gouverneur, aktuell Pedro Pierluisi. Das Außengebiet hat eine eigene Polizei und sogar eigene Streitkräfte. Aber gezahlt wird mit US-Dollar. Und auch die Außenpolitik Puerto Ricos wird in Washington bestimmt, obwohl die Menschen auf der Insel bei der Wahl des US-Präsidenten keine Stimme haben. Im Repräsentantenhaus der USA sitzt zwar eine Delegation der Insel, aber sie darf bei Entscheidungen im Plenum nicht mit abstimmen. Der Status als Außengebiet der USA ist in Puerto Rico umstritten. Bei Umfragen sprach sich eine knappe Mehrheit für die Aufnahme als 51. Bundesstaat der USA aus. Andere würden lieber ein unabhängiges Puerto Rico sehen. Konkrete Pläne gibt es bislang aber für keine der beiden Varianten.

319 | Welche Insel wechselt **ALLE SECHS MONATE** ihr Land?

Zwischen Spanien und Frankreich liegt im Fluss Bidasoa eine Insel, die in der Geschichte beider Länder eine wichtige Rolle gespielt hat: die Fasaneninsel. Sie ist von Februar bis Juli unter der Kontrolle Spaniens, die restlichen sechs Monate wird sie von Frankreich verwaltet. Strategisch und wirtschaftlich unbedeutend, galt die Insel daher als neutraler Ort. Man überbrachte Botschaften, unterschrieb Verträge, tauschte Gefangene und Prinzessinnen aus. Auch die Könige der Länder trafen sich hier. So bekam sie den Beinamen Konferenzinsel. Ihren Höhepunkt hatte sie im Jahr 1659: Der Dreißigjährige Krieg war beendet, doch König Philipp IV. von Spanien und Frankreichs »Sonnenkönig« Ludwig XIV. kämpften weiter um Land, Macht und verletzte Eitelkeiten. Auf der Fasaneninsel handelten die Mächte schließlich den sogenannten »Pyrenäenfrieden« aus und legten ihre gemeinsame Grenze fest. Heute ist die Fasaneninsel ein Symbol guter Nachbarschaft und das kleinste Kondominium der Welt – ein Gebiet, das mehrere Staaten gemeinsam verwalten. Es gibt dort nicht viel: ein paar Bäume, Geröll, eine Steinstele. Das Eiland ist unbewohnt, nur die beiden »Vizekönige« der Insel, wie sie bis heute genannt werden, treffen sich halbjährlich, um die Herrschaft zu übergeben.

320 | Wo gibt es STREET-ART unter Wasser?

Mit unzähligen Kunstwerken im öffentlichen Raum hat sich der Street-Art-Künstler Alexandre Farto unter seinem Pseudonym Vhils einen Namen gemacht. Auch Berlin hat er schon verschönert, unter anderem mit mehreren meterhohen an Fassaden herausgemeißelten Porträts. Jetzt hat er sich einer völlig neuen Umgebung gewidmet: An Portugals Südküste schuf er im Meer vor Albufeira eine Unterwassergalerie. Für die 13 Werke aus Eisen und Beton, die auf einer Fläche von 1250 Quadratmetern in zwölf Metern Tiefe auf dem Meeresgrund versenkt wurden, schenkte der Künstler Materialien, die sonst verschrottet worden wären, ein zweites Leben. Vhils nutzte zarte Eisengebilde, die sich wie Unterwasserpflanzen im Wasser wiegen, aber auch ausgediente Bauteile aus stillgelegten Kohlekraftwerken, in die er filigrane Öffnungen in unterschiedlichen Motiven brannte. Die Arbeiten sollen zum Nachdenken über Nachhaltigkeit und die Energiewende anregen. Neben Fischen zieht die von der portugiesischen Umweltagentur und wissenschaftlichen Institutionen geförderte Installation natürlich auch Taucher an. Dabei empfiehlt sich die Begleitung eines Guides. Mehr als ein Dutzend Veranstalter bieten Exkursionen an.

321 | Was bietet der ÄLTESTE FREIZEITPARK der Welt?

Von wegen höher, schneller, weiter: Im ältesten Vergnügungspark der Welt geht es eher gemütlich zu – oder besser »hyggelig«, denn Dyrehavsbakken befindet sich in Dänemark, zehn Fahrminuten nördlich von Kopenhagen. »Bakken« ist das dänische Wort für »Hügel«, und auf diesem Hügel, hält sich seit fast 500 Jahren ein liebenswert altmodischer Amüsier-Hotspot. Schon im Mittelalter etabliert sich der Bakken als besonderer Ort wegen einer Heilquelle und weil er wie geschaffen dafür ist, das hier so bedeutende Mittsommerfest zu begehen. Im 17. Jahrhundert dient Dyrehavsbakken dann der königlichen Zerstreuung – sogar ein Zoo wird eingerichtet. Doch schon ab 1756 gewährt der trinkfreudige Dänenkönig Friedrich V. (»der Gute«) seinem Volk uneingeschränkten Zutritt. Seitdem herrscht auf dem Hügel in den Sommermonaten eine quirlige Gauklerstimmung. Das Mittsommerfest im Juni wird bis heute als besonderer Bakken-Geburtstag gefeiert, mit Musik, Clowns und Lagerfeuer.

Die Jahrhunderte ziehen ins Land, Bakken hält mit dem Zeitgeist Schritt, doch das eigentliche Kapital ist das unverwechselbare Nostalgie-Flair des Freizeitparks. Statt greller Neonreklame leuchten Glühbirnengirlanden, hinter Budenklassikern wie Dosenwerfen und »Hau den Lukas« stecken lokale Kleinunternehmen. Die Hauptattraktion ist das alles überragende Wahrzeichen: eine fast 100 Jahre alte hölzerne Achterbahn. Über 850 Meter geht die rasante Fahrt auf der »Rutschebanen«, mit bis zu 75 Kilometern pro Stunde. Hier geht es eben nicht um Rekordwerte.

322 | LEBEN in Deutschland WILDE FLAMINGOS?

Seit nunmehr 40 Jahren befindet sich die nördlichste Flamingokolonie der Welt, die einzige in Mitteleuropa, im Münsterland. Im Naturpark Zwillbrocker Venn wurde einst Torf abgebaut. Später füllten sich die Abbaustellen mit nährstoffreichem Wasser, und es entstanden ideale Lebensbedingungen für Wasservögel – und schließlich ein europaweit bedeutendes Vogelschutzgebiet. Etwa 50 bis 60 der eigentlich subtropischen Flamingos leben hier von März bis in den Spätsommer hinein unter Tausenden von Lachmöwen und Krähen. Den Winter verbringen sie in den Niederlanden am Ijsselmeer. Das liegt zwar kaum mehr als 100 Kilometer westlich, doch das Klima ist dort milder. Die Küken schlüpfen im Mai und Juni, vorausgesetzt die Flamingos werden nicht gestört. In den trockenen Sommern der vergangenen Jahre schrumpfte die Wasserfläche des Venns jedoch überdurchschnittlich stark, wodurch die Nester für Wiesel, Füchse und andere Fressfeinde leichter zugänglich wurden. Anfang der 1980er-Jahre wurde zunächst der Chile-Flamingo im Zwillbrocker Venn beobachtet, später auch der Karibische und der Europäische Große Flamingo. Vermutlich waren diese ersten Vögel aus Zoos oder privaten Haltungen entwischt.

323 | Wo befindet sich die ÄLTESTE KATZENKLAPPE der Welt?

Natürlich weiß niemand, wer als Erster auf die Idee kam, seiner Katze eine Extratür in die Tür zu sägen. Von einer sehr alten Katzenklappe existiert jedoch noch die Handwerkerrechnung. William Cotton war Bischof der Diözese Exeter in der Grafschaft Devon im Südwesten Englands und erteilte 1598 höchstpersönlich den Auftrag: In eine Holztür der Kathedrale sei unten ein katzengroßes Loch zu sägen. Denn hinter besagter Holztür liegt der Zugang zum Uhrwerk. Dessen Zahnräder wurden mit tierischem Fett geschmiert, das lockte natürlich Mäuse und Ratten in Scharen an. Und denen sollte die Katze des Bischofs ungehindert auf den Leib rücken können. Die Geschichte dieser Zusammenarbeit zwischen Katzen und Kathedrale geht sogar noch weiter zurück. Aufzeichnungen aus dem 14. und 15. Jahrhundert zufolge fielen Zahlungen von 13 Pence pro Vierteljahr für die Katze an, auch 26 Pence sind zu finden. Wer auch immer die Katze(n) betreute, wird das Geld für Pflege und Verpflegung aufgewandt haben.

324 | Wo liegt der EINZIGE DEZIPUNKT der Erde?

Wenn drei Länder an einem Punkt zusammentreffen, spricht man von einem Dreiländereck. Quadripunkte sind deutlich seltener: Ein echtes Vierländereck existiert heute nicht mehr, aber auf regionaler Ebene gibt es Hunderte solcher Quadripunkte. Zu den bekanntesten Beispielen zählt das »Four Corners Monument« in den USA, wo Utah, Colorado, New Mexico und Arizona aufeinandertreffen. Ein Dezipunkt ist ein geografisches Kuriosum: Hier kommen zehn Gemeinden an einem Punkt zusammen. So ein Ort existiert nur einmal auf der ganzen Erde, nämlich auf dem Ätna in Italien. Von den 58 Gemeinden der Großstadtregion Catania auf Sizilien berühren sich auf der Spitze des Vulkans gleich zehn an einer einzigen Stelle. Der Ätna ist der größte und aktivste Vulkan in Europa. Sein Lavagestein hinterlässt fruchtbaren Boden, das die Landwirtschaft begünstigt und die hohe Siedlungsdichte rund um den Vulkan erklärt. Touristisch ist er ebenfalls eine Attraktion. Doch Wanderungen zum Dezipunkt auf dem Gipfel des Vulkans werden nicht empfohlen: Giftige Gase und die Ausbruchgefahr machen sie riskant.

325 | Wo verläuft die **KÜRZESTE LANDGRENZE** der Welt?

Die Grenze zwischen zwei Ländern ablaufen – in weniger als einer Minute: Das ist zwischen Spanien und Marokko möglich, wo sich die kürzeste Landgrenze der Welt befindet. Sie misst nur 85 Meter und trennt die spanische Halbinsel Peñón de Vélez de la Gomera von Marokko. »Peñón« bedeutet übersetzt Felsblock. Ursprünglich war dieser Felsen eine kleine Insel vor der marokkanischen Küste und diente Spanien als Außenposten. Spanische Seefahrer eroberten das Eiland im Juli 1508, um von hier aus Piraten zu vertreiben. Es wurde mehrfach belagert, doch den Spaniern gelang es, die Insel zu verteidigen. Im 19. Jahrhundert verlor sie jedoch ihre strategische Bedeutung für Madrid. Der spanische Kongress debattierte 1871 darüber, die Insel ganz aufzugeben oder sicherheitshalber sogar zu sprengen. Letztendlich entschied man sich dagegen, aus Angst vor weiteren Gebietsverlusten. Sturm und ein heftiges Erdbeben führten Anfang der 1930er-Jahre dazu, dass eine Sandbank den Felsblock mit dem afrikanischen Festland verband: So verlor er seinen Inselstatus. Seitdem hält die Exklave – mit 1,9 Hektar kaum größer als zweieinhalb Fußballfelder – den Weltrekord für die kürzeste Landgrenze. Doch in den letzten Jahrzehnten hat sich die Halbinsel verändert. Touristen dürfen sie nicht mehr betreten, die dort stationierten Streitkräfte Spaniens haben sich abgeschottet, der Kontakt zum benachbarten marokkanischen Dorf ist abgebrochen. Der Grund: Offiziell beansprucht Marokko das Stück Land für sich, und 2012 hissten Aktivisten dort vier marokkanische Flaggen. Obwohl Peñón de Vélez de la Gomera zur EU gehört, ist das Asylrecht dort ausgesetzt, im Gegensatz zu den anderen spanischen Exklaven in Afrika, Ceuta und Melilla, die Flüchtenden Asyl gewähren.

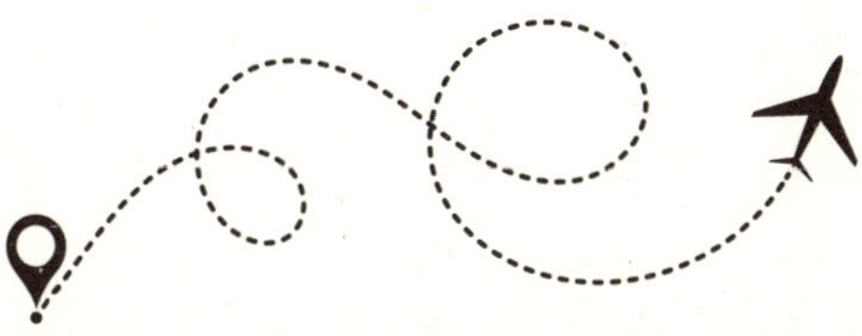

326 | Welche GEBIETE auf der Erde WILL NIEMAND?

Es gibt mehrere Territorien auf der Welt, die kein Staat für sich beansprucht. Das größte ist Marie-Byrd-Land im Westen der Antarktis. 1929 wurde es nach der Frau des Antarktisforschers Richard Byrd benannt. Mehr als 20 Vulkane erheben sich dort, der mächtigste über 4000 Meter hoch. Das Gebiet misst rund 1,6 Millionen Quadratkilometer – etwa viereinhalbmal so viel wie Deutschland. Was für ein riesiges Niemandsland! Obwohl das mit dem »niemand« nicht ganz stimmt. Denn seit 20 Jahren gibt es dort eine »Mikronation«, begründet vom US-Amerikaner Travis McHenry, der sich selbst als Großherzog des Gebietes versteht (international anerkannt ist sein »Staat« allerdings nicht).

Ein weiteres Niemandsland (lateinisch »terra nullius«) ist Bir Tawil, eine rund 2000 Quadratkilometer große Felsenwüste zwischen Ägypten und dem Sudan. Und beide Nationen sagen: »Nein, zu uns gehört das nicht, das ist euer Gebiet!« Warum? Seit 1899 schon streiten sich die zwei Staaten um ein größeres, fruchtbareres Territorium in der Nähe der Wüste. Nach internationalem Recht können sie aber nur eins von beidem haben: das gute Land oder Bir Tawil. Also wären sie ja verrückt, die Wüste für sich zu beanspruchen. Das bedeutet: Es passiert dort seit Generationen nichts. Nur 2014, da kam ein US-Amerikaner vorbei, der eine Fahne in den Sandboden rammte und proklamierte, hier nun König zu sein – allerdings eher aus Spaß. Die Tochter von Jeremiah Heaton aus Virginia hatte ihn nämlich gefragt, ob sie auch einmal Prinzessin sein könnte, wenn auch nur für einen Tag. Diese Geschichte ist so anrührend, dass es sogar einen Dokumentarfilm dazu gibt.

327 | Was macht GRAVELBIKEN so beliebt?

Neben E-Mountainbikes gelten Gravelbikes als derzeit größter Trend der ohnehin boomenden Fahrradbranche. Hauptgrund für die hohe Nachfrage: Die Velos mit ihren schmalen Profilreifen und der speziellen Bauart verbinden das Beste aus zwei Welten, nämlich die Geländegängigkeit von Mountainbikes und die Geschwindigkeit von Rennrädern. Wobei sich die zwischen 1500 und über 10 000 Euro teuren Gravelbikes immer mehr zu einer neuen und komplett eigenständigen Radkategorie mausern, mit eigener Geometrie, eigenem Aufbau und eigenen Komponenten. Ihr großer Vorteil: Sie fühlen sich auf allen Untergründen wohl, ob auf Asphalt, Wirtschaftswegen, Wurzeltrails oder feinem Schotter, dessen englische Übersetzung, »gravel«, als Namenspate fungiert. Dank Scheibenbremsen, Hightech-Schaltung und Befestigungsmöglichkeiten für Lenkertasche, Navi und Co. sind Gravelbikes so etwas wie die Zehnkämpfer unter den Rädern. Fans von Gravelbikes sind Genussfreunde: Für sie heißt es, nicht nur manchen Berg raufkommen, sondern beim Wirtshausbesuch auch runterkommen. Und einige Regionen buhlen gezielt um die meist finanziell gut situierten Graveler, etwa die im fränkischen Städtedreieck Würzburg–Coburg–Bamberg gelegenen Haßberge. Die selbst ernannte »erste Gravel-Region Deutschlands« umfasst mehr als zehn Routentipps. In Österreich tut sich die Zugspitzarena rund um Lermoos hervor, als Teil der mit über 1000 Streckenkilometern größten Gravelbike-Region Tirols.

328 | Welche GASSE braucht ihre EIGENE AMPEL?

Prag wartet mit weltbekannten Sehenswürdigkeiten auf wie der historischen Karlsbrücke oder der Burg. Eine ganz besondere Attaktion liegt aber eher versteckt. Im Stadtviertel Kleinseite, ganz nah am westlichen Ufer der Moldau, befindet sich eine Gasse, die so schmal ist, dass darin keine zwei Menschen aneinander vorbeigehen können. Also ließ die Stadtverwaltung an beiden Seiten kleine Ampeln installieren. Um die etwa 25 Meter lange Gasse zu betreten, muss man erst einen Knopf drücken und auf Grün warten. Direkter Gegenverkehr, an dem man sich vorbeiquetschen müsste, wird also vermieden. Der von ein paar Lampen beleuchtete Weg, der bis heute keinen offiziellen Namen hat, wird bis zu 50 Zentimeter schmal. Ursprünglich handelte es sich nur um eine Feuerschutzmaßnahme aus dem 16. Jahrhundert. Das »Feuergässchen«

diente als Notausgang und sollte im Brandfall verhindern, dass Flammen von einem Haus auf das benachbarte übersprangen. Heute ist die engste Gasse von Prag mit ihrer Fußgängerampel eine kuriose Touristenattraktion.

329 | Warum steht in KÖLN ein LEUCHTTURM?

Wie eine urbane Fata Morgana sticht ein Turm aus dem sonst flachen Kölner Stadtteil Ehrenfeld hervor. Er sieht aus wie ein echter Leuchtturm – doch das nächste Meer ist 230 Kilometer entfernt. Auch der Rheinschifffahrt ist mit dem 44 Meter hohen Backsteingebäude nicht gedient. Des Rätsels Lösung: Die 1882 gegründete Firma Helios war einst Weltmarktführer für elektrische Leuchtfeuer. Im Jahr 1894 ließ sie den Leuchtturm hier an ihrem Produktionsstandort errichten, um ihre Entwicklungen zu testen und gleichzeitig zu bewerben. 1905 kaufte AEG die Helios auf, machte sie aber 1930 dicht. Das Leuchtfeuer blieb bis zum Zweiten Weltkrieg in Betrieb. Der Leuchtturm hat die Firma nun bald 100 Jahre überdauert, steht seit 1986 unter Denkmalschutz. 1996 wurde das Lampenhaus rekonstruiert und mit sechs konzentrisch angeordneten Leuchtstoffröhren ausgestattet. Seitdem leuchtet der Turm wieder, wenn auch in bescheidenem Maße. Er ist in Privatbesitz, der Bürgerverein Ehrenfeld führt Interessierte durch das Gebäude und auf die Aussichtsplattform.

330 | Welches ist das höchste VON ROBOTERN gefertigte GEBÄUDE?

Er sollte schon 2024 eingeweiht werden, inzwischen ist 2025 geplant: der »Weiße Turm« im Schweizer Bergdorf Mulegns, inklusive Sockel 30 Meter hoch. Er soll eine Begegnungs- und Veranstaltungsstätte schaffen, als Attraktion für den unter Abwanderung leidenden Ort – im Obergeschoss befindet sich eine kleine Kammerbühne für Theater- und Musikaufführungen. Aber er soll auch zeigen, was automatisierte 3-D-Drucktechnik bereits kann. Die Bauteile werden in nur 900 Stunden durch ein robotisch gesteuertes Betonextrusionsverfahren gefertigt: Die Maschine trägt Schicht um Schicht Beton mit einer Art Spritzbeutel auf. Jede ist einen Zentimeter dick und etwa doppelt so breit. So entsteht ein filigraner, offener Turm aus 32 miteinander verzweigten Betonsäulen mit fünf Geschossen, die über eine Wendeltreppe im Innern erreichbar sind. Dabei braucht der Roboter nur etwa die Hälfte des sonst für ein solches Gebäude üblichen Betons, da er ihn nur dort aufträgt, wo es statisch notwendig ist. Das wurde zuvor im Computer genau berechnet und dem Roboter einprogrammiert. Die Konstruktion besteht aus Segmenten, die ganz einfach ab- und wieder aufgebaut werden können. Nach fünf Jahren soll der Weiße Turm seinen Standort wechseln.

331 | Seit wann gibt es BIKINIS?

Schon aus der Antike sind Darstellungen von Frauen in sportlichen Zweiteilern überliefert. Anfang des 20. Jahrhunderts erfreute sich auch in Deutschland die »Palm-Beach-Combination« aus den USA einiger Beliebtheit, die Tennisröckchen und BH zusammenbrachte. Der preußische »Zwickelerlass« von 1932 verbot das öffentliche Tragen von Zweiteilern, galt jedoch nicht für alle: Von Hitlers Freundin Eva Braun zum Beispiel existieren Aufnahmen in einem Kleidungsstück, das ganz ähnlich ab dem 5. Juli 1946 als »Bikini« Furore machen sollte. An diesem Tag präsentierte in Paris die Revuetänzerin Micheline Bernardini der Öffentlichkeit den von Louis Réard kreierten Zweiteiler. Am 18. Juli ließ der Ingenieur ihn als Gebrauchsmuster schützen. Den Namen Bikini wählte er in Anlehnung an die Atombombentests über dem Bikini-Atoll in der Südsee, die am 1. Juli begonnen hatten. Makaber? Aus heutiger Sicht sicher, doch damals wurden mit »Atom« positive Begriffe wie »fortschrittlich« oder »aufregend« assoziiert.

332 | Welcher Ort hat die SAUBERSTE LUFT der *Welt*?

Als der Ort mit der saubersten Luft der Erde – sofern Messwerte vorliegen – gilt Cape Grim, der nordwestliche Zipfel der Insel Tasmanien südlich von Australien. Er dient als Referenzpunkt für reine Luft, seit dort 1976 die staatliche Cape Grim Baseline Air Pollution Station ihre Arbeit aufnahm. Selbst mit den empfindlichsten Sensoren, die anhand der Abgase registrieren, wenn ein Lieferwagen Waren bringt, lassen sich hier an normalen Tagen kaum Schadstoffe in der Luft feststellen. Die Station liegt fern jeglicher Industrie, und der Wind weht stetig von Südwest – in dieser Richtung liegt über Tausende Kilometer nichts als antarktisches Meer. Im Westen ist das nächste Land Afrika, im Süden die Antarktis. Wenn der Wind allerdings doch mal von Norden kommt, weht der Dreck von Melbourne herüber. Die Forscher können dann genau identifizieren, welche Fabriken produzieren. Als dreckigste Stadt der Welt dagegen gilt derzeit Begusarai im Nordosten Indiens. Dort wurde 2023 eine durchschnittliche Feinstaubkonzentration von 118,9 Mikrogramm pro Kubikmeter festgestellt. Zum Vergleich: In Deutschland wird laut Umweltministerium seit Jahren überall der Grenzwert von 25 Mikrogramm eingehalten.

333 | Warum GRASEN Schafe oft AUF DEICHEN?

Schäfchenwolken oben am blauen Himmel, darunter echte Schäfchen auf dem saftig grünen Deich, im Hintergrund der Leuchtturm. Schafe gehören zur typischen Küstenidylle an Nord- und Ostsee. Dabei erledigen sie beim Grasen auf dem Deich einen wichtigen Job: Deichpflege. Deshalb spricht man hier auch von »Deichschafen«. Schon seit Jahrhunderten kommen diese Tiere dafür zum Einsatz. Denn das konstante Geknabbere der Tiere hält das Gras immer schön kurz. Damit wächst die Grasnarbe dicht und kräftig, mit ausgeprägten Wurzeln, die eine fest verflochtene Schicht bilden – zu dicht für Maulwürfe und Wühlmäuse, die den Deich beschädigen könnten. Zweitens besitzen Schafe den sogenannten »goldenen Tritt«: Körpergewicht und Klauengröße stehen in einem bestmöglichen Verhältnis zueinander; die Tiere sinken nicht ein, sondern treten in aller Ruhe den Boden behutsam fest. Das Bauwerk wird so vor Erosion durch Wind, Wetter und Wasser geschützt. Für die Stabilität der Deiche und damit den Küsten- und Hochwasserschutz sind Schafe deshalb unverzichtbar.

334 | Wo steht die GRÖSSTE KINO-LEINWAND der Welt

In New York? Tokio? London? In den Filmmetropolen Mumbai oder Los Angeles? Nein. In Leonberg, einem Städtchen mit etwa 50 000 Einwohnern vor den Toren Stuttgarts! Mit einer sichtbaren Fläche von rund 39 Meter Breite und 21 Meter Höhe, was rund 820 Quadratmetern oder vier Tennisplätzen entspricht, wurde sie ins »Guinness-Buch der Rekorde« aufgenommen. Der Kinobetreiber Heinz Lochmann erweiterte in der Coronapandemie für 20 Millionen Euro seinen »Traumpalast« in Leonberg, zu dem auch drei Restaurants sowie ein Bowlingcenter gehören. Allein 1,5 Millionen Euro kostete die in Kanada gefertigte und 700 Kilo schwere Mega-Leinwand mitsamt Dolby-Atmos-Soundsystem für den 600 Zuschauer fassenden Imax-Saal. Am 30. September 2021 um 00:07 Uhr lief der erste Film über die Rekordleinwand: »Keine Zeit zu sterben« mit Daniel Craig. Der neueste Saal im »Traumpalast« in Leonberg ist übrigens das »Bed Cinema«, ausgestattet mit 20 Doppelbetten, die von den Gästen individuell verstellt werden können.

335 | Wie groß ist die **KLEINSTE BEWOHNTE INSEL?**

Nur wenige Schritte aus dem Haus – egal, in welche Richtung –, schon steht man im großen Sankt-Lorenz-Fluss südlich der kanadischen Stadt Ottawa. Die kleinste bewohnte Insel mit dem passenden Namen »Just Enough Room Island« (»Gerade-genug-Platz-Insel«), auch »Hub Island« genannt, gehört zum US-Bundesstaat New York und ist nur 310 Quadratmeter groß. Das entspricht einem durchschnittlichen deutschen Reihenhausgrundstück. Neben dem Haus gibt es nur einen Baum, ein Gebüsch und ein paar Quadratmeter blanken Fels für einige Stühle. Die winzige Insel wurde in den 1950er-Jahren von der US-Familie Sizeland gekauft und mit dem Haus bebaut, in dem sie noch heute wohnt. Bis 1982 hielt Bishop Rock vor der Südwestküste Englands den Titel, weil auf dem Felsen im Meer ein dauerhaft bewohnter Leuchtturm stand. Ab 1982 wurde der Turm dann elektrisch betrieben und der Leuchtturmwärter verließ die Insel. Seither nennt Familie Sizeland die kleinste bewohnte Insel der Welt ihr Eigen.

336 | Wo gibt es **POSTFILIALEN** mit **UMKLEIDEKABINEN?**

Wer Kleidung über das Internet bestellt, kennt das: Kaum ist das ersehnte Paket geöffnet, muss die Ware schon wieder verpackt und zurück zur Post gebracht werden – weil die Hose oder der Pullover doch nicht passt oder das Material nicht gefällt. Mit dem Wachstum des Onlinehandels ist auch die Anzahl der Rücksendungen angestiegen. Mehr als 80 Prozent entfallen dabei auf Bekleidung. In Frankreich hat die Post darauf nun mit einem ungewöhnlichen Experiment reagiert: Sie hat in einigen Postfilialen Umkleidekabinen installiert, in denen bestellte Ware noch vor Ort anprobiert werden kann. Kunden können dann direkt in der Filiale einen Retourenschein ausdrucken und das Paket zurücksenden. Das erspart sowohl der Post als auch den Käufern unnötige Wege: Die Post muss das Paket nicht anliefern – und die Kunden müssen nicht alles zurück zur Post tragen. Der Sprecher eines Einzelhandelsverbands kritisierte jedoch, dass solche Angebote den Onlinehandel noch attraktiver machen und so das Geschäft kleiner Modeläden zusätzlich erschweren könnten.

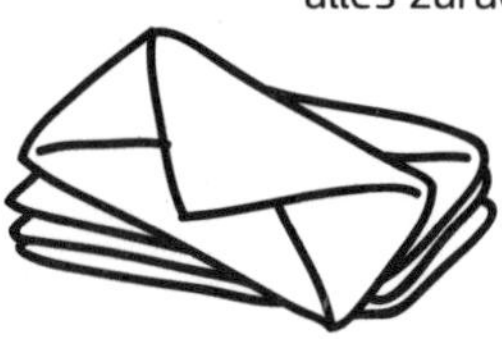

337 | Wo läuft man auf SAUERKRAUT-BOULEVARD?

New York war Mitte bis Ende des 19. Jahrhunderts nach Berlin und Wien die Stadt mit den meisten deutschsprachigen Einwohnern. Mehr als 150 000 von ihnen lebten in »Little Germany« an der Lower East Side – in einem autarken Viertel, in dem man allein mit der deutschen Sprache durch den Alltag kam. In ganz New York soll 1885 jeder Vierte Deutsch gesprochen haben. Doch dann integrierten sich immer mehr der Einwanderer und zogen in andere Viertel weiter. Zur Zäsur für »Little Germany« wurde der Untergang des Schaufelraddampfers »General Slocum« am 15. Juni 1904. Bei einem Ausflug der Kirchengemeinde St. Markus kamen dabei 1021 der rund 1300 Passagiere ums Leben. Kaum eine Familie im Viertel war nicht betroffen, die meisten Überlebenden zogen weg. Zum neuen Kristallisationspunkt der deutschstämmigen Gemeinde wurde Yorkville, heute Teil der Upper East Side. Yorkville wurde inoffiziell zu »Germantown«, mit deutschen Konditoreien und Lebensmittelhändlern, Kino und Gaststätten. Doch als Folge der beiden Weltkriege verschwanden immer mehr deutsche Spuren aus dem New Yorker Stadtbild. Selbst um die 86. Straße, die bis heute als »Sauerkraut-Boulevard« bekannt ist, verblieben nur wenige Traditionsläden wie das Restaurant »Heidelberg« oder auch das Feinkostgeschäft »Schaller & Weber«. Die Straße bildet bis heute den Endpunkt der alljährlichen Steuben-Parade.

338 | Wo tagt das **SKATGERICHT?**

Skat ist nicht nur ein Spiel, sondern auch ein Sport und seit 2016 als immaterielles Kulturerbe von der UNESCO anerkannt. Seine Geschichte beginnt in der thüringischen Stadt Altenburg. Hier werden seit rund 500 Jahren Spielkarten hergestellt, zunächst in Manufakturen, später industriell. Zwischen 1810 und 1817 ging hier aus anderen Kartenspielen der Skat hervor. 1886 fand ebenfalls in Altenburg der erste deutsche Skatkongress statt, 1899 gründete sich hier der Deutsche Skatverband. Und als 1927 das Deutsche Skatgericht ins Leben gerufen wurde, als letzte Instanz in strittigen Spielfragen, war das natürlich in Altenburg. Aus ihm ging schließlich am 1. Dezember 2001 durch die Fusion mit der in Aachen ansässigen International Skat Players Association (ISPA) das Internationale Skatgericht hervor. Fünf seiner Mitglieder werden vom Deutschen Skatgericht benannt, zwei von der ISPA. Wenn sonst alle Möglichkeiten ausgereizt sind, kann es bei Fragen von jedem angerufen werden. Die Entscheidungen des Gerichts sind bindend, die Richter tagen je nach Bedarf im Altenburger »Hotel am Rossplan«. Übrigens: Auch das erste Spielkartenmuseum der Welt befindet sich in Altenburg.

339 | Wo steht das **KLEINSTE HOTEL** der Welt?

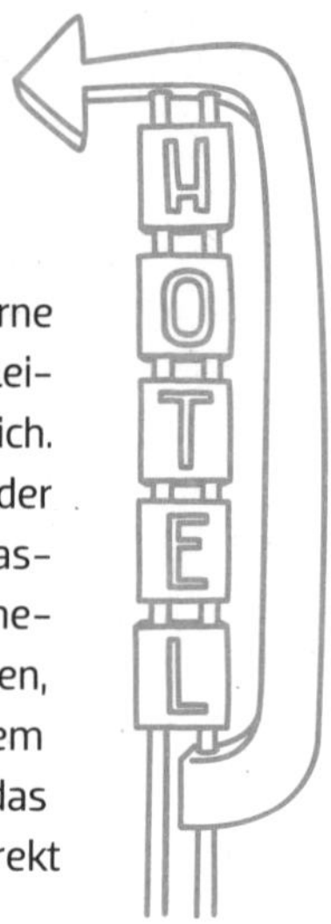

Ein kleineres Hotel als das 2022 eröffnete Trafohaus-Hotel in Bad Segeberg ist auf der ganzen Welt nicht bekannt. Die Räume in dem ehemaligen elektrischen Betriebsraum erstrecken sich auf gerade einmal 17,85 Quadratmetern über drei Ebenen. Unter dem verglasten Dach können zwei Personen vom Doppelbett aus in die Sterne schauen. Darunter befinden sich das Badezimmer und ein kleiner Balkon, im Erdgeschoss eine Miniküche samt Sitzbereich. Alle Ebenen sind durch eine maßgefertigte Treppe miteinander verbunden. Vor dem Haus liegt sogar noch eine kleine Terrasse. Mit drei weiteren historischen Gebäuden – einem ehemaligen Wasserturm mit sechs Zimmern auf sechs Ebenen, einem früheren Bauernhaus mit zwei Apartments und einem einstigen Verwaltergebäude mit vier Apartments – gehört das Trafohaus-Hotel zu einem Ensemble aus Unterkünften direkt neben der berühmten Kalkberg-Arena. Die höchsten Übernachtungspreise zahlt man hier natürlich dann, wenn nebenan auf der Freilichtbühne die Karl-May-Spiele oder große Konzerte stattfinden.

340 | Wo STRAHLT der Urlaubsstrand RADIOAKTIV?

Sonne, Sand, Gammastrahlung? Nach Erholungsurlaub klingt das nicht gerade. Doch in Guarapari an der brasilianischen Atlantikküste zieht genau diese Mischung Tausende von Touristen an. Insbesondere an den Stränden Areia Preta (»schwarzer Sand«) und Meaípe herrscht konstant eine hohe radioaktive Strahlung. Diese rührt vom Monazit-Anteil im dunklen Sand her. Die darin vorliegende Variante des Minerals besteht unter anderem aus dem radioaktiven Element Thorium und dessen Zerfallsprodukten. Je nach Messpunkt weist der Sandstrand daher eine Strahlung von bis zu 55 Mikrosievert (0,055 Millisievert) pro Stunde auf. Das ist fast das Fünffache dessen, was zum Beispiel bei einer Röntgenaufnahme des Brustkorbs anfällt. Und dennoch statten seit Jahrzehnten zahllose Menschen den schönen Stränden ausgedehnte Besuche ab, reiben sogar ihren Körper mit dem Sand ab oder buddeln sich ein. Der Grund: Nach Empfehlung aus den 1970er-Jahren, die in der Region bis heute verbreitet wird, gilt der Strandbesuch hier als besonders gesund – vorbeugend wie eine Impfung, heilsam gegen Leiden von Schlaflosigkeit bis Arthritis. Doch das Gesundheitsrisiko von ionisierender Strahlung liegt niemals bei null – je weniger radioaktive Belastung, desto besser. In Deutschland darf eine Person im Alltag laut Strahlenschutzgesetz maximal ein Millisievert pro Jahr abbekommen. In Guarapari reicht dafür schon ein Urlaub mit 18 Stunden am Strand.

341 | Wer wohnt in MINITOPIA?

Stylishes Wohnen auf engstem Raum: Im Wohndorf »Minitopia« in der niederländischen Stadt 's-Hertogenbosch sieht jedes Haus anders aus. Nur eins haben alle gemeinsam: Sie sind klein – oder auf Englisch »tiny«. Tiny Houses sind ein Megatrend. Klein, fein, sparsam, so lautet das Credo der Fans. Bei Minitopia kommt noch ein entscheidender Faktor hinzu: das individuelle Design. Die Bewohner der höchstens 50 Quadratmeter großen Parzellen pachten auf Zeit. Dafür können – und sollen – sie sich architektonisch austoben: Hingucker statt Reihenhaus-Flair, so die Devise. Alle Tiny Houses sind selbst entworfene Unikate, vom lackierten Stahlcontainer bis zur Designhütte aus Stroh oder Holz. Und wer keine Angst vor Altmaterial hat, baut sich die Mini-Villa für 5000 Euro. Ökologisch ist Minitopia sowieso: Anders als »think big« schont das Kleinformat die Umwelt. Doch Utopie ist nicht gleich Realität, und deshalb muss jeder Minitopia-Platz nach zehn Jahren neu vergeben werden. Auf diese Weise ist es möglich, ein paar Bauvorschriften zu überspringen. Trotzdem stehen zurzeit rund 1000 Bewerber auf der Warteliste – und hoffen auf ihre Mini-Chance.

342 | Seit wann BEFAHREN Menschen DAS MITTELMEER?

Bereits in der Jungsteinzeit betrieben die Menschen regen Handel entlang der Flüsse und Küsten – denn bevor es Straßen gab, war das Wasser der einfachste Weg, um weite Strecken zurückzulegen. Ein neuer Fund aus dem italienischen Dorf La Marmotta, das einst am Rand des heutigen Braccianosees lag (nur wenige Kilometer nördlich von Rom) und über einen Fluss mit der Mittelmeerküste verbunden war, gibt Einblicke in die Anfänge der Handelsschifffahrt. Bei archäologischen Ausgrabungen kamen fünf Kanus zutage, die etwa aus der Zeit zwischen 5700 und 5100 v. Chr. stammen. Damit sind sie die ältesten bisher bekannten Boote aus der Jungsteinzeit in Europa. Und offenbar wussten die Bootsbauer von La Marmotta bereits, wie man seetüchtige Gefährte baut. Mit Längen zwischen fünf und zehn Metern sowie variierenden Breiten und Tiefen unterschieden die einzelnen Kanus sich deutlich in ihrer Größe. Außerdem waren sie aus verschiedenen Hölzern gebaut: aus Eiche, Erle, Pappel und

Buche. Die Forschenden vermuten, dass die einzelnen Boote für unterschiedliche Zwecke genutzt wurden.

Die verwendete Technik war bereits erstaunlich weit entwickelt. Neben Querverstrebungen hatten die Bootsbauer in einem der Kanus auch drei t-förmige Konstruktionen aus Holz mit Löchern darin angebracht, an denen möglicherweise Segeltaue oder andere nautische Elemente befestigt waren. Es sei sogar möglich, folgern die Autorinnen und Autoren der Studie, dass jeweils zwei Kanus zu einer Art Katamaran verbunden wurden. Einige der technischen Details waren geradezu zukunftsweisend, so zum Beispiel eine hölzerne Befestigungsvorrichtung, die in ihrer Form an moderne Poller erinnert, wie sie heute noch in Gebrauch sind. Die fortschrittliche technische Ausstattung der Kanus lässt den Rückschluss zu, dass die Wurzeln der Seefahrt bereits deutlich weiter in die Vergangenheit zurückreichen. Die Boote erwiesen sich im Test tatsächlich als extrem seetauglich: Mit einem originalgetreuen Nachbau segelte eine Crew 800 Kilometer von Italien bis zur portugiesischen Küste. Die Ausgrabungsstätte befindet sich heute in der Stadt Anguillara Sabazia. Die Forscher vermuten, dass in der Nähe noch weitere alte Boote gefunden werden könnten.

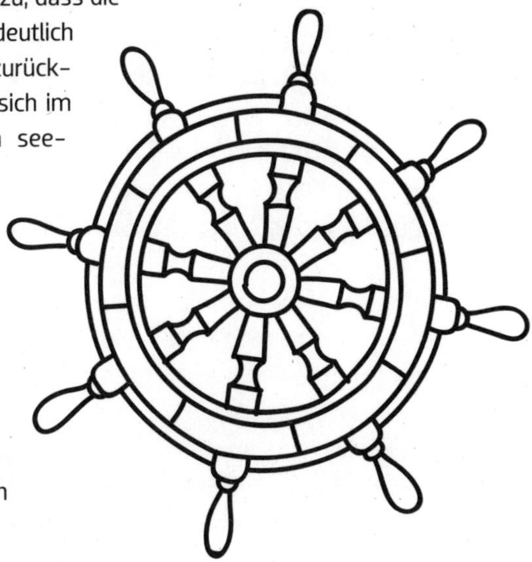

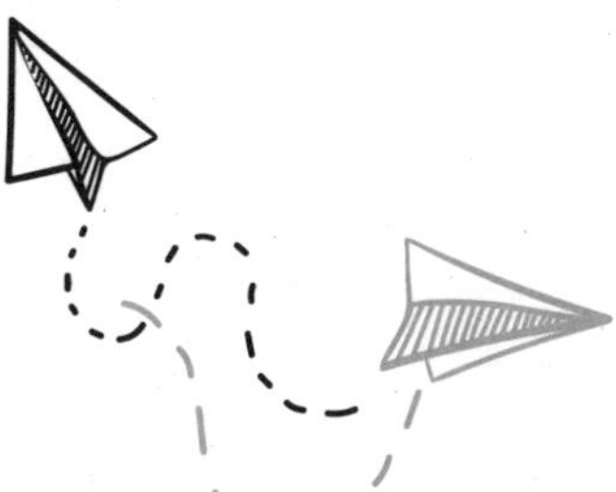

343 | Wann braucht man ein »CARNET DE PASSAGES«?

Was aus Globetrottersicht ein Abenteuer ist, nehmen Zollbehörden ganz anders wahr: Ein privater Camper, ein Auto, ein Motorrad oder Ähnliches stellen außerhalb unseres vertrauten Wirtschaftsraums erst einmal eine Ein- oder Ausfuhr von Waren dar. Vor einer Weltreise sollte man deshalb nicht nur sich selbst, sondern auch dem fahrbaren Untersatz eine Art Reisepass organisieren: das »Carnet de Passages«, kurz CDP oder auch »Trip Ticket« genannt. Damit kommt man durch ferne Länder, ohne an jeder Grenze Einfuhrzölle oder Kautionen hinterlegen zu müssen. Schließlich soll das Fahrzeug in der Regel ja wieder mit zurück nach Hause kommen. Mit dem »Carnet« (französisch für »Heft«) hat man ein offizielles, weltweit anerkanntes Dokument in der Hand, das ähnlich wie eine Bürgschaft funktioniert: Falls sich doch noch Zollansprüche ergeben, können sich die Behörden der bereisten Länder darauf berufen. Das Heft ist also extrem wichtig, ein Verlust kann unterwegs richtig Ärger machen.

Die bis zu 25 Seiten sind dreigeteilt: ein Einreise- sowie ein Ausreiseabschnitt für die Zollstelle. Ein dritter Abschnitt bleibt im Heft. Alle drei Abschnitte müssen vom Zoll abgestempelt werden, und zwar jedes Mal, bei jeder Ein- oder Ausreise in Länder mit CDP-Vorschrift. Fehlt ein Stempel, droht Erklärungsnot. Im Carnet darf zudem kein anderer Name stehen als im Pass der oder des Reisenden. Mit etwas Pech wird der fahrbare Untersatz andernfalls an der Grenze sogar vorerst beschlagnahmt. Das CDP gibt es bei Automobilklubs, gegen eine saftige Gebühr und nach einem Verfahren, für das ein Monat Zeit eingeplant werden sollte. Dazu wird eine vier- bis sechsstellige Kaution fällig (direkt oder als Bankbürgschaft), je nach Kfz-Zeitwert und Reiseziel: für den Fall, dass man doch ohne Fahrzeug zurückkommt.

344 | Was bietet eine STADTFÜHRUNG mit OBDACHLOSEN?

Wer auf der Straße lebt, sieht die Stadt aus einer anderen Perspektive: Welcher Winkel bietet Schutz, wo ist es gefährlich, wo stört die grelle Beleuchtung? Typische Sehenswürdigkeiten spielen bei einer Stadtführung mit Obdachlosen daher meist keine Rolle. Dafür bekommt man Einblicke in eine Welt, von der uns normalerweise eine unsichtbare Mauer trennt. Von Obdachlosen geführte City-Touren gibt es in vielen Städten im Aus- und Inland. Meist funktioniert das Konzept wie folgt: Eine Organisation vor Ort bietet Schulungen an für Menschen, die selbst auf der Straße leben oder gelebt haben. Diese können dann als Guides authentische Eindrücke von der mühevollsten Variante des Lebens in unseren Städten vermitteln. Das Konzept versteht sich als Augenöffner: für alle Menschen, die sich nicht allabendlich aufs Neue einen sicheren Schlafplatz organisieren müssen. Durch die Straßen-Brille gesehen bekommen viele Details ungeahnte Bedeutung: neue Parkbänke etwa, auf denen es sich nur aufrecht sitzen lässt, oder scharfkantige Gitter an Lüftungsschächten. Den Teilnehmenden eröffnet sich eine oft unbekannte Welt, und die Guides erfahren die Wertschätzung ihrer Gäste. In Deutschland sind geschätzt 50 000 Menschen obdachlos, und am schlimmsten trifft die meisten der Verlust ihrer Würde.

345 | Wo liegen Deutschlands PARTNERSTÄDTE?

Freundschaftliche Beziehungen ins Ausland erweitern den Horizont. Deshalb pflegen Deutschlands Städte und Kommunen zahlreiche Städte- und Gemeindepartnerschaften – insgesamt um die 6500. Ursprünglich sind sie eine typische Nachkriegserfindung: Sie sollten helfen, die Völker zu versöhnen und eine neue Kultur des Miteinanders zu etablieren. Deshalb sind die Kontakte zu Frankreich traditionell besonders intensiv: Die erste

Partnerschaft wurde 1950 zwischen Ludwigsburg und Montbéliard geschlossen. 2200 deutsch-französische Partnerschaften kamen über die Jahre hinzu. Unser westlicher Nachbar steht somit auf Platz eins der Kontaktliste. Auf Platz zwei folgt das östliche Nachbarland Polen mit über 1000 offiziellen Partnerstädten. Auf Platz drei und vier folgen Großbritannien und Italien (jeweils zwischen 400 und 500). Mit Blick auf einzelne Städte sticht das russische Kaliningrad hervor: Die Geburtsstadt des Philosophen Immanuel Kant hat mit sieben deutschen Städten sowie dem Stadtteil Berlin-Lichtenberg freundschaftliche Abkommen geschlossen, wobei eine klassische Städtepartnerschaft nur zu Kiel besteht. Köln und Rio de Janeiro fanden 2011 zueinander – als Karnevalshochburgen. Solche Gemeinsamkeiten sind wichtig, damit die Partnerschaft nicht irgendwann mangels Interesse wieder gekündigt wird. Auch das kommt vor: So beendete die belgische Stadt Gent die meisten ihrer Städtepartnerschaften, darunter auch 2021 die Verbindung zu Wiesbaden.

346 | Wo KOMMUNIZIERTE man mit MUSCHELTROMPETEN?

Der abgelegene Chaco Canyon im Nordwesten des US-Bundesstaates New Mexico ist ein unwirtlicher Ort. Obwohl es dort kaum Wasser oder Bäume gibt, bildete er jahrhundertelang das zeremonielle Zentrum der Chaco-Canyon-Kultur, einer besonderen Ausprägung der Anasazi-Kultur. Die Anführer dieser Pueblo-Völker, die zwischen 850 und 1150 n. Chr. hier lebten, kommunizierten möglicherweise über weite Strecken hinweg durch das Blasen von Muscheltrompeten. Derartige Instrumente, die Gehäuse von Fechter- und Murexschnecken, wurden in Gräbern gefunden. Das Meer war allerdings sehr weit entfernt: Die Trompeten mussten also über mindestens 1000 Kilometer von der Pazifikküste importiert werden. Die Siedlungen waren so angelegt, wie Forscher feststellten, dass jeder Bewohner die Benachrichtigungen hören konnte. In den Zentren gab es mehrstöckige *great houses*, die die übrigen Gebäude überragten. Wenn die Anführer von dort aus schnell mit allen Bewohnern der Gemeinschaft kommunizieren mussten, war wohl ein Muschelhornsignal eine effektivere Methode als beispielsweise Rauch- oder Spiegelsignale. Noch heute verwenden Angehörige der Hopi und Zuni die Gehäuse von Fechter- und Murexschnecken als Instrumente in ihren rituellen Zeremonien.

347 | Wo steht die älteste ERDBEBENWARTE der Welt?

Die weit über 100 Jahre alten Messinstrumente funktionieren noch genauso präzise wie am ersten Tag. Dafür sorgen mit großer Hingabe die Mitglieder des Vereins, der die Wiechert'sche Erdbebenwarte in Göttingen hegt und pflegt und für die Öffentlichkeit zugänglich hält. Sie ist die erste und älteste Erdbebenwarte der Welt, deren Seismografen noch immer in Funktion sind. Der deutsche Physiker und Seismologe Emil Wiechert leitete 1902 ihren Bau und entwickelte die Seismografen, die weltweit ältesten ihrer Art. Nur dadurch, dass sie seitdem fast ununterbrochen in Betrieb sind, lassen sich große historische Erdbeben wie das von 1906 in San Francisco mit heutigen Erdbeben vergleichen. Zu den Highlights zählt der nach wie vor in Betrieb befindliche Astatische Horizontalseismograf von 1902, der Prototyp für Geräte, die weltweit an mehr als 150 Observatorien zum Einsatz gekommen sind. Er ist so empfindlich, dass schon das Gewicht eines Menschen, der daneben steht, durch die Verformung des Bodens zu Nadelausschlägen fuhrt.

348 | Wie gingen BAHNFAHRER früher AUFS KLO?

Die Not der Passagiere war mitunter groß, als im 19. Jahrhundert die ersten Eisenbahnzüge durch Deutschland fuhren. Denn wer ein dringendes Bedürfnis verspürte, fand unterwegs noch keine Möglichkeit, sich zu erleichtern. 1855 warnte deshalb ein Mediziner im »Ärztlichen Intelligenz-Blatt« vor den gesundheitlichen Folgen der erzwungenen »Stuhl- und Urinverhaltung auf Eisenbahnen«. Die Züge fuhren damals noch langsam und die nächste Ausstiegsmöglichkeit war meist nicht so bald in Sicht. So mancher Gast wusste sich also nicht anders zu helfen, als sein Wasser in den eigenen Stiefel oder Hut zu lassen. Angenehm war das vermutlich nicht.

Das änderte sich erst, als auf größeren Bahnhöfen öffentliche »Perron-Abtritte« (*perron* frz. = Bahnsteig) errichtet wurden. Nach dem raschen Ausbau der Strecken – 1850 wurden bereits 57 000 Gleiskilometer befahren – hängte die Bahn schließlich in einzelnen deutschen Ländern Gepäckwagen mit ein oder zwei Toiletten an die Züge. Die Reisenden gelangten allerdings nur bei

Zwischenhalten dorthin und mussten, falls sie nicht schnell genug waren oder länger warten mussten, bis zum nächsten Stopp im Klo ausharren. Glücklich war da, wer den höheren Gesellschaftsschichten angehörte: In die Salonwagen des hohen Adels wurden schon früh Toilettenstühle in Holzkisten eingebaut.

In der zweiten Hälfte des 19. Jahrhunderts gab es dann erstmals Durchgangswagen mit Seitengängen, wie wir sie heute kennen – und Aborten an den Wagenenden. Die funktionierten wie Plumpsklos: Klappe auf – und raus mit den Fäkalien. Noch bis in die 1990er-Jahre war deshalb die Benutzung der Toiletten in Bahnhöfen verboten. Dann verklagte ein Privatmann in Schleswig-Holstein die damalige Bundesbahn gegen das Ablassen auf freier Strecke: Durch den Fahrtwind zerstäubte Fäkalien verschmutzten immer wieder sein Haus und Grundstück, das unter einer Hochbrücke lag. Er gewann. Und die Bahn begann, Vakuumtoiletten einzubauen, bei denen Hinterlassenschaften in Tanks gesammelt werden.

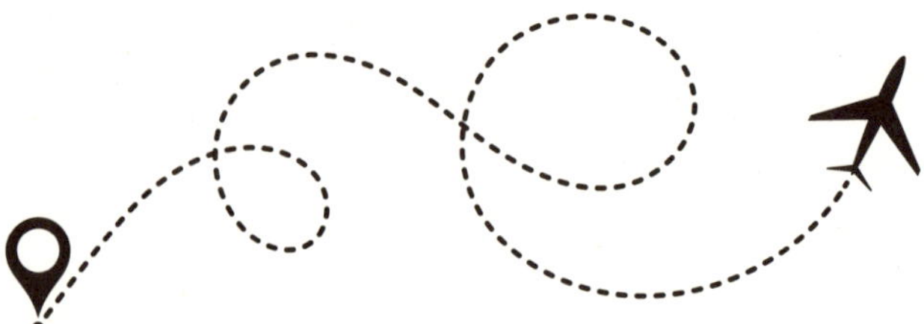

349 | Wo verläuft Europas »GRÜNES BAND«?

»Von Stettin an der Ostsee bis Triest an der Adria hat sich ein Eiserner Vorhang auf Europa herabgesenkt«: So kommentierte 1946 Winston Churchill den Beginn von über vier Jahrzehnten politischer Abschottung zwischen Westeuropa und den Ostblockstaaten. Der »Eiserne Vorhang« zog sich schließlich sogar von der Barentssee bis zum Schwarzen Meer, mit kilometerbreiten militärischen Sperrzonen. Als die Mauern und Zäune ab 1989 fielen, trat ein bis dahin unbeachtetes Phänomen zutage: Die leidbehaftete Grenzlinie hatte sich in aller Stille zum wertvollen Biotop für bedrohte Pflanzen und Tiere entwickelt, 12 500 Kilometer lang, im Grenzgebiet von 24 Ländern. Paradoxerweise drohte die neue Freiheit diese Naturräume in Gefahr zu bringen, weshalb die deutsche Teilstrecke bereits kurz nach dem Mauerfall zum erhaltenswerten »Grünen Band« erklärt wurde. 2004 folgte dann die Idee zum Projekt »Grünes Band Europa«. Der besondere Reiz des Europa-Bandes besteht vor allem in seiner enormen Vielfalt: Überall locken Besonderheiten: Braunbär und Ringelrobbe zum Beispiel im norwegischen und im finnischen Abschnitt, Schwarzstorch und Birkhuhn in Mitteleuropa. Das Projekt lebt vom Engagement der oft kleinen Initiativen vor Ort. Im slowenischen Abschnitt etwa richten sie Höhlennester für Wiedehopfe auf den Streuobstwiesen im Naturpark Goricko ein, im bulgarischen Sakar-Gebirge gewinnt man vergraulte Rötelfalken zurück. Um die verbindende Naturschutzidee bekannt zu machen, veranstalten die Initiativen jedes Jahr vom 18. bis zum 24. September die »European Green Belt Days« mit Naturschutzaktionen entlang der früheren Trennlinien.

350 | Seit wann gibt es **SONNENCREME?**

Vornehme Blässe galt überall dort, wo Europäer an der Macht waren, als Erkennungszeichen der Oberschicht. Man ging nicht in die Sonne oder verhüllte sich wenigstens stark, als Zeichen, dass man seinen Lebensunterhalt nicht auf dem Feld verdienen musste. Erst zu Anfang des 20. Jahrhunderts änderte sich das. Und dann nutzte man Sonnencreme. Als Vorreiter gelten die Österreicher Josef Eder und Leopold Freund mit ihrem Mittel Antilux in den 1920er-Jahren. Als erste Sonnencreme für den Massenmarkt gilt die Delial-Salbe der Bayer-Tochter Drugofa aus dem Jahr 1933. Der L'Oréal-Gründer Eugène Schueller brachte dann 1936 Ambre Solaire auf den Markt. 1946 folgte als weitere bis heute existente Marke Piz Buin – eine Entwicklung des Chemikers Franz Greiter, nachdem er sich beim Besteigen des gleichnamigen Berges einen Sonnenbrand eingehandelt hatte. Greiter war es auch, der 1962 das Wort »Lichtschutzfaktor« prägte, nachdem der Hamburger Strahlenschutzphysiker Rudolf Schulze 1956 den Begriff »Schutzfaktor des Lichtschutzmittels« eingeführt hatte.

351 | Warum **KNIPSEN** so viele Menschen **FOTOS WIE FRÜHER?**

Vor allem junge Menschen begeistern sich seit einiger Zeit wieder für Analogfotografie, sogar in Hightechländern wie in Japan. Seit den 2020er-Jahren werden stetig mehr Filmröllchen verkauft und zum Entwickeln eingeschickt. Der Traditionshersteller Pentax bringt eigens eine neue analoge Kamera auf den Markt, ausgestattet mit Transporthebel und Rückspulkurbel. Im Gegensatz zum schnellen Handyfoto erfordert das analoge »Knipsen« viel Fingerspitzengefühl, Zeit und Geduld, wirkt damit aber wie ein Heilmittel gegen den digitalen Überfluss. Wer zu entsprechenden Kameras greift, freut sich auf eine besondere Zeremonie mit allem Drum und Dran. Das leicht irrationale Kosten-Nutzen-Verhältnis wird dafür in Kauf genommen. Hinzu kommt die Langsamkeit, bei der jeder einzelne Schritt bedacht und nachvollzogen wird – anders als in der Welt von Mausklick und Bildschirm-Wisch. Ein verborgener Trumpf der Analogfotografie kommt neuerdings besonders zur Geltung: Die geknipsten Bilder sind »echt«. Das ist keine digital geschönte Pixelwelt, sondern ein unbearbeiteter Ausschnitt unserer Wirklichkeit.

352 | Wieso heißen **KOPENHAGENER** in Dänemark »**WIENERBRØD**«?

Hefeteig, viel Butter oder Margarine, Zucker, Pudding, Marmelade, vielleicht noch Marzipan und Rosinen: In den als »Kopenhagener« bekannten Plunderteilchen steckt so ziemlich alles, was dick und glücklich macht. Der Begriff »Plunder« leitet sich von »pludern« oder »plustern« ab, für »aufbauschen« oder »aufgehen«. Auch Croissants, Franzbrötchen und Nusskipfel werden aus Plunderteig gefertigt, für den möglichst viele Lagen Backfett durch wiederholtes Falten und Ausrollen in den Hefeteig eingearbeitet werden. Die Hefegärung und der Wasserdampf aus den Fettschichten machen den Plunderteig beim Aufgehen besonders locker. Kurioserweise heißen Kopenhagener in Dänemark »Wienerbrød«, also »Brot aus Wien«, denn dort soll das Gebäck seine Wurzeln haben. Der populärsten Überlieferung nach sollen einige Bäckergesellen aus Wien Mitte des 19. Jahrhunderts ihr Plunderteigwissen nach Dänemark mitgebracht und dort weiter perfektioniert haben. Man hatte sie angeworben, weil die einheimischen Bäckergesellen für mehr Lohn streikten. Eine Variante der Legende wird sogar noch konkreter und nennt den Kopenhagener Bäcker Niels Albeck als Urheber: Er soll 1843 eigens nach Wien gereist sein, um das Handwerk der Mehlspeisenherstellung vor Ort zu studieren. Dort warb er gleich drei Bäckergesellen ab und eröffnete in Kopenhagen eine »Wienerbageriet«. Seine Spezialität sollen mit Rosinen und Marzipan gefüllte Croissants gewesen sein, aus denen sich später das bekannte Wienerbrød entwickelte. Irgendwann in der Wienerbrød-Geschichte muss aber auch noch ein Kollege aus Berlin ins Spiel gekommen sein, denn eine Variante mit Marmeladen- oder Puddingfüllung, bestreut mit gehackten Nüssen, wird »Spandauer« genannt. Im englischen Sprachraum wiederum werden die Kopenhagener als »Danish Pastry« oder einfach »Danish« bezeichnet.

353 | Was tun, wenn DER KOFFER aus dem Fernbus VERSCHWINDET?

Eine Reise mit dem Fernbus ist etwas für Optimisten: Das Gepäck wird im großen Kofferraum verstaut – und dann kann man nur hoffen, dass es am Ziel noch dort ist und nicht bei einem Zwischenhalt in fremde Hände fiel. Erstaunlicherweise gibt es in den EU-Busfahrgastrechten keine Regelungen für verloren gegangenes Gepäck. Doch zumindest in Deutschland haben Reisende unter Umständen einen Anspruch auf Schadenersatz: Fernbusunternehmen sind nicht nur zur Beförderung der Fahrgäste, sondern auch zur ordnungsgemäßen Beförderung des Gepäcks verpflichtet, hat etwa das Amtsgericht München 2015 festgestellt. Wichtig ist, den Diebstahl beim Fahrpersonal und bei der Polizei anzuzeigen. Um den Wert des verlorenen Koffers samt Inhalt belegen zu können, sollte man beim Packen alles fotografieren. Auch Rechnungen für die verlorenen Gegenstände sind hilfreich, wenn man seine Ansprüche durchsetzen will. Anders als bei Flügen haben Reisende keinen Anspruch darauf, das Geld für Ersatzkäufe erstattet zu bekommen. Und genau wie bei Flugreisen sollte man Wertsachen und wichtige Medikamente im Handgepäck transportieren – auf das man wiederum besonders gut aufpassen sollte, weil es dafür keine Entschädigung gibt. Wer bei einem Streit um Schadenersatz mit einem Fernbusunternehmen allein nicht weiterkommt, kann die Schlichtungsstelle für den öffentlichen Personenverkehr einschalten.

354 | Welche Städte VERBAND Europas ERSTE AUTOBAHN?

Die allererste Autobahn der Welt wird vor 100 Jahren eingeweiht, in einem feierlichen Akt am 21. September 1924: das erste Teilstück der »Autostrada dei Laghi« (»Seen-Autobahn«) zwischen Mailand und Varese. Ausgerechnet in Italien, wo es im Gegensatz zu Großbritannien, Deutschland oder Frankreich damals erst wenige Autos gibt: Pro 1000 Einwohner ein Wagen. Im Übrigen sind Italiens Straßen zu der Zeit eher so beschaffen, dass beim Autofahren keine rechte Freude aufkommt. Es gibt also einiges aufzuholen, als 1920 der Ingenieur Piero Puricelli mit seinem revolutionären Projekt auf den Plan tritt. Zum ersten Mal soll eine Straße gebaut werden, die vor allem einem Zweck dient: ordentlich Strecke zu machen.

Passenderweise wird alles mit atemberaubender Geschwindigkeit durchgezogen, von der ersten Planung bis zur Einweihung vergehen knapp vier Jahre. Die erste Autobahn schließt nachts, tagsüber wachen uniformierte Posten über den überschaubaren Verkehr und zeigen jedem Auto bei Ein- und Ausfahrt einen militärischen Gruß. Die Presse im seinerzeit faschistisch regierten Land ist begeistert. Das Autoparadies von damals verfügt über eine Spur pro Richtung ohne Mittelstreifen und ist 50 Kilometer lang, das Resultat von pro Tag etwa 4000 eingesetzten Arbeitskräften. Auch die »AVUS« vor den Toren Berlins ist ein denkwürdiges Bauwerk der Mobilitätsgeschichte und wurde sogar schon 1921 fertiggestellt, war aber als reine Renn- und Teststrecke konzipiert. Beim Bau der Autostrada dei Laghi geht es dagegen um die möglichst schnellste Verbindung zwischen zwei Orten – ein Konzept, das bis dahin mit der Eisenbahn verknüpft war.

355 | Wurden in Südamerika GRENZEN mit KUNSTWERKEN markiert?

Eine neue Studie über Felsgravuren entlang der Atures-Stromschnellen des Orinoco-Flusses in Kolumbien und Venezuela legt es nahe: Die Ritzungen dort waren weitaus mehr als Kunst. Vor über 2000 Jahren sollen sie dazu gedient haben, territoriale Grenzen zu markieren. Zu diesem Schluss kamen Archäologen, nachdem sie die Felsgravuren an 14 Stellen entlang des Flusses kartiert hatten. Einige dieser Kunstwerke waren bereits bekannt gewesen, doch nun kamen noch etliche zuvor unentdeckte hinzu. Zu den Bildern gehören neben Tausendfüßlern, menschenähnlichen Wesen und riesigen Nagetieren außerdem mehr als 30 Meter lange Darstellungen von Schlangen. Die größte, eine Anakonda, misst sogar über 40 Meter – und ist damit eine der größten prähistorischen Felsgravuren der Welt. Schlangen spielen eine wichtige Rolle in der Religion der indigenen Bevölkerung: Anakondas und Boas stehen dort mit der Schöpfergottheit in Verbindung, gelten aber auch als gefährliche, oft todbringende Wesen. Der Flussabschnitt mit den Felsgravuren, war eine wichtige Handelsroute und ein Ort für Zusammenkünfte. Die Stromschnellen machten den Orinoco an dieser Stelle unpassierbar, sodass Reisende an Land weiterziehen mussten. Schon von weit her waren die Gravuren sehr gut sichtbar. Daher vermuten die Forschenden, dass die Schlangen als Warnung und als Signal an Fremde dienten, sich nicht mit der lokalen Bevölkerung anzulegen.

356 | Wo kann man die **DURCHGEHEND LÄNGSTE STRASSE** der Welt befahren?

Die längste Straße der Welt? Da denken alle gleich an die Panamericana von Alaska bis Argentinien. 30 000 Kilometer misst sie. Aber: Sie ist nicht durchgehend. Die größte Lücke ist der sogenannte Darién Gap zwischen Panama und Kolumbien. Dort führt der Weg 160 Kilometer durch tiefsten Dschungel, ist jedoch nicht einmal als holprige Piste präpariert. Man kommt also nicht durch. Auch der asiatische Highway 1 (gut 20 000 Kilometer) ist zwar sehr lang und reicht von Tokio bis zur türkisch-bulgarischen Grenze. Aber er ist ebenfalls mehrfach unterbrochen, nicht zuletzt durch das Meer zwischen Japan und Südkorea. Ein Tunnel oder eine Brücke hier ist utopisch, auch wenn es dafür schon seit Langem Vorschläge gibt. Die längste, durchgehend befahrbare Straße ist daher der Highway 1 in Australien. Er führt entlang der Küste einmal rund um den Kontinent und misst 14 500 Kilometer. Diese Straße ist durchgehend befahrbar und steht als solche auch im »Guinness-Buch der Rekorde«. Auf ihr fanden zudem schon diverse Langzeitrennen statt. Der Motorradfahrer Ross Atkins benötigte 1982 für die Umrundung sechs Tage, 22 Stunden und 57 Minuten. Er stoppte nur zum Tanken und fünfmal für ein Nickerchen.

357 | Warum tragen **PILOTEN** so selten **BÄRTE**?

Die Frage mag auf Anhieb nicht allzu wichtig erscheinen. Aber wer weiß: Vielleicht hat sie Menschen schon das Leben gerettet. Denn dass Piloten – wenn überhaupt – kurze Bärte tragen, hat Sicherheitsgründe. Viele Airlines machen ihren Piloten Vorschriften zur Gesichtsbehaarung. American Airlines etwa untersagt sie komplett, einige andere erlauben immerhin Dreitagebart, Schnurrbart oder getrimmte Ziegenbärtchen. Ein Rauschebart aber ist bei den meisten strikt untersagt. Hintergrund ist eine Untersuchung von 1987 zu Bärten und Atemmasken. Diese hatte ergeben, dass solche Mund-Nasen-Masken bei Bärten nicht gut sitzen, sodass die Träger nicht optimal mit Sauerstoff versorgt werden. Beim Piloten, der die Notsituation des Flugzeugs zu meistern hat, ist das natürlich besonders problematisch. Eine neuere Studie von 2016 von Air Canada hat jedoch ergeben, dass moderne Masken mit Bärten gut zurechtkommen. Die Sauerstoffsättigung der Probanden zeigte zwischen Vollbartträgern und glatt Rasierten keinen Unterschied. Air Canada und einige andere Airlines haben entsprechend ihre Bestimmungen gelockert, nun ist auch ein gepflegter Bart bis 1,25 Zentimeter Länge erlaubt.

358 | Warum STEIGT in New Yorks Straßen DAMPF AUS DEM BODEN?

Es ist dunkel, die Straße ist nass, zwischen den Gehwegplatten und aus der Kanalisation steigen Dampfwolken auf: Wir sind, ganz klar, in New York. Die ikonische Szenerie ist keine Hollywood-Fantasie, den Wasserdampf gibt es wirklich. Unter Manhattan verläuft ein 170 Kilometer langes Dampfheizsystem. Es wurde 1882 eingeweiht und versorgt 1600 Gebäude mit etwa drei Millionen Menschen auf mehr als 460 000 Quadratmetern Fläche, vom Empire State Building bis zum Sitz der Vereinten Nationen, mit Wasserdampf zum Heizen. Die in Deutschland verbreitete Fernwärme funktioniert mit heißem Wasser, muss also gepumpt werden. Dampf hat den Vorteil, dass er von allein bis unter die Dächer der Wolkenkratzer steigt. 60 Prozent der benötigten Energie stammen in New York aus der Abwärme lokaler Stromkraftwerke. Für sein hohes Alter funktioniert das New Yorker System erstaunlich zuverlässig. Doch natürlich treten immer mal wieder Lecks auf – und dann dampft es. Es dampft aber auch, wenn Regen oder Wasser aus anderen Leitungen auf die 200 Grad heißen Dampfrohre tropft. Oder wenn Überdruck abgelassen werden muss. Orangefarbene Plastikschornsteine sollen verhindern, dass die Beine der Passanten verbrühen und die Autofahrer vor lauter Dampf nichts mehr sehen. Auch in die Kanalisation kann Dampf abgelassen werden, er entweicht dann aus den Gullydeckeln.

359 | Was ist TÖRGGELEN?

Wenn die Kastanien vom Baum plumpsen, ist im herbstlichen Südtirol, vor allem in der Gegend um Meran, eine ganz besondere Zeit angebrochen: Törggelen. Es ist der traditionelle Brauch, in Buschenschänken und Bauernhöfen den neuen Wein zu verkosten und dazu Deftiges vom Schwein und über dem offenen Feuer geröstete Esskastanien zu genießen. Diese schmecken am besten, wenn Almbutter darübergestrichen wird, sagen Kenner. Das Wort »Törggelen« kommt von »Torggl«, das vom lateinischen Verb »torquere« (zu Deutsch »drehen«) abgeleitet ist und im Dialekt die Weinpresse bezeichnet, die sich drehend auf die Traubenmaische senkt. Die Kastanien stammen allerdings nicht immer aus Südtirol, auch das Schwein hat nicht immer dort im Matsch gesuhlt. Wer aber an einen Wirt gerät, der keinen Etikettenschwindel betreibt und die große Nachfrage mit wirklichem Speck aus Südtirol und den Kastanien aus der Gegend befriedigt, der kann sich auf großartige authentische Genusserlebnisse freuen. Es gibt alle möglichen Sorten Speck: Bauchspeck, Rückenspeck und Schulterspeck. Ein Drittel mindestens sollte Fett sein, sagen Einheimische. Undenkbar ist ein traditionelles Törggelen, das übrigens am besten auf Vorbestellung geordert wird, ohne Blutwurst, Ripperl und Schopf. Zur Spezialität zählt auch Surfleisch, das gepökelt in Sauerkraut gekocht wird. Wenn es dann noch in heißem Öl gebackene Krapfen mit Marillen- oder Kastanienmarmelade gibt und zur Verdauung ein selbst gebrannter Kastanienschnaps kredenzt wird, dann können die Touristen vom Genuss beseelt ins Gästebett plumpsen.

360 | Ist das Weiße Haus wirklich weiß?

Der erste Regierungssitz der US-Präsidenten lag in der Stadt Philadelphia. Ab 1792 wurde dann das »Weiße Haus« in der neuen Hauptstadt Washington errichtet. Sein erster Bewohner war ab 1800 John Adams, der zweite US-Präsident. Erst Theodore Roosevelt aber machte den Namen »Weißes Haus« 1901 zur offiziellen Bezeichnung des Gebäudes, auch wenn es eher cremefarben war und noch heute ist. Bei einer Renovierung Anfang des 21. Jahrhunderts kam eine Firma aus Diedorf bei Augsburg ins Spiel: Deren Gründer Adolf Wilhelm Keim hatte Ende des 19. Jahrhunderts eine Farbe auf Silikatbasis erfunden. Anders als übliche Dispersionsfarben haftet sie bis zu 40 Jahre, wird nicht so schnell schmutzig und behält ihren Farbton. Das Weiße Haus wird alle vier Jahre, immer zum Amtsantritt des nächsten Präsidenten, neu gestrichen. Nach 30 Schichten platzte die Farbe schließlich ab. Der in den USA für öffentliche Gebäude zuständige »National Park Service« hatte mit der Farbe aus Deutschland bereits gute Erfahrungen gemacht. Als George W. Bush 2001 das Weiße Haus bezog, erhielt die schwäbische Firma den Auftrag, eine Silikatfarbe zu entwickeln. Auch sie ist nicht pur weiß, sondern enthält zwei Prozent Pigmente in Ocker und Blau, sogar eine Spur Grün. 2003 sollten die Schwaben auch das US-Verteidigungsministerium streichen. Das verhinderte jedoch ein Kongressabgeordneter, weil sich Deutschland nicht am Irakkrieg beteiligte.

361 | Was passiert bei LOI KRATHONG?

Es gilt als das wohl magischste Fest Thailands: Jung und Alt lassen am Abend einer Vollmondnacht im November unzählige mit Blumen, Räucherstäbchen und Kerzen geschmückte Körbchen aus Bananenblättern zu Wasser. Dabei sprechen sie Gebete, äußern Wünsche und erbitten Energie für die Zukunft. Im Nu verwandeln sich Flüsse, Seen und Kanäle in ein glitzerndes Lichtermeer. Allerorten herrscht fröhliche Stimmung. Die Feierlichkeiten verkörpern zentrale Werte der thailändischen Kultur: den Respekt für die Natur und spirituelle Kräfte. Das Schwimmenlassen der Körbchen (Krathong) symbolisiert das Loslassen von Sorgen und negativen Gefühlen. Und es erweist der Wassergöttin Mae Phra Khongkha Ehre, ist Ausdruck der Dankbarkeit am Ende der Regenzeit für eine reiche Ernte. Auch bei jungen Paaren ist das Ritual beliebt, sie unterstreichen damit ihre Zusammengehörigkeit. Die jahrhundertealte Feier geht vermutlich auf ein Hindufest mit schwimmenden Laternen in Indien zurück. Loi Krathong war anfangs nur in der früheren thailändischen Hauptstadt Sukhothai bekannt, heute wird das Fest im ganzen Land begangen.

362 | In welchen BURGEN kann man ÜBERNACHTEN?

Keine Lust mehr auf papierdünne Hotelwände? In einigen Burgen Europas kann man übernachten. Dort trifft Geschichte auf modernen Komfort. Einige Beispiele: Das große Plus der um 1200 erbauten Festung Schönburg bei Oberwesel ist ein Weitblick übers malerische Rheintal, der selbst für Burgverhältnisse sensationell ist. Indes können Gäste auf Burg Lockenhaus, oberhalb des Ortes Lockenhaus im Burgenland, mit allen Sinnen in die Geschichte eintauchen. Hier futtert man im Gewölbe der angeblich von Tempelrittern erbauten Burg auch wie die Ritter, nämlich opulent und mit den Fingern. Zudem im Angebot: Minnesänger und Ritterspiele. Aus derselben Zeit stammt der Originalbau des heutigen Palais ten Berghe bei Brügge in Belgien. Die Besonderheit: Das verspielte Märchenschloss liegt in einem See. Eine Spezialität von Burg Trendelburg in Hessen aus dem 14. Jahrhundert hingegen ist das Foltermuseum im einstigen Verlies. Außerdem werden Theater- und Märchendinner angeboten, oft mit Rapunzel im Mittelpunkt. Eine der jüngsten, aber trotzdem spannenden Übernachtungs-Burgen liegt nahe Bristol in England: Thornbury Castle aus dem 16. Jahrhundert hat königlich eingerichtete Zimmer. Riesige Baldachine zieren die Betten. Auch das Zimmer ist buchbar, in dem der berüchtigte König Heinrich VIII. und Anne Boleyn in ihren Flitterwochen schliefen. Sie war die zweite seiner insgesamt sechs Ehefrauen.

363 | Warum haben Häuser in New York WASSERTANKS AUF DEM DACH?

Unzählige Filme werden in New York City gedreht. Und wann immer die Kamera über die Dächer schwenkt, sind Riesenbottiche darauf zu sehen. Sie enthalten typischerweise knapp 40 000 Liter Wasser und sind bei einem Durchmesser von viereinhalb Metern etwa vier Meter hoch. Das Wasser fließt in die Haushalte und Büros darunter, dient als Notreserve und Löschwasserspeicher. Warum der Aufwand? Das New Yorker Trinkwasser erreicht die Stadt aus höher gelegenen Gebieten, und der natürliche Druck in der öffentlichen Wasserleitung reicht aus, um es bis in den fünften Stock der Häuser zu transportieren. Höher jedoch nicht. Darum sind in höheren Häusern Pumpen installiert, die das Wasser aufs Dach transportieren, von wo aus es durch die natürliche Schwerkraft weiterverteilt wird. In allen Gebäuden, die bis 1965 gebaut wurden, waren diese Tanks vorgeschrieben. Heute wären sie technisch nicht mehr unbedingt notwendig. Doch es gibt noch gut 15 000 von ihnen, und pro Jahr werden immer noch 200 bis 300 neue gebaut. Meist aus Zedernholz oder aus dem Holz von Mammutbäumen (»redwood«), es gibt sie aber auch aus Metall. Noch immer wird die klassische Bauweise angewendet: Ohne Schrauben, Nägel oder Klebstoff werden die Holzbretter mit Stahlreifen zusammengepresst. Die Einzelteile werden erst auf dem Dach zusammengefügt.

364 | Wo fährt EUROPAS LUXUSZUG?

Zu den goldenen Eisenbahnzeiten war der »Luxuszug« noch eine feste Größe – erkennbar an edler Holzvertäfelung, plüschig-gemütlichem Samtmobiliar sowie einem Badezimmer mit Messing und Marmor. In Europa steht dafür vor allem ein Name: der »Orient-Express«. 1883 nahm der sagenumwobene Zug seine Fahrt auf, damals von Paris nach Wien. Ab 1919 wurde daraus der

»Simplon-Orient-Express« – in dem Agatha Christies Krimi spielt. Die Strecke führte von Paris durch den Schweizer Simplontunnel bis Istanbul, das damals noch Konstantinopel hieß. Auch heute kann man wieder filmreif durch Europa reisen: Wer ein Billett für den tiefblau schimmernden »Venice-Simplon-Orient-Express« erwirbt, kann quasi das Rad der Zeit zurückdrehen und in eine glamouröse Parallelwelt abtauchen. Alle Waggons sind aufwendig restaurierte historische Originale, rund 100 Jahre alt. Beim Einsteigen wird der rote Teppich ausgerollt, ein persönlicher Kabinensteward steht bereit. Der moderne Venice-Simplon-Orient-Express fährt gemächlich sein klassisches Streckennetz zwischen Paris, Venedig, Rom, Wien und Budapest ab. Eine Städteverbindung ist für circa 4000 Euro buchbar, man steigt heute ein und ist morgen da – die Zeitangaben sind grundsätzlich ungefähr. Sehr beliebt ist auch die Sechs-Tage-Tour vom Pariser Gare de l'Est nach Istanbul. Kosten: rund 45 000 Euro pro Person in der Luxussuite. Gute Nachrichten für Glamour-Fans: Ab Frühjahr 2025 soll ein zweiter »Orient-Express« anrollen, ebenfalls mit historischen Original-Waggons. Der »Dolce Vita« fährt nur durch Italien.

365 | Haben wir bald ÜBERALL AUF DER WELT Handyempfang?

Telefonieren auf hoher See, von entlegenen Berggipfeln, in der Wüste: Bald soll man nur noch ein gewöhnliches Smartphone benötigen, um auch von den abgelegensten Orten der Erde aus seine Liebsten anzurufen – solange man sich unter freiem Himmel befindet. Möglich macht das die »Direct to Cell«-Technik (DTC), die ein weltumspannendes Netzwerk von Kleinsatelliten mit Mobiltelefonen und Bodenstationen in Kontakt bringt. Pionier der neuen Technik ist der Apple-Konzern, dessen neuere Smartphonemodelle bereits heute zumindest Notrufe als Textnachricht auch über Satellit absetzen können. Doch viele weitere Unternehmer investieren ebenfalls in diese Technik, darunter Elon Musk: Für sein Starlink-Satellitennetzwerk hat er schon mehr als 100 DTC-Satelliten ins erdnahe All befördert, rund 7500 sollen es werden werden. 2025 soll der DTC-Betrieb für Daten- und Gesprächsverkehr in einigen Ländern starten. Bei Astronomen sorgt die schnell wachsende Anzahl von Kleinsatelliten im Orbit für gemischte Gefühle: Schon heute erschweren die vielen Flugkörper die nächtliche Himmelsbeobachtung. Die jüngst gestarteten Starlink-DTC-Satelliten leuchten bis zu fünfmal heller als ältere Modelle. Und es sollen noch Tausende in die Erdumlaufbahn transportiert werden.

North Miami Beach, USA

Das mittelalterliche Kloster aus Spanien

Das Zisterzienserkloster Sacramenia wurde im 12. Jahrhundert in Spanien erbaut, aber heute steht es in Florida! Medienmogul William Hearst ließ es abbauen, nummerieren und in die USA verschiffen. Nach Jahrzehnten der Lagerung wurde es in Miami wieder aufgebaut.

Mexiko-Stadt, Mexiko

James Bond erschafft eine Tradition

Der berühmte »Día de los Muertos« war lange Zeit ein stilles Fest. Doch nach einer spektakulären James-Bond-Filmszene mit einer Parade 2015 entschied die Stadtregierung, das Event in echt einzuführen. Seitdem gibt es jedes Jahr eine riesige Feier.

Leonberg, Deutschland

Die größte Kino-Leinwand der Welt

Nicht in Hollywood oder Mumbai, sondern im beschaulichen Leonberg steht die größte Kinoleinwand der Welt: 39 Meter breit, 21 Meter hoch – ein Rekord, der im Guinness-Buch steht.

Hallstatt, China

Das Dorf, das zweimal existiert

Das idyllische Hallstatt in Österreich wurde in der chinesischen Provinz Guangdong 1:1 nachgebaut – inklusive Kirchturm, Marktplatz und Alpenromantik. Was als Prestigeprojekt begann, wurde ungewollt zur Werbung für das Original.

» REISEN ist tödlich für **Vorurteile,** Bigotterie und ***Engstirnigkeit.*** «

Mark Twain

BILDNACHWEIS

Umschlag: KI-generiert mit Midjourney, 2025.

Alle im Innenteil verwendeten Illustrationen wurden über shutterstock bezogen. Sie stammen von Aluna1 / AnyaLis / bioraven / clelia-clelia / Elala / insemar. vector.art / JosepPerianes /kichikimi / Kuznetsova, Darja / MahmudHasan24 / NataliaVVV / netsign33 / Pikovit / primiaou / Qualit Design / Tomtosova, Polina

TEXTNACHWEIS

Die in diesem Buch enthaltenen Beiträge sind ursprünglich in der Zeitschrift »P.M. Schneller Schlau« erschienen und wurden für diese Ausgabe überarbeitet und aktualisiert.

Bailly, Christine de: 72, 93; Berndorff, Jan: 2, 3, 4, 39, 46, 76, 150, 161, 185, 216, 249, 309, 315, 330, 332, 335, 356, 357; Dauer, Tom: 215; Diedrich, Holger: 63, 230; Donner, Susanne: 168, 300; Dräger, Juliane: 5, 15; Engeln, Henning: 14; Falke, Tino: 86, 144, 164, 172, 183, 202, 264, 294, 297, 328; Fiedler, Teja: 145, 157, 195; Flohr, Kristian: 8, 26, 30; Fois, Minerva: 17, 31, 38, 49, 80, 96, 117, 124, 127, 148, 159, 181, 192, 194, 208, 211, 213, 228, 229, 245, 250, 252, 255, 258, 276, 280, 296, 301, 311, 321, 333, 340, 341, 343, 345, 349, 351, 354, 364; Franz, Angelika: 122, 162, 169, 175, 176, 179, 188, 189, 193, 198, 209, 210, 218, 224, 233, 234, 275, 283, 303, 342, 346, 355; Fromm, Kathrin: 59, 77, 79, 83, 104, 220, 257, 318; Haas, Christian: 1, 42, 54, 58, 60, 62, 71, 78, 84, 97, 99, 105, 108, 111, 112, 129, 137, 149, 156, 182, 184, 219, 222, 226, 238, 244, 263, 266, 271, 285, 304, 310, 320, 327; Harf, Rainer: 153; Jakob, Katharina: 34, 51, 158, 187, 217, 231, 232, 248, 262, 267, 290, 308, 314; Kauschanski, Alexander: 223; Kavelage, Tim: 50, 115, 134, 152; Kesting, Dr. Frederik: 47, 106, 132; Kiel, Viola: 85, 253, 277; Kienle, Dela: 160; Kurlemann, Rainer: 67; Landmann, Johannes: 6, 11, 16, 22, 23, 61, 65, 70, 73, 293; Leitschuh, Vanessa: 155, 200, 225, 261, 265, 272, 319, 324, 325; Lich, Barbara: 48, 75; Löll, Christiane: 32, 35; Löwer, Chris: 139; Maiwald, Stefan: 7, 33, 37, 53, 116, 133; Möller, Dieter: 19, 21, 45, 81, 88, 110, 125, 138, 143, 146, 165, 170, 171, 173, 174, 190, 204, 214, 236, 243, 247, 251, 259, 279, 284, 287, 298, 305, 344, 359; Müller, Torben: 237, 268, 269; Niederstadt, Jenny: 109, 177, 178, 197, 274, 286, 302; Opitz, Manuel: 82, 87, 91, 102, 118, 119, 123; Rassaus, Manuela: 362; Red. PM: 18, 20, 36, 41, 57, 68, 94, 103, 135, 151, 163, 180, 227, 240, 288, 291, 336, 350, 365; Reiss, Jochen: 12, 24; Ring, Caroline: 312; Rudolph, Elena: 27, 28; Röbke, Thomas: 10, 13, 44, 52, 55, 56, 64, 69, 89, 98, 100, 107, 113, 120, 126, 131, 136, 141, 142, 147, 154, 203, 205, 207, 221, 235, 246, 270, 282, 289, 292, 322, 323, 329, 331, 334, 337, 338, 339, 347, 352, 353, 358, 363; Saager, Nora: 25; Schwabenthan, Sabine: 29; Schaefer, Barbara: 43; Schalamon, Stella: 206; Schulz-Reiss, Christine: 9, 66, 92, 95, 128, 167, 201, 254, 273, 295, 348, 360; Schäffauer, Nico: 199; Schönert, Ulf: 196; Simon, Claus Peter: 361; Stillich, Sven: 40, 74, 90, 130, 140, 166, 186, 191, 212, 239, 241, 242, 256, 260, 278, 281, 299, 306, 313, 316, 317, 326; Tarmas, Olaf: 101; Viciano, Astrid: 114, 121, 307.

IMPRESSUM

Verantwortlich: Joachim Hellmuth, Ronja Holzinger
Schlussredaktion: Dorothea Sipilä
Lektorat: Dr. Juliane Braun
Korrektorat: Sonja Woyzechowski
Layout und Satz: Sarah Montag, Roman Bold & Black, Köln
Umschlaggestaltung: Nina Andritzky
Repro: LUDWIG:media
Herstellung: Bettina Schippel
Printed in Slovenia by Florjancic Tisk d.o.o.

★★★★★

Sind Sie mit diesem Titel zufrieden? Dann würden wir uns über Ihre Weiterempfehlung freuen. Erzählen Sie es im Freundeskreis, berichten Sie Ihrem Buchhändler, oder bewerten Sie bei Onlinekauf. Und wenn Sie Kritik, Korrekturen, Aktualisierungen haben, freuen wir uns über Ihre Nachricht an Bruckmann Verlag, Postfach 40 02 09, D-80702 München oder per E-Mail an lektorat@verlagshaus.de

Unser komplettes Programm finden Sie unter www.bruckmann.de

Alle Angaben dieses Werkes wurden vom Autor/von den Autoren sorgfältig recherchiert und auf den neuesten Stand gebracht sowie vom Verlag geprüft. Für die Richtigkeit der Angaben kann jedoch keine Haftung übernommen werden, weshalb die Nutzung auf eigene Gefahr erfolgt. Insbesondere bei GPS-Daten können Abweichungen nicht ausgeschlossen werden. Sollte dieses Werk Links auf Webseiten Dritter enthalten, so machen wir uns die Inhalte nicht zu eigen und übernehmen für die Inhalte keine Haftung.

In diesem Buch wird aus Gründen der besseren Lesbarkeit das generische Maskulinum verwendet. Weibliche und anderweitige Geschlechteridentitäten werden dabei ausdrücklich mitgemeint, soweit es für die Aussage erforderlich ist.

Die Deutsche Nationalbibliothek verzeichnet diese Publikation in der Deutschen Nationalbibliografie; detaillierte bibliografische Daten sind im Internet über http://dnb.d-nb.de abrufbar.

ISBN 978-3-95416-450-9